以地博利

征地补偿中的
村庄内部冲突研究

陈涛　著

 上海三联书店

目　录

1

导　言

　　中国正在经历快速城市化进程，大量农村土地因为城市扩张和工商业发展而被征为非农用地。农村征地拆迁伴随着利益巨大的土地权益的调整，引发社会冲突普遍出现，几乎每一个被征地村庄的每一次征地，都会带来村民与村干部、村民与地方政府、村民与村民等各种类型的冲突大量发生，上访、群体性事件等不断出现，征地拆迁工作甚至被基层干部形容为新的"天下第一难"。中国的城市化进程还远未完成，在未来相当长的时期内，我国仍将继续实行加速城市化的战略，征地所引发的社会冲突将会长期存在，然而，在征地补偿引发的冲突类型中，村庄内部冲突尚未引起足够的关注和重视。如果不能对冲突的类型和发生机制进行分类，对于冲突的化解将无的放矢。从实践来看，当前国家不断完善相关法律和政策，但却缺少有针对性和类型化的对策和手段，以致部分地区的土地征收冲突反而愈演愈烈。因此，对当前的土地征收冲突进行分类，并深入研究其中的村庄内部冲突以寻求有效对策，是一项十分紧迫的研究课题。

一、征地研究的维权范式：主流的研究进路

征地引发社会冲突频繁出现，不仅成为一个社会热点，也引起了学术界的关注。学术界主流的征地社会冲突研究，大多在研究假设上秉持"国家权力侵犯农民土地权利"的压制性模式，我们可以将其归纳为征地冲突研究的维权范式。

（一）维权范式研究的贡献

维权范式下的征地社会冲突研究主要从以下几个角度展开：

1. 公共利益的角度

在相关学者看来，征地引发矛盾的根源在于地方政府对民众权利的严重侵害。《宪法》第十条和《土地管理法》第二条规定："国家为了公共利益的需要，可以依照法律规定对土地实行征收或者征用并给予补偿。"尽管各界对法律中征地应该符合公共利益的规定似乎都不存在争议，但是对公共利益的界定却很难取得一致。各国的法律实践也不尽相同。比如加拿大的征地法规定，征地的目的必须是为了公共利益，并将征地范围严格限制在提供公共服务的交通、水利、能源、环保、市政建设、医院、学校、文物古迹保护以及社会福利等方面[①]。美国国内一致认为征地权只能用于公共用途，但是各州法律在界定公共利益范围的时候却具有一定的差异，多数法院在直接的公共用途以外，将具有公共利益用途的用地，甚至其他跟公共用途密不可分的土地也扩展为"公共用途"，如高速公路的配套设施用地，如加油站、停车场。[②] 地方政府正是利用公共利

[①] 卢丽华：《加拿大土地征收制度及其借鉴》，《中国土地》2000 年第 8 期。
[②] 李珍贵：《美国土地征收制度》，《中国土地》2001 年第 4 期。

益的界定缺乏一致，对征地的前提——"公共利益"进行任意解释，使得政府合法地介入到了事实上基于商业目的的拆迁中。政府不应该为了帮助企业盈利而损害部分公民的利益，更不应该亲自与民争利，然而，当前地方政府动用征收权的许多项目却具有明显的营利性质，已经成为各地大部分征地拆迁冲突的主要起因①。只有通过相关法律与制度设计，将"公共利益"类型化、明确化甚至精确化，并发挥立法机关在"公共利益"判断上的作用，政府的权力才能被合法地约束，从而避免冲突②。

2. 补偿标准的角度

相关研究表明，从全国整体情况上看，当前的征地补偿标准仍然偏低。《中华人民共和国土地管理法》第四十七条规定："按照被征收土地的原用途给予补偿。征收耕地的补偿费，为该耕地被征收前三年平均年产值的 6 至 10 倍……土地补偿费和安置补助的总和不得超过土地被征收前三年平均年产值的 30 倍。"这一补偿标准主要考虑的是被征收土地的原用途，对被征地农民失地后的利益考虑不足，虽然必须维持被征地农民的原有生活水平是征地补偿制度的一个基本原则，但是被征地农民之间的个体差异很大，其原有生活水平无法量化为可以统一的标准，地方政府在具体执行征地的时候并没有将这个原则真正体现出来，由于土地转化为国有以后的增值部分完全归征收者所有，农民并不能参与

---

① 汪晖：《中国征地制度：理论、事实与政策组合》，浙江大学出版社 2013 年版，第 37 页。

② 张曙光：《征地拆迁案的法律经济分析》，《中国土地》2004 年第 5 期。张千帆：《"公共利益"的困境与出路——美国公用征收条款的宪法解释及其对中国的启示》，《中国法学》2005 年第 6 期。王利民：《论征收制度中的公共利益》，《政法论坛》2009 年第 2 期。

土地增值的利益再分配，征地补偿不仅保障不了农民被征地后提高生活水平，甚至有可能难以维持现有的生活水平[①]。土地征迁之后，被征收者的利益不仅得不到实现，而且面临着生活、工作等方面的生存压力，有学者通过大样本统计对农民因为征地补偿制度所造成的利益损失总量进行了测算，证实必须推进征地补偿方式和补偿标准改革[②]，土地补偿应该考虑到农民的生存保障权和发展权[③]，提升被征收者在城市化过程中获得土地增值收益的比例仍然是下一步改革的根本方向[④]。修正征地价格，应该根据各种土地功能效用的支付意愿作为可以量化的土地价值标准[⑤]；以资源环境经济总价值理论分析农地资源的价值构成可以发现，征地补偿价格不仅应该包括土地资源的使用价值，也应该包括土地资源的非使用价值，农村土地所有者以及农地征收后的其他利益受损者都应该是征地补偿的对象[⑥]。

[①] 汪晖：《中国征地制度：理论、事实与政策组合》，浙江大学出版社 2013 年版，第 15、20 页。

[②] 朱道林、强真、毕继业：《中国农地征转用的价格增值分析》，《中国土地科学》2006 年第 4 期。

[③] 薛刚凌、王齐霞：《土地征收补偿制度研究》，《政法论坛》2005 年第 2 期。王兴运：《土地征收补偿制度研究》，《中国法学》2005 年第 3 期。屈茂辉、周志芳：《中国土地征收补偿标准研究——基于地方立法文本的分析》，《法学研究》2009 年第 3 期。

[④] 周其仁：《农地产权与征地制度——中国城市化面临的重大选择》，《经济学（季刊）》2004 年第 4 期。张寿正：《关于城市化过程中农民失地问题的思考》，《中国农村经济》2004 年第 2 期。北京大学国家发展研究院综合课题组：《还权赋能——成都土地制度改革探索的调查研究》，《国际经济评论》2010 年第 2 期。

[⑤] 霍雅勤、蔡运龙：《可持续理念下的土地价值决定与量化》，《中国土地科学》2003 年第 17 期。

[⑥] 诸培新、曲福田：《从资源环境经济学角度考察土地征收补偿价格构成》，《中国土地科学》2003 年第 3 期。

3. 征地程序的角度

很多学者发现，地方政府在征地过程中与上级（中央）政府博弈，采取"上有政策，下有对策"的办法，存在不落实"两公告一登记"①制度等违法行为，但其后果却由被征地农民承担②。地方政府滥用征地权的关键是征地程序失范，其主要表现是程序性权利缺乏保障、规范模糊，必须加强征地程序的公开性，并且引入程序违法的归责原则③。在中国当下的土地征收程序中，政府的征收决策不科学、补偿标准不公开、征收行为不规范等行为，是导致征地补偿中产生冲突的重要原因。为了防止冲突的发生，在征收法律的程序建设上有必要建立相应的公共参与制度、司法审查制度、拆迁的听证制度等；在征地过程中程序公正应先于货币补偿，解决冲突必须加强征地补偿中的程序正当性④。

4. 农民抗争的角度

除了上述三方面的制度视角的研究，也有学者对被征地农民与地方政府冲突中的农民行动进行了研究，发现利益受到侵犯的农民为了维护自己的权利，不得不起来抗争⑤；面对被征地农民所

---

① 根据《土地管理法》《土地管理法实施条例》以及《征用土地公告办法》的规定，征用土地过程必须进行"两公告一登记"工作。"两公告"分别指《征用土地公告》和《征地补偿安置、方案公告》，"一登记"指被征收土地的所有权人、使用权人应当在公告规定期限内，持土地权属证书到当地人民政府土地行政主管部门办理征地补偿登记。
② 鹿心社：《研究征地问题——探索改革之路（二）》，中国大地出版社2003年版，第117页。
③ 程洁：《土地征收中的程序失范与重构》，《法学研究》2006年第1期。
④ 吴光荣：《征收制度在我国的异化与回归》，《法学研究》2011年第3期。刘祥琪、陈钊、赵阳：《程序公正先于货币补偿：农民征地满意度的决定》，《管理世界》2012年第2期。
⑤ 谭术魁：《中国土地冲突的概念、特征与触发因素研究》，《中国土地科学》2008年第4期。

采取的各种策略，国家及其官僚进行"技术化摆平"，被征地农民则采用"技术性上访"以实现自我目的。① 学者们研究了农民维权抗争的具体形式，如，"钉子户"②"上访户"③ 以及群体性事件等；提炼了一系列的解释框架，如，折晓叶总结了农民的抗争手段、技巧和策略，认为农民为了保障自己的权益，让自己的抵抗具有合法性，采用的方式是非对抗性的、既柔软又坚实的"韧武器"④；董海军提出，农民会利用自己的弱者地位，使用"作为武器的弱者身份"进行"以势抗争"⑤；蒋红军在对被征地农民抗争的研究中，提炼出了以公民身份抗争⑥；提出了征地类群体性事件的治理措施，如，从制度层面解决农民的权益保障问题、从非制度层面解决冲突过程中需要采取的策略等⑦。

（二）维权范式研究的局限

既有研究主要采用维权范式，针对农地征收中农民权益受到损害的问题进行了大量富有深度的研究。在实践上，促进了相关

① 应星：《大河农民上访的故事》，三联书店出版，2001 年版。
② 吕德文：《媒介动员、钉子户与抗争政治：宜黄事件再分析》，《社会》2012 年第 3 期。
③ 杨华：《税费改革后农村信访困境的治理根源——以上访主要类型为分析对象》，《云南大学学报（法学版）》2011 年第 5 期。
④ 折晓叶：《合作与非对抗性抵制——弱者的"韧武器"》，《社会学研究》2008 年第 3 期。
⑤ 董海军：《"作为武器的弱者身份"：农民维权抗争的底层政治》，《社会》2008 年第 4 期。
⑥ 蒋红军：《为公民身份而斗争：被征地农民抗争的政治学解释——以四川 G 镇的抗争事件为例》，《浙江学刊》2013 年第 3 期。
⑦ 柳建文、孙梦欣：《农村征地类群体性事件的发生及其治理——基于冲突过程和典型案例的分析》，《公共管理学报》2014 年第 2 期。

法律法规和农地征收程序的完善，带来了征地补偿标准的不断提高，限制了地方政府在征地过程中借公共利益之名对民众权利的侵害，从而有力地维护了被征地农民的利益；在理论上，也发展出了一些农民在土地被征收过程中维护权利行为的理论解释。

但是，征地过程中仍有大量社会冲突无法通过维权范式得到合理解释。进入 21 世纪以后，随着征地拆迁程序的不断规范化、补偿标准的不断提高，大多数农民对于征地的态度已经不是抗拒，而是盼望。早在 2011 年初，就已经有新闻媒体注意到了农民盼望征地的现象[①]，并且也被学者注意到[②]，有研究者在调查中发现，甚至有农民因为自家没有被征地而上访[③]，笔者在调查中也多次发现这种因为没有被征地而上访的现象。许多地方还出现了因为钉子户要价过高，地方政府最后放弃钉子户的拆迁，导致道路改道等现象。笔者在沿海农村和内地城郊村的调查中发现，现在大量农家子弟在考上大学后已经不再转户口，有着征地预期是他们做出这种选择的主要原因之一。然而，失地农民的权益得到更多保护后，农地征收中的社会冲突却并没有随之减少。调查统计发现，2003 年以来，因征地引发的冲突和群体性事件的发生频率呈上升态势，征地冲突案件广泛分布于全国各地，并且呈现出地区经济越发达，冲突爆发越集中的特点[④]，征地补偿标准居全国前

[①] 段修建：《记者调查发现南京郊区农民不想种地盼拆迁致富》，《新京报》2011 年 2 月 10 日。

[②] 郑凤田：《农民为什么盼征地》，《中国经济周刊》2012 年第 49 期。

[③] 杨华：《城郊农民的预期征地拆迁：概况、表现与影响——以荆门市城郊农村为例》，《华中科技大学学报（社会科学版）》2013 年第 2 期。

[④] 刘守英：《以地谋发展模式的风险与改革》，《国际经济评论》2012 年第 2 期。

列的沿海发达地区，也是农民的维权问题和土地纠纷最为集中的地区①。尽管在农地征收的过程中，农民权益受到损害的情况至今仍然存在，但征地中的社会冲突并没有随着农民权益的增加而减少的原因，也不是因为权利保护推动了农民权利意识的觉醒，从而导致的维权行为增加，因为农民如果认为征地将导致自己的利益受损，他们对待征地的态度将是抵制而不是盼望。地方政府在征地拆迁中对被征地农民权益的侵犯虽然一直存在，但是侵犯的手段往往比较隐蔽，被征地农民的相关土地制度和法律法规的知识相对比较缺乏，一般很难洞晓其中的奥秘。由于农民很少能够发现地方政府在征地中对农民利益的侵犯，所以征地拆迁所引发的农民与其他利益相关方之间的冲突，很少是因为地方政府对农民权益的侵犯所引发。有关调研结果表明，大量土地冲突事件都是利益问题，冲突目标有限，一般不存在政治或意识形态的因素②。

综上，维权范式对征地拆迁中社会冲突的研究尽管取得了大量成果，却也存在以下三个方面的缺陷：第一，在研究方法上，聚焦于制度文本的建设，并以制度结构的视角来解释场域中征地补偿冲突的发生，以致在解释力上存在不足。尽管制度和法律缺陷是不容置疑的事实，但对冲突的认识和化解思路的形成需要进入到征地补偿的过程之中，去分析冲突在村庄场域中的发生机制。第二，在研究假设上，秉持"权力—权利"的压制性模式，缺少

---

① 于建嵘、詹姆斯·C.斯科特：《底层政治与社会稳定》，《南方周末》2008年1月24日第31版。

② 孙立平：《博弈——断裂社会的利益冲突与和谐》，社会科学文献出版社2006年版，第11页。

对各方行为和利益诉求复杂性的展示。尤其是对于被补偿者（村民）而言，其并非政府所制定规则的被动接受者，而具有表达利益诉求的行动可能性。事实上，许多因征地补偿而产生的农民与外界的冲突只不过是村庄内部冲突的表现形式，以上研究对此缺少关注。第三，在研究对策上，主要着眼于制度层面的建设，而鲜有社会治理层面的对策研究。

二、征地冲突的村庄内部视角：另一种研究进路

迄今为止，农民在征地中土地权益被侵犯的问题仍然存在，以维权范式研究征地冲突依然具有现实意义。不过，征地冲突中也存在大量无法用维权范式解释的现象。维权范式采用的是"国家—社会"的研究进路，即使在这种进路内，也有研究者发现了维权范式所无法解释的内容，比如有研究者在对"钉子户"的研究中发现，大多数农户采取"钉子户"策略的目的是获得更多的补偿①，而不是因为权利被侵害，更不具有"抗争政治"中的政治诉求②，地方政府与村庄在征地拆迁中的互动主要是利益博弈，而不是对抗性的③。这说明要解决当前愈演愈烈的农地征收中的社会冲突，必须进一步深入分析冲突产生的原因，进而在维权范式之外发展出新的理论解释。

---

① 孙秋鹏：《宅基地征收中"钉子户"与地方政府行为分析》，《北京社会科学》2018 年第 10 期。
② 吕德文：《媒介动员、钉子户与抗争政治——宜黄事件再分析》，《社会》2012 年第 3 期。
③ 耿羽：《土地开发与基层治理》，社会科学文献出版社 2019 年版，第 10 页。

在征地拆迁中大量存在的村庄内部冲突，冲突的各方都是村庄中的成员，不是"国家—社会"间的对立造成的，冲突的根源不是"国家权力侵犯农民土地权利"，当然也就无法用维权范式进行分析。在既有研究中，也有个别研究注意并采用村庄内部的视角，对农村征地拆迁中的利益博弈进行了分析①，但是村庄内部视角的征地冲突研究数量极少，仅仅在个别期刊论文中得到运用。由于征地冲突中的村庄内部冲突数量极多，只要对村庄征地进行实地调研，就不可避免地会注意到相关现象，如在朱静辉对浙江官镇的征地拆迁的研究中，就涉及到大量的村庄内部冲突。不过，村庄内部冲突并不是他关注的核心问题，其研究是以国家—社会为研究框架，演绎出"国家—村社""村社—村民""国家—农民"的三维框架，对土地征收中的国家补偿逻辑与市场逻辑中存在的社会机制的补偿逻辑进行研究②，因而，他虽然是在村庄中做研究，其研究却不是村庄内部的视角。

在征地冲突研究中采用村庄内部的视角，是对维权范式研究的有益补充。这种研究进路针对征地补偿中大量存在但以前很少被关注的村庄内部冲突开展研究，是对愈演愈烈的征地补偿冲突这一现实问题的关切，同时，在理论上可以解决当前征地冲突研究中由于对维权范式的过度使用，导致的非维权冲突被屏蔽于研究视野之外，或者以维权范式进行生硬解释，以至于无法深入全面地理解征地冲突的问题，可以推进社会冲突相关研究。

---

① 杨华：《农村征地拆迁中的利益博弈：空间、主体与策略——基于荆门市城郊农村的调查》，《西南大学学报》2014年第5期。
② 朱静辉：《地权增值分配的社会机制——官镇征地研究》，厦门大学出版社2016年版，第3页。

三、本研究的基本内容

本研究的正文分为三个部分。

第一部分包括第一章，主要从总的角度对征地中的博弈行为进行分析。

在农地征收中的村庄对外冲突中，村民以各种形式向地方政府和开发商等相关利益主体争取更多的利益；在内部冲突中，村民通过一切可以利用的资源，对需要在村庄内部分配的补偿款，就如何分利在村庄内部展开博弈，为自己争取更大的补偿份额；最后，将征地补偿中的村庄内部冲突的性质定性为利益博弈。

第二部分包括第二章、第三章、第四章，主要从行动者的视角出发，对国家、村干部、村民等影响征地补偿中村庄内部冲突的三个主要行动者进行分析。

中央是土地等征地相关制度以及规则的制定者，地方政府是土地征收的主体。中央和地方在征收土地的目标方面并不完全一致，甚至有一定的冲突，受中央征地诸目标的内在冲突的影响，地方政府的征地目标之间同样存在张力，这些张力最终由地方政府在具体的征地过程中传导至村庄，对村庄内部冲突产生一定影响。

村干部在征地中处于一个结构洞的位置，无论是乡镇还是村民在征地拆迁中都离不开村干部。在征地拆迁中，村干部在扮演好政府代言人和村民当家人双重角色的同时，也会采取或者合法，或者非法，或者灰色的手段，争取个人利益最大化。可以说，在征地拆迁的过程中，村干部角色多元，利益纠结，能量巨大。

农民并没有决定自家土地是否被征收的权力，但是他们在面对国家所制定的征地制度和地方政府所采取的征地方案时，却并非被动的接受者，他们生活在村庄结构中，却不是村庄结构的奴隶。作为具有能动性的社会行动者，村民在征地拆迁中为了获得更多的征地收益，以各种方式与地方政府展开博弈，对村干部妨碍自己获取更多利益的行为进行反制、与其他农户展开争夺。

第三部分包括第五章和余论，为理论分析。

第五章分析征地补偿中村庄内部冲突的机制。在前述分析的基础上，对征地拆迁中村庄内部冲突的发生机制进行总体分析。首先从村庄基本结构、国家征收土地的目标、村民对征地的期待等三个方面出发，分析内部冲突所受到的主要影响，然后对征地拆迁中的村庄内部冲突概括出四个影响因素：政策不契合实际，社会不规则，成员不认同，村庄无权威，并分别进行分析。

余论部分主要以前面的分析为基础，提出应对征地补偿中村庄内部冲突的策略。

四、研究地点简介

2016年夏天起，课题组开始在不同地区选择若干进行过征地拆迁的村庄进行驻村调查和深度访谈。调研过的地区包括：湖北省东西湖区、东宝区、掇刀区、沙洋县，河南省浉河区、平桥区，湖南省长沙县、桃源县，浙江省瑞安市、鹿城区，江苏省宿城区、江阴市、宜兴市。每个调研地点的调研时间短者为一个星期，各个课题组成员附近的调研地点则是在数年里多次往返调查，其中调查时间最长的村庄累计时间超过一个月。调研村庄的类型多样，既有城郊村，也有城中村，还有因为修路而被征地的比较偏远的村庄；既有经济比较发达的沿海村庄，也有经济一般的内地村庄；有的临近大城市，有的临近中小城市，有的则在乡镇甚至偏远的农村；有的村是初次遭遇征地拆迁，有的村已经历多次，甚至成为土地已经基本征收完毕的城中村；既有团结型村庄，也有分散型村庄。访谈对象包括村干部、普通农民、地方政府官员等。

征地拆迁中利益关系错综复杂，征地工作被基层政府称为新时代的"天下第一难"，而本研究所针对的又是社会冲突，许多个案在当地村庄中都具有敏感性，为了保护个案中所涉及的隐私，本研究对所涉及的地名及人名均做了化名处理。

五、研究意义与不足之处

（一）研究意义

本课题进入村庄场域，采用村庄内部的视角，针对征地补偿中大量存在但以前很少被关注的村庄内部冲突展开研究。研究问题的选择既有解决愈演愈烈的征地补偿冲突问题的现实关切，也有推进社会冲突相关研究的理论关怀。

理论意义：当前征地补偿中的社会冲突研究，多秉持"国家—社会"二元对立的思维，制度主义的研究进路，宏观的、国家与社会的、制度的视角，本课题则强调"实践感""在场感"，进入村庄场域之中，采用村庄内部的视角，同时也考虑国家、制度对村庄治理的影响，采取机制分析的路径，通过分析征地补偿中各个行动主体不同的行动策略，以及行动主体之间的互动，来展示村庄中复杂的权力关系，以揭示征地过程中村庄内部冲突发生发展的一般机制。当前征地冲突研究中由于对维权范式过度使用，导致村庄内部冲突等非维权冲突被屏蔽于研究视野之外，或者以维权范式进行生硬解释，以至于无法深入全面地理解征地冲突，本课题采用村庄内部的视角，概括征地拆迁中村庄内部冲突的影响因素，剖析村庄内部冲突的发生机制，有助于增进对征地补偿中社会冲突复杂机理的认识。

现实意义：征地补偿中的村庄内部冲突在全国普遍存在，征地拆迁工作甚至被基层干部形容为新的"天下第一难"，已成为中国城市化进程中突出的社会治理问题。本研究指出，治理征地拆迁的村庄内部冲突应当遵循三个基本原则，第一，限制征地拆迁中利益博弈的生长空间，降低利益博弈发生的频率和烈度；第二，引导不可避免的利益博弈在一定的规则之内公开透明地进行，让利益博弈的安全阀功能正常发挥；第三，帮助村民尽快适应社会转型后的生活，引导能够适应转型后的社会规范重建，再造村庄社会。以这三个基本原则为基础，研究提出了若干化解和缓解村庄内部冲突的政策建议。本研究的基本结论对于维护农村的社会和谐、为城市化提供稳定的环境等均具有重要意义，既可以供土地问题、社会稳定问题研究专家参考，也可以为相关政策部门作为决策参考。

（二）不足之处

本研究虽然在全国不同地区对征地拆迁做了大量的深入调研，并对获取的材料进行了深入的比较分析，对征地拆迁中的村庄内部冲突的机制做出了解释，但是本研究仍然存在很多不足之处。

第一个不足之处体现在资料的搜集上。征地冲突既是一个热点问题，也是一个敏感问题，对调研者的要求很高。虽然每次调研的入场都有熟悉当地情况的朋友引见，但是被调查者仍然难免心存疑虑，觉得征地中"乱七八糟的事"太多，而且很多事情都牵涉到自己的亲戚朋友，甚至自己就是其中的深度参与者，而不愿深谈。对这类村庄的调研是否深入，与调研者本身的素质有关，更与调查的时间有关，只有愿意多花时间，并拿出真心与村民交朋友，才能掌握更多破解村庄征地冲突的密码。在研究期间，我们虽然曾经在全国多个省市进行过调研，但是大多数村庄因为时间的限制，很难做到深入理解。

第二个不足体现在对理论的提炼上。本研究不是纯粹的个案研究，而是以个案研究为基础，力图通过对多地区的比较，从总体上对征地补偿中村庄内部冲突的一般发生机制进行剖析。这种研究路径决定了必然会面对两个困难。首先，征地的主体是地方政府，不同地方政府所采取的具体的征地策略具有差异，对村庄内部的冲突的影响也就各不相同。其次，不同地区的农村社会经济发展很不均衡，征地村庄之间也具有相当大的差异，不同类型的村庄在面对征地拆迁的时候，行动者的表现不尽相同，有些甚至区别很大，这导致内部冲突的主要类型不同、激烈程度各异，因此，厘清各种关系脉络，精准把握高度复杂的内部冲突发生机制，既要从微观上进行具体分析，又要从宏观上进行总体把握。如何从纷繁复杂的现象中提炼出具有普遍性的解释机制，对于研究者的理论功底和把握现实的能力都提出了较高的要求。虽然我已经尽力减少区域差别的影响，但是用所提炼出来的机制来反观征地村庄的现实，仍然难免有不能完全吻合之处。

第一章　农地征收中的无序利益博弈

近些年来，中央对农地征收补偿过程中损害农民权益的问题高度重视，不断强调必须保护被征地农民的利益，促进了相关法律法规和农地征收程序的完善，征地补偿标准也在不断提高。地方政府在征地中损害农民权益的问题仍然存在，但是数量已经大幅下降。随着补偿标准不断提高，大多数农民对征地的态度已经从抗拒变成了盼望，然而征地补偿中的冲突数量却仍然维持高位，这说明在当前的征地冲突中，在农民权利受损导致的维权冲突之外还存在大量其他类型的冲突。当农民发现，被征地所得的补偿远远高于土地农业用途的获益，被征地农民的土地权利意识开始觉醒，为了将手中的土地权利迅速且尽可能多地变现，农民就会充分利用各种可以利用的资源，与各相关利益主体展开激烈的利益博弈，为自己争取利益最大化。征地补偿的资金来自村外，农民会以各种方式向村外争取更多的补偿，而当征地补偿将要进入村庄，或者已经进入村庄，甚至仅仅是有可能开始征地的时候，村民之间则会采用各种办法进行博弈，以期能够分配到更多的利益。

本章将从农地征收中的村庄对外冲突、村庄内部冲突、征地中利益博弈的根源与功能等三个方面，对征地冲突中农民的博利行为展开分析。从农民的博利行为来看，征地补偿的巨额补偿资金进入村中，犹如一块巨大的石头被扔进了水塘，打破了村庄中原有的平衡，为了获取更多的补偿款，被征地农民与其他相关利益主体展开激烈博弈。从博利的根源来看，冲突是由于权力分配引起的，而不是由于经济因素引起的①，村民间之所以为了得到更多的经济利益而激烈博弈，是因为村庄社会在征地后将发生从农业社会到工商业社会的剧烈变迁，既有的村庄权力结构因此被轻易打破，而新的村庄权力结构却又没有建立起来，导致原有的村庄社会规范对农民的约束力大大降低，农民的博利行为不仅激烈，而且常常呈现出无序博利的特点。

第一节　村庄对外冲突：村外争利

村庄并无改变土地用途的权力，征收土地的决定只有国家才能做出，征地补偿款也来自国家，村民要在征地中得到更多的补偿款或者其他的相关利益，与国家和土地开发方、工程建设方等利益相关方展开博弈是一个重要的途径，其中最重要的则是向国家争取更多的补偿。

一、以"我家特殊"争利

地方政府都会对征地拆迁的每个具体项目的补偿标准做出规定，基层政府负责征地拆迁的工作人员也会遵照相应的标准作为对农户补偿的依据。尽管补偿都有具体标准，但工作人员与每个农户

---

① 达仁道夫：《现代社会冲突：自由政治随感》，中国社会科学出版社 2000 年版，译者的话第 3 页。

谈判的时候仍然都会倍感艰辛，对每个农户都必须在若干天里反复登门，经过若干回合拉锯式的讨价还价才能够达成最后协议，这是因为每个农户在面对工作人员根据相关补偿标准做出的补偿方案时，都会拿出"我家不一样"的理由，以"证明"工作人员所采用的标准低了，或者应该适用比其他村民更高的补偿标准。

现实中征地拆迁户的情况的确千差万别，农户因此总能找出"我家不一样"的各种理由，来为自己获取更大的谈判空间，争取更高的补偿标准。农户的某些特殊情况可以比较容易得到地方政府的理解，并为他们开口子，给出高于当地补偿标准的拆迁补偿。比如，农户原有的宅基地或者房屋的面积小，但是家庭人口比较多，他们所得到的房屋安置的面积通常会高于安置标准，有两个成年未婚儿子的家庭也可以按照分户进行处理。为了应对各种"特殊情况"，各地的地方政府都会根据工作中新发现的问题，通过列举法对所制定的补偿标准不断进行细化。如某市在征地时制定的被征地住宅房屋结构、等级评定指导标准中，将房屋（住宅）分为框架、砖混、砖木三大类，其中砖混、砖木又分别被细化为四个等级，并且对各类各等级从承重构件和楼地面、屋面等房屋结构方面，门窗和装饰等方面，以及设备等其他方面，通过列举法分门别类地做出详细说明。以门窗为例，就可以进一步细分为正规塑钢、铝合金门窗、进户防盗门或木门有纱门纱窗、正规木门窗、少部分塑钢或铝合金门窗、一般木门窗、简易木门窗、一般木门、简易木门，等等。该市的征收补偿标准中房屋附属物更是细分为67类。

尽管各个地方政府都会针对前期工作中发现的新情况，对所制定的征地拆迁补偿标准不断细化，然而列举法具有一个根本性的缺点，就是不可能将所有的情况涵盖进去，不管标准如何细化，都不可能穷尽所有的事实，不可能将补偿标准与每个农户的具体情况完全对应，而且，社会经济不断发展变化，列举法也无法针对新现象做出弹性反应，因此村民在谈判中的新诉求总是不断出现，"我家特殊"的问题永远都不可能得到彻底解决。即使农户需要补偿的某个项目与标准完全相符，他们也不会停止争取更高补偿的努力，而是仍然会从其他方面为该项目找出各种"我家特殊"的理由，以"证明"自己应该适用更高的补偿标准。

　　总会有一些争议无法达成协议。地方政府的工作人员有时候已经根据自己的自由裁量权做出了最大让步，却仍然无法令农户满意，于是在最近几年中，地方政府越来越多地将第三方评估引入征地拆迁，尤其是在拆迁补偿中。第三方评估的引入，在一定程度上解决了村民和地方政府之间因为补偿标准争执不下的问题。如果出现农户对地方政府给出的补偿标准不满意，经过多次反复协商仍不能达成一致的，最后就会与被征地拆迁农户协商后，引入被征收双方认可的、有资质的评估机构或第三方专业部门，根据国家相关规定和市场价评估确定。如果第三方评估给出的标准更高，农户自然更满意，地方政府也会很痛快地按照第三方评估给的标准进行补偿，因为补偿标准经第三方评估给出，工作人员就不会因为补偿金额较高而承担责任。如果第三方给出的评估结果跟地方政府的一样，农户一般也会接受。第三方评估的结果也可能让被征地农户感到尴尬：所计算的补偿金额比地方政府计算得更低。此时农户一般都不会接受，而是与工作人员软磨硬泡，要求按照工作人员此前评估的结果进行补偿。尽管工作人员最后都会按照此前确定的标准进行补偿，但是他们也不会轻易答应，这样农户只好反复找到他们说好话。工作人员这样做，目的是给这些农户教训，以免其他农户在谈判的时候也去效仿。这也会成为工作人员此后反复向其他村民宣传的案例，以证明在确定补偿金额的时候，工作人员都会尽力为村民着想，在自己的能力范围内让村民得到更多的利益。

二、以"违建"争利

《土地管理法》规定的征地拆迁补偿共有四项，地上附着物是其中之一，各种建筑物则是地上附着物的重要内容。尽管各地对地上附着物都有非常细致的补偿标准，而且都明文规定违章建筑不予补偿，但是不管哪里的村庄都是只要有可能被征地，就可能会出现大规模突击修建违章建筑的现象。

在地上附着物中，补偿价值最高的是房屋，尤其是主建筑。为了获得高额征地补偿，农民或者偷偷将房屋加层，或者在原有住房旁搭建新的建筑，或者干脆以极低的价格新建不以住人为目的的房屋，这种现象被老百姓形象地称为"种房子"，曾经在各地普遍存在。村民"种"房子仅仅是为了从国家套取更多的补偿费，所用的建筑材料都是最差的，"种"出来的房子徒具外形，其质量并不能满足居住的最低安全要求，房主也不敢让里面住人。违章建筑无法办理房产证等相关证件，按规定不能在征地拆迁时获得补偿，这是常识，但是农民仍然会想尽办法"种房子"。因为如果征地拆迁时违章建筑大量存在，由于违法者众，政府不补偿虽然于法有据，却会在合法的房屋拆迁等方面遭到农民集体拒不合作，导致拆迁工作受阻，而强拆虽然合法，却可能遭到农民的激烈反抗，由于涉及的村民众多，甚至有引发群体性事件或严重人员伤亡的风险。最后，政府为了维稳的需要，明知"种"的房子不合法，却不得不与农民谈判，并做出一定的补偿。对于"种"的房子，地方政府当然不可能按照正常房屋的标准补偿，不过，"种"的房子即使只按照最低标准补偿，村民也会因为成本低廉而收益较大，从而感到极大的满足。

"种房子"一度在全国各地的被征地村庄广泛流行，地方政府却找不到有效的治理手段。不过，近些年来，虽然没有被完全根治，却已经得到了有效遏制。随着各种现代治理技术被广泛应用，地方政府的现代行政能力大大增强，在征地中通过利用电脑储存并分析卫星监控图像以及土地资料，能够非常细致地了解辖区范围内各村庄的土地利用情况，如耕地、道路、山林、水面等土地使用信息，以及房屋的地理位置、面积、产权证号和是否已经征收等详细资料，即使足不出户也能够迅速发现土地上的异动，并且在第一时间做出相应的处理。从前对"种房子"的行为打击难度较大，很大程度上是因为难以将其在萌芽状态就发现并消灭，而如果等到违章建筑在形成规模以后才被发现，地方政府又担心组织强拆会导致出现社会不稳的问题。地方政府在"拆违控违"中运用现代技术手段后，能够对"种房子"的行为实现快速、精准地打击。一旦村庄中有"种房子"的苗头出现，地方政府就会迅速办理强拆所必需的相关手续，并组织多个相关部门进行联合执法，强力拆除已出现的违章建筑，并控制新的违章建筑出现。由于能够在"种房子"的苗头刚出现的时候就进行打击，针对的是个别村民，这些村民由于势单力薄而无力反抗，其他村民则因为与自己无关且"种房子"本身就不具有合法性而不会参与抵制强拆，因而强拆不会有引发群体性事件的风险。"拆违控违"中现代技术的运用，大大减少了村民"种房子"成功给财政带来的沉重负担。

农民"种房子"利益巨大，但由于成本较高，在地方政府使用现代技术进行拆违控违后，风险也变得更大。不过，仍有极个别消息灵通的农民，在政府出台划定禁止新建房屋的红线并停止批地建房的政策之前，以分家或者危房改造等理由，以合法手续新建房屋或者将房屋面积扩大，从而获得巨额拆迁补偿。

除了主建筑，有征地预期的农民还会偷偷在自家房子边上抢建附属屋，或者在果园、鱼池里建起看青的"临时房屋"。一些价值相对较小的附着物也是农民做文章的对象，比如将门口的禾场、院子里原本裸露的土地铺上水泥，然后用钢管和铁皮搭建起"遮阳"的简易钢棚，等等。

随着各地对违章主建筑的治理日益严格并且措施越来越有力，"种房子"的现象虽然没有被完全杜绝，但是已经很难在一个地方形成风气。而以搭建简易钢棚为代表的其他方式，仍然在各地盛行。迄今为止，面临征地拆迁的村庄，家家都突击将自己的院子及门前的土地硬化并且搭建简易钢棚等，仍是一个相当普遍的现象。

　　自从得知村里即将征地拆迁，元村就开始流行将自家门前或者院子中的空地上铺上水泥，把原有的猪圈扩大面积，一些没有养猪养牛的农户，也突击建起了十几甚至二十多平方米的大"猪圈"和"牛棚"，并在自家院子里和门前搭建简易钢棚。根据补偿标准，每平方米水泥地可以获得补偿40元，每平米简易钢棚则为 160 元。简易钢棚投资不大且结构简单，一夜就可以建起来，如果获得补偿，除去成本以后，每平方米大约比水泥地可以多得 70 元左右。虽然院子的面积有限，补偿的总额并不大，但村民很少愿意放过这个捞钱的机会，毕竟没有什么工作可以在一个晚上赚到这么多钱。

违规搭建简易钢棚的唯一目的就是套取拆迁补偿费，当然为地方政府所不允许。为了打击这种不良风气，城管人员每天都在村中巡查数次，并且以车载喇叭在村庄反复播放政策和逐户发放传单等方式进行宣传，要求村民不得突击搭建简易钢棚，并责令村民自行拆除已经搭建的简易钢棚。但是根本没有村民予以理会。为了以儆效尤，城管部门也曾组织过几次行动，将个别农户公然迎风搭建的钢棚予以强拆，但是村民们并不害怕，一些此前没有搭建的村民，仍在利用晚上城管人员下班后的监管空当，抓紧时间偷偷搭建。村民们坚持，如果政府不对简易钢棚做出补偿，他们就拒绝在拆迁合同上签字。当时工程的工期比较紧，上级要求限期完成拆迁工作，但村民不签字，拆迁就没法进行。为了在期限内完成拆迁工作，工作人员不得不作出让步，对违规搭建的简易钢棚做出补偿。某农户在得知征地的消息后，在自家承包的荒地上搭建了一个约 200 平方米的"养鸡棚"，虽然从来没有养过一只鸡，最后也得到了 3 万余元的获利。村中个别农户因为担心被强拆而没有搭建简易钢棚，得知此事，后悔不已。

在治理村民违规搭建的简易钢棚的过程中，地方政府花费了很大的力气，效果却总是不尽如人意。事实上，地方政府在最初采取行动的时候就知道，根据其他村的经验，这些行动并没有实现刹住违规搭建风气的可能性。村民都知道，搭建简易钢棚虽然不合法，但是成本也不高，即使被强拆也不会受到大的损失，由于性质不严重，搭建行为也不可能带来其他严重后果。违规搭建简易钢棚的行动几乎涉及了全村所有的农户，更是让地方政府陷入"人民战争的汪洋大海"之中。从成本的角度来看，地方政府为了阻止搭建简易钢棚，每天派工作人员在村中不断巡查，并且阶段性地组织多部门联合执法进行强拆，从经济的角度来看，所付出的成本并不算低，甚至不一定划算，然而他们明知效果不好却还是会非常认真地采取行动。地方政府的工作人员这么做，并不是为了向上级证明自己没有在这股歪风前不作为而采取的形式主义，而是深思熟虑以后的决定：如果面对村民违规搭建简易钢棚的风气不采取任何行动，只会助长村民在抢栽抢种以及其他方面的抢建的积极性，反而会加深村民"征地补偿是可以讨价还价的，不管采取什么手段都可以获取利益"的认识，最终让政府的权威和合法性受损。而农户在院子里和家门口铺水泥地坪，实施难度小，花费时间少，修的时候也非常隐蔽，地方政府因为不容易发现而很难查处，而补偿额度却不大，地方政府因此大多采取睁只眼闭只眼的做法，但是在补偿的时候却会尽量压低标准。最后，村民因为通过自己的小聪明多得了一些补偿而感到满足，地方政府虽然加大了开支，但是多出来的补偿金额仍然被控制在可以承受的范围之内。

三、以"违种"争利

除了以违章建筑争利，农民还会以违规种植争取更多利益。

我们在调查中发现，农民为了获取更多征地补偿而抢栽抢种的行为由来已久，早在 20 世纪 80 年代初的征地中，农民抢栽抢种的现象就已经在各地普遍存在，但是当时抢栽抢种的农作物数量并不会过于超出常理，对于农民抢栽抢种的行为，政府一般也会睁一只眼闭一只眼。

在农地征收中，针对农民种植作物的补偿可以分为两类，一是青苗补偿费，主要是针对大田作物的补偿，只有少数是针对蔬菜等经济作物的补偿；一是地上附着物补偿，主要针对林木。大多数耕地上的农作物是以粮食作物为代表的大田作物，青苗补偿费相对较低，而且补偿标准比较统一，只有专门从事蔬菜或者其他经济作物生产的农户才会在青苗补偿费上做文章。农户"违种"林木的积极性远比"违种"大田作物高，尤其是经济林木。在各地的村庄中，一旦传出征地的消息，大多数农民就会加班加点，将荒地和房前屋后种满果树等经济林木，或者将原有的林木进行密植，甚至将粮田种满经济林木。

农民抢栽、抢种、抢建，唯一的目的就是套取更多的补偿费，这种行为当然不被国家认可。国土资源部在 2004 年印发的《关于完善征地补偿安置制度的指导意见》中明确规定："在征地依法报批前，当地国土资源部门应将拟征地的用途、位置、补偿标准、安置途径等，以书面形式告知被征地农村集体经济组织和农户。在告知后，凡被征地农村集体经济组织和农户在拟征土地上抢栽、抢种、抢建的地上附着物和青苗，征地时一律不予补偿。"[①] 各地的地方政府在制定具体的集体所有土地上附着物征收补偿指导标准

---

① 《关于完善征地补偿安置制度的指导意见》（国土资发〔2004〕238 号）。

时，还会对不予补偿的抢栽抢种抢建的具体情况予以详细说明。[①]

即使不知道国家的相关规定，农民通过生活常识也可以做出判断：抢栽、抢种、抢建仅仅具有从国家套取更多征地补偿费的功能，不可能具有合法性。然而在每个经历过征地拆迁的村庄都可以看到，几乎所有的村民都会把一切可以利用起来的时间全部利用起来，在所有能够栽种的地方抢栽抢种，一些家庭甚至还会动员在城里上班的子女，召集他们利用休息时间回村参与种树。

2015 年 9 月，栗店村即将征地的消息传开后，抢栽抢种迅速成为一时的风潮。

经济林木的补偿标准较高，在任何遭遇征地的村庄都是抢栽抢种的重点。栗店村同样如此。根据市政府制定的标准，稻田的青苗补偿费为 1200 元 / 亩，旱地的青苗补偿费较低，为800 元 / 亩，即使是在人均耕地比较多的村庄，每个农户的耕地能够得到的青苗补偿费总额也不会多。栗店村人均只有几分耕地，耕地相对多的家庭也只能够得到几千元的青苗补偿费，因此，村民对耕地的青苗补偿费并不特别在意。不仅是村民不太在意，地方政府在征地的时候也不会考虑耕地上是否种有农

---

① 如《××市市区集体所有土地上附着物征收补偿指导标准》中，在规定地上附着物征收补偿指导标准时，以备注的方式明确列出了 5 种不予赔偿的情形：1. 地上菜（花、果、茶、药、竹）园、大棚、藕（鱼）塘及田间房（畜、禽舍）等各类设施，发布征收公告后抢建种的不予补偿。2. 耕地及其他土地改鱼塘、藕塘、苗圃、林地、果园等未经农业、国土等部门批准的，不予补偿。3. 国土资源部门发布征地告知后，抢种、抢建的不予补偿。4. 房屋、地上附着物等没有在农业、国土资源部门办理设施农用地手续的，不予补偿。按国家政策规定不用办理的除外。5. 各级政府相关部门已确认为违建的、违法占地的不予补偿。

作物，而是仅仅考虑稻田和旱地的区别，分别给予不同标准的青苗补偿费，实际上已经不是对因为征地而受到损失的青苗进行据实补偿，而是将其作为一种付给被征地农民的福利。

栗店村村民抢栽的主要是柑橘。果树属于地上附着物，补偿标准比大田作物高出很多。栗店村山林多，且有数十年的柑橘栽种历史，大多数农户都拥有一定数量的橘园，抢栽柑橘不仅方便，而且"合情合理"。市政府制定盛果期果树补偿参考标准为每棵100元至200元[1]，但是区政府为了减少村民的阻力，决定对被征地村民进一步让利，将每棵盛果期橘树的补偿价提高到280元，比市场价高出不少。这样，几棵橘树的补偿金额就可以超过1亩耕地的青苗补偿费。9月并不是橘树种植的季节，征地的消息传开后，村里却到处都是种橘树的农民。

橘树一旦被征地工作组清点并锁定，对于被征地农民就失去了价值。但是村民很快发现，如果把这些橘树移栽到还没有被锁定的地里，还可以套取第二次补偿款，于是很快就有其他村民前来洽谈购买事宜。附近的几个货车司机也因此生意不断。要让抢栽的橘树收益最大化，最好是购买远低于市场价的树苗，比如已经被锁定或者将要被淘汰的橘树，因此，尽管当地几乎家家都种植橘树，适合让村民购买后用来抢栽的橘树却是有限的。个别村民走遍附近村庄也没有买到低成本的橘树，甚至专门开车去一百公里外的地方采购淘汰下来的果树。所有农户都因为抢栽而进行"全家总动员"，在城里上班的子女也

---

[1] 笔者在一份征地前夕的村内土地纠纷调解书中看到，协议对盛果期橘树的赔偿标准为每棵200元。显然市政府所制定的补偿标准，是在充分了解市场行情的基础上做出的。

利用休息时间回家帮忙。橘园越来越密，原来的荒地也不断摇身一变成为新的橘林。政府工作人员和村干部不停地巡查并制止，村民却找出各种由头理直气壮地胡搅蛮缠；工作组白天在村里四处巡查，村民就等到晚上再去加班种树；工作队组织专班在白天强行清除的树苗，晚上又被村民偷偷栽上。政府和村里疲于奔命，橘树却仍然在一天天增多。

尽管禁止抢栽抢种的宣传力度和监管力度都在不断加大，然而几个轮回下来，征地拆迁工作组却发现，花费了巨大的代价，村民们抢种橘树的热情却一点都没有下降，而且还把干群关系搞得恶化了。在邻村，某些地里栽种的橘树甚至达到每亩200棵左右，是合理种植密度的几倍。工作组曾经数次提高补偿标准，都未见成效。大半年以后，工作组决定再次提高补偿标准：不论橘树的稀疏与树龄的大小，一律按照每亩橘园80棵橘树、每棵320元计算。看到不仅每棵橘树的补偿价格已经远远超过市场价，而且每亩80棵的标准也超过了实际栽种的数量，觉得补偿标准已经不可能继续提高的村民终于不再抢栽抢种橘树了。土地征收和补偿按规定都必须据实进行，这个标准超过实际不少，但是工作组确定后，镇领导仍然默许了：如果继续按照原来的标准，制止抢栽抢种不仅需要耗费大量的行政成本，效果还不尽如人意，并不划算。最终，尽管国家明文规定对抢栽抢种不予补偿，在实践中却根本无法落到实处。

橘园的补偿费是粮田的20多倍，当果园和荒山荒地上抢种橘树的风潮过后，许多村民又开始在粮田上抢种。工作组考虑到村里人均耕地比较少，被征的耕地面积也不算多，最后决定参照橘园的标准对粮田进行补偿。村民得知这个消息后，抢栽橘树的风潮才总算完全停息下来。此前零星征地的时候，农田的青苗补偿费都是据实测量面积后，按照每亩1200元的标准计算，政府对旱地也按照稻田的标准补偿，农民本来比较满意，看到后来征地的农田按照橘园的标准进行补偿，都觉得自己上了大当，纷纷去找村干部和征地拆迁工作组扯皮，村干部和征地拆迁工作组讨论后决定，也按照橘园的价格补齐差价。

支付青苗补偿费的本意，是对正在生长的农作物因为征地造成的损失进行补偿，因而必须根据征收时农作物生长阶段的差异而按照不同的标准予以补偿，为了避免不必要的损失，工程的开工日期应尽可能在收获以后，抢栽抢种的农作物则不予补偿。当前的土地征收都必须经过一定的程序，在实际征收的时候，除了少数特殊情况外，村民都能够提前知道征地的消息和时间，完全有时间对接下来的种植计划进行调整，绝大多数被征收的土地上都可以做到不栽种农作物以避免不必要的损失。但是现在各地的地方政府在支付大田作物的青苗补偿费时，却并不会考虑农作物的生长阶段，甚至也不会考虑是否栽种有农作物，都会一律按照统一标准给予补偿。征地中本应据实做出的青苗补偿费，在大多数情况下都已经成为一种福利，尤其是在对大田作物的补偿中。在栗店村所在的省，青苗补偿费都是根据当地主要栽种的作物制定的标准，主要区分为稻田和旱地两类。当前农民的主要收入来源已经是非农产业，在农民看来，大田作物的青苗补偿费标准不高，靠青苗补偿费"发不了什么财"，所以他们常常会通过抢栽抢种高价值的经济作物或者林木来争取更高的补偿。最开始的时候，农民将许多粮田种上绿化树苗，政府在征收的时候对树苗的数量进行清点后予以补偿，后来征地的农民看见前面征地的农民在粮田上种的苗木成功获得补偿，补偿的方式是按照实际苗木数量"据实"补偿，于是也开始在粮田上种树，而且不断加大苗木的密度，政府最后只好出台新政策，对不同品种的苗木的补偿上限做出规定。

在地方政府面前，农民都会为自己的抢栽抢种行为找出各种理由"据理力争"，但是只要不是在政府官员的面前，他们都会毫不避讳地说，抢栽抢种"就是为了从国家那里多搞点钱"。农民也知道，很难为抢栽抢种找到合法性，他们所谓的"据理力争"不过是一种说辞，根本就站不住脚。虽然都知道抢栽抢种没有合法性，但是农民的积极性仍然很高，因为这是一个"非常划算"的事情。抢栽抢种主要投入的是时间和精力，购买树苗等经济上的投入并不多，如果抢栽抢种的林木获赔，收入比相同工作时间的打工和种地要高出许多，但是抢栽抢种的风险却几乎可以忽略不计：由于村民普遍参与，多半会因为法不责众而不被惩罚；因为投资很小，即使被清除，损失也不会大。尽管农民的日常抗争"几乎不需要协调和计划，它们通常表现为一种个体的自助形式，避免直接地、象征性地与官方或精英制定的规范相对抗"[1]，但是，一旦他们感觉某种抗争方式风险不大但却可以获取稳定收益的时候，却可以在没有组织和动员的情况下，以个体的方式私下相互借鉴并传播反抗的经验，最终形成农民普遍参与的无组织的大规模集体行动。在其他村民都参与抢栽抢种并且获赔可能性很大的

---

[1]　詹姆斯·C. 斯科特：《弱者的武器》，译林出版社 2011 年版，第 35 页。

情况下，不参与抢栽抢种的村民就会产生强烈的"相对损失感"，因此在征地开始以后，村里只要有一个农户开始抢栽经济林木，其他村民就都会马上跟进。

村民在地方政府面前是弱势方，但是弱势方无论居于多么不利的地位，都可以借助某种操纵资源的方式，对强势方实施一定程度的牵制，反过来，强势方无论多么强大，只要仍然停留在权力关系之中，就会在某个方面受制于权力的弱势方。① 乡镇政府对村民有着强大的行政干预能力，如果对农民抢栽抢种等行为采取强硬措施，可以得到法律和政策的支持而具有完全的合法性，但是在具体的操作中，看似处于绝对优势地位的乡镇却并不像想象的那样始终强势，反而不断向那些不仅处于绝对弱势地位而且无理的农民妥协，完全合理合法的工作却经常处于被动状态。抢栽抢种的农民手中没有多少资源，他们的行为违反了法律和政策的规定，也没有组织起来，甚至在他们心里也不认为理在自己这边，最终却能够逼得地方政府步步后退，不断提高林木等地上附着物补偿费的标准，甚至对抢栽抢种的林木也给予高额补偿。

政府也会反复宣传不得突击栽种，却很少会像对待"违建"那样予以坚决而彻底地打击。其原因有二。第一，用抓"违建"的方式抓"违种"并不划算。对于农户来说，"违建"虽然是一个高投入高收益的活动，但是也伴随着很大的风险。违章建筑虽然只具有房子的外形而成本很低，但是这个低成本仅仅是相对于具有正常功能的房屋来说的，对于农户来说仍是一笔非常大的家庭开支，并且只有获赔才能获得高额利润，如果被强制拆除，家

---

① 杨善华：《当代西方社会学理论》，北京大学出版社1999年版，第327页。

庭所遭受的损失则是巨大的。地方政府采用现代技术手段拆违控违后，能够在第一时间发现"违建"，将"种房子"的苗头消灭在萌芽中，而不至于等到发展成规模以后因为法不责众而难以处理，这样，农民"种"的房子被强拆的风险就变得越来越大。"违种"比"违建"更隐蔽，发现难度更大，地方政府清除抢栽抢种需要花费大量的人力物力，而且农民在林木被清除后继续栽种的成本更小：树坑是新挖的，重新栽树并不难，而单位面积上某一树种的最高补偿金额都有限定，如果栽种的密度超过了一定的限度，补偿总额并不会继续增加。村民也知道，抢栽抢种虽然可以获得更高的补偿，但政府不可能将补偿标准无休止地提高，一旦达到心理预期，他们就会接受，并不会继续狮子大开口纠缠下去。同时，农民从"违种"中能够获得的收入比"违建"少很多，地方政府对"违种"进行补偿，开支尚在能够承受的范围之内，而制止"违种"却要付出很高的行政成本，完全制止则几乎不可能实现。第二，换取农民对其他征地工作的支持。当农民发现，经过一段时间的博弈之后，政府开始对"违种"行为睁一只眼闭一只眼，他们一方面会因为"违种"成功而感到窃喜，另一方面也会暗自觉得理亏。政府正是利用农民的这一心理，在处理"违种"的时候，一般只会将特别过分的"违种"部分予以扒除，同时也会让农民知道，没有处理并不是因为没有掌握"违种"的事实，而是体现了政府的宽宏大量。当农民以后在其他补偿金额较大的补偿项目继续提出进一步的要求，或者无理阻止征地拆迁的时候，政府工作人员就会指出，曾经对其"违种"等行为给予了"照顾"，让自觉理亏的农民不好意思继续无理纠缠下去。

另一种类似"违种"的方式，是在养殖的水产品等方面做文章，如，在池塘中投放鱼、鳖等，迅速将普通的池塘"改造"成为"精养鱼池"，以图获取数倍甚至十倍的补偿。

四、以增人争利

中央规定土地承包权长期不变以后，集体在承包期内不能调整耕地，因而目前家庭人口的增减不会影响农户承包地的数量，也就不会影响承包地被征收后的补偿数量，但是农户家庭人口的多少仍然会影响所得征地补偿的数额，而且新增人口还会分享征地带来的各种村庄福利。这些村庄福利主要包括：第一，各个村庄都有一定的公共用地，比如作为集体企业的山林、水面，以及公用的道路、水渠、荒滩，等等，对于这些土地的征地补偿款，村集体一般会根据人口在村庄内部分配，或者用于村庄公益建设。第二，许多村庄征地后在分配安置房的时候，会根据户头和人口确定安置房的套数和面积。第三，除了直接分到村民的补偿款，村集体手中还掌握有土地补偿费，按照规定这些钱只能用于村庄道路等公益事业建设，实际上成为被征地村庄的福利。第四，国家规定，家庭人均耕地低于 0.3 亩的村民为失地农民，为了解决失地农民的后顾之忧，可以用土地补偿费为他们办理社保，在年满60 周岁以后领取退休工资。第五，征地后的土地一般都会升值，可以为村庄带来新增出租集体土地和房产的机会，既有集体资产的出租价格也会上涨。村集体经营集体土地的所得，往往会以分红的方式发给村民，或者进行村庄公共品建设，提高村民的福利。

因此，尽管现在增加人口不能增加农户的承包地，而且在征地开始以后一般都会冻结户口的转入，但是村庄一旦有了征地的可能性，仍然会有很多农户会努力增加人口和户头。常见的策略有，让儿子早日结婚、分家、生育；让女儿推迟出嫁，或者出嫁但户口并不转出，所生小孩也随女方上户口；让女儿以招上门女婿的方式尽快结婚生子，一些有几个女儿或者有儿有女的家庭，甚至会将所有的女儿都留在家里"招女婿"——某些"上门女婿"所生的小孩并不随女方姓，实质上仍是嫁女，农民一般将这种行为称为"明招暗嫁"。农转非曾经是农民梦寐以求的事情，现在大部分城市都放开了落户限制，将户口从农村迁到城市变得容易了，却有许多农民不愿意将户口从村里转出，部分已经将户口迁移到城市的人，甚至希望把户口迁回农村。上大学不必迁户口以后，在沿海富裕村庄和内地的城郊村，大量的农家子弟在考上大学以后，选择了将户口留在村庄，许多人大学毕业后在城市中工作，只要不是因为买房子对户口有限制，就不会将户口从村里迁出，主要原因就是为了分享土地红利，特别是征地补偿。希望将户口从城市迁到农村的则很少能够成功，因为落户必须得到村两委的集体研究同意，而将户口迁至具有征地预期的村庄，其目的很明显就是为了参与未来征地补偿的分配，村两委在开会的时候，很难找到能够拿得上台面的理由说服村民代表们，因而获得批准的难度较大。不仅如此，应地方政府要求，公安机关一般也会对户口迁入设置很多非常严格、很难满足的条件。

五、以当"钉子户"争利

几乎每个征地拆迁村庄都有数量不等的"钉子户"。采取当"钉子户"或者上访的方式进行反抗的村民，或者是因为合法权益受到侵害，而采取行动维护权益，或者是为了谋取远远超过正常补偿标准的更大的利益。

大多数"钉子户"都是村庄中的边缘人，属于村庄社会的底层。村庄社会中的上层村民拥有的社会资本较多，在为自己维护合法权益或者谋取更大利益的时候，由于拥有较多可以采用的资源和手段，一般不会采取这种激烈的方式表达利益。只有极个别"钉子户"在村庄中属于中上层，他们大多与村干部或者地方政府官员曾经有过积怨，甚至就是因为种种原因被迫下台或者落选的前任村干部，想借此机会出气。也有少数"钉子户"采取"依法抗争"的方式，用法律的武器维护自己的合法权益。这种"钉子户"一般都是普通村民，甚至就是村庄中的底层，而很少会是村庄中的中上层，因为一旦维权成功，就会让地方政府难以下台，村干部也会因为受到地方政府的批评而责怪他们，他们跟地方政府和村干部的关系一般都会因此闹僵，在以后需要通过村干部和地方政府为自己解决问题的时候，即使是完全合理合法的诉求，也可能会被刁难，所以大多数中上层村民都不会采取这些方式。

近年来，征地拆迁中的"钉子户"抗争事件频频出现。一些"钉子户"较为激烈的抗争行为也吸引了媒体的报道，并引起大众关注。理论界大多受维权范式的影响，以"抗争政治"来解释农地征收过程中的"钉子户"，并赋予他们为了维权而抗争的色彩[①]。然而，农民抗争很难说具有强烈的政治诉求，而是一种利益表达，

---

① 于建嵘：《抗争性政治：中国政治社会学基本问题》，人民出版社 2010 年版，第 152 页。

农民抗争并没有高度的组织性，至多不过是一种草根动员[1]。学界的研究早已表明，农民上访主要是非抗争政治[2]，在农村存在"谋利型上访"[3]"要挟型上访"[4]，少数农民在自身利益并未受到基层政府侵害的情况下，以缠访、闹访等方式，以求达到迫使基层政府满足其不合理利益要求的目的。在利益巨大的征地拆迁过程中，当然也大量存在这些类型的上访。调查显示，因为征地拆迁而上访或当"钉子户"的农户中，维权型的"上访户"和"钉子户"只占30%，无理或谋利型的则占70%[5]，维权抗争并不是主流。大多数农户采取"钉子户"策略进行抵抗，并不以终止征地拆迁为最终目的，而是希望通过抵制行为获得更多的补偿[6]，仅仅是谋取更多利益的博弈策略，而不是因为权利被侵害，更不具有"抗争政治"中的政治诉求[7]。

在当前的村庄舆论中，村民对征地补偿中的多数"钉子户"和"上访户"的评价都较为负面。村民认为，这些人中的大多数当"钉子户"或者上访，仅仅以谋取个人利益为目的，缺乏正当

[1] 应星：《草根动员与农民群体利益的表达机制》，《社会学研究》2007年第2期。
[2] 申端锋：《抗争政治，还是非抗争政治——再论农民上访研究的范式转移》，《甘肃社会科学》2014年第2期。
[3] 田先红：《基层治理中国：桥村信访博弈的叙事，1995—2009》，社会科学文献出版社2012年版，第187页。
[4] 饶静、叶敬忠、谭思：《"要挟型上访"——底层政治逻辑下的农民上访分析框架》，《中国农村观察》2011年第3期。
[5] 杨华：《农村征地拆迁中的利益博弈：空间、主体与策略——基于荆门市城郊农村的调查》，《西南大学学报》2014年第5期。
[6] 孙秋鹏：《宅基地征收中"钉子户"与地方政府行为分析》，《北京社会科学》2018年第10期。
[7] 吕德文：《媒介动员、钉子户与抗争政治——宜黄事件再分析》，《社会》2012年第3期。

理由，有些甚至完全就是无理取闹。在少数村庄，"钉子户"的行为甚至因为影响绝大多数村民的利益而导致双方产生尖锐对立，如，广州杨箕村曾多次出现 1000 多名村民联名请求村委、政府、法院对 8 户"钉子户"实施强拆 ①。对"依法抗争"，以法律的武器维护自己合法权益的"钉子户"和"上访户"，村民在他们行动之时也极少参与进去。这在很大程度上是因为大多数村民都缺乏相应的法律知识，以为这些人也是跟其他"钉子户"和"上访户"一样，仅仅是把法律作为利益博弈的一种策略，是想通过把事情闹大来为自己博取更大的利益。总的来说，村民对"钉子户"的态度非常微妙，首先他们都认为"钉子户"采取的手段和想达到的目的都拿不上台面，从心里瞧不起他们，但是同时又希望通过钉子户与村干部和地方政府的斗法能够为更高的补偿撕开口子，这样自己就可以坐享"钉子户"成功带来的好处，搭上获取更高补偿的便车。当"钉子户"没有取得成功的时候，"钉子户"所采取的各种策略在村子里都会以笑话的形式流传，而当"钉子户"仅仅是为自己的利益而博弈成功，却不能为其他村民带来好处的时候，村民的心中则是鄙夷的同时也充满了羡慕，恨自己不敢像"钉子户"那样拉下脸面去闹。

一般来说，"钉子户"和"上访户"都是为了个人利益，跟其他村民不构成冲突，但是也有少数"钉子户"和"上访户"，是因为村里在分配补偿款的时候没有支持自己的主张，从而与其他村民和村干部发生矛盾。

---

① 陶达嫔、梁文悦：《千名村民回杨箕　要求 8 户留守户搬迁》，http://news.sina.com.cn/c/2012-12-17/080025828390.shtml。

第二节　村庄内部冲突：村内分利

为了在征地补偿中得到更多份额，农民不仅向国家、开发商等村外的相关利益主体争取更多的补偿，对于需要在村庄内部分配的征地补偿款，村民甚至会在村庄土地仅仅是有可能被征的时候就开始做出各种准备，采取各种策略与其他村民、村委会等村内的各个相关利益主体展开博弈。村民在村庄内部分配征地补偿利益的主要根据有村庄政治权力、村庄成员权、不明确的法律规定，等等。

一、以村庄政治权力分利

各地对征地补偿的程序和标准都有细致的规定，但村干部在实际的操作过程中仍然具有一定的弹性空间，而不是只具有单纯的政策执行者的角色。有研究发现，补偿款在村庄内部的分配过程中，村干部、最大的宗族势力比一般的农户更有能力影响分配方案的制定过程，从而获得有利于自己的分配结果。其中，家庭中有干部的农户获得实际补偿超出当地补偿标准的概率增加30.2%，户主姓氏是本村大户的农户则增加14.2%。[1]

村干部在实际操作中的弹性空间，来自他们所掌握的村庄资源再分配的权力。比如在针对集体和农户的补偿中，尽管相关规定十分明确，仍有许多工作需要根据实际情况进行操作，诸如确定青苗及附着物补偿标准[2]，测量土地和房屋面积，统计地上附着

---

[1]　汪晖：《中国征地制度改革：理论、事实与政策组合》，浙江大学出版社2013年版，第110页。

[2]　梁爽：《土地非农化过程中的收益分配及其合理性评价——以河北涿州市为例》，《中国土地科学》2009年第1期。

物、违种、违建，村集体和农户在分配中的占比，等等。那些与乡或村的干部关系不错的村民，常常能够得到村干部的照顾，获得比实际应得补偿更多的利益[①]。

不仅如此，为了争取村民的配合与支持，避免村民以各种借口阻挠工程等不必要的麻烦，地方政府和建设方通常也会将一定的房屋拆迁、便道修建、土石方施工等对技术要求较低的工程的发包和务工机会提供给村里。在村民自治制度下，村干部由村民选举产生，属于村庄中最有威信的群体，同时也需要完成政府分配的任务，因而扮演着政府代言人和村民当家人的双重角色[②]，在征地过程中充当着政府、建设方与村庄之间沟通的桥梁。因此，政府和建设方的征地拆迁工作要取得村庄的配合，首先是要得到村干部的配合。为了换取村庄配合而提供给村里的相关工程和务工机会，一般都是由村干部根据实际情况在村庄内部分配，但是这些机会很少能够惠及全村，不可能做到每个农户都能够从中获利。

征地拆迁还让村干部得到了更多分配其他资源的权力，或者获取更多利益的机会。因为征地而获得的大量补偿款，让村庄的集体经济实力大大增强，作为村庄当家人，村干部也因此掌握了更多补偿款再分配的权力。村干部的职务优势还可以让他们能够比普通村民提前知道征地的规划或者相关政策，某些城郊村的村干部为了在征地补偿中获取巨额利益，甚至会利用这些信息优势带头违建，并引发普通村民效仿[③]。

---

① 罗兴佐、吴静：《拆迁中政府与农民关系的博弈机制与调适策略》，《长白学刊》2016 年第 3 期。
② 徐勇：《村干部的双重角色：当家人与代理人》，《二十一世纪》1997 年第 8 期。
③ 陈柏峰：《城镇规划区违建执法困境及其解释》，《法学研究》2015 年第 1 期。

　　村干部的职位于是引起了村民的空前重视。由于村干部必须通过选举产生，村两委选举的竞争变得白热化。偏远村庄大多不会遭遇征地拆迁，集体资源较少，村庄选举一般都比较平静。在村庄出现征地拆迁预期前后，村委会选举大都经历了从有竞争但不激烈，到异常激烈的转变①，选举中的贿选现象变得更为普遍，而且贿选的金额也显著增加。村庄权力结构可以分为"体制精英—非体制精英—普通村民"三层，在村委会选举中，非体制精英可利用自己在选民中的影响力决定谁能最终当选②，参加竞选者要在选举中获取胜利，必须通过其他非体制精英争取普通村民的选票，于是，参选者各自组织部分村庄精英作为自己的竞选班底。为其助选的精英希望选举成功后，能在征地的过程中获得比一般村民更多的利益，而普通村民能够被动员，也是寄希望于通过在选举中的正确"站队"，当自己所支持的候选人当选以后，就可以在征地时维护自己的利益甚至获得比其他村民更多的好处。

　　村干部通过选举才能产生，当选后当然要在力所能及的范围内，根据选举中的贡献大小对支持自己的村民做出相应的回报。大部分村干部在征地拆迁的实际操作、补偿款的分配和再分配、相关工程和务工机会的确定中对自己和支持者利益的照顾，或者是完全合法的利用村庄公共权力——如对相关工程的发包和务工机会的提供，或者是游离于纪律和法律边缘的灰色地带——如为"自己人"获取超出相关标准的补偿，极少数则已经违纪违法——

---

① 杨华：《城郊农民的预期征地拆迁：概况、表现与影响——以荆门市城郊农村为例》，《华中科技大学学报（社会科学版）》2013 年第 2 期。
② 仝志辉、贺雪峰：《村庄权力结构的三层分析——兼论选举后村级权力的合法性》，《中国社会科学》2002 年第 1 期。

如挪用或者私吞征地补偿款。不管是否合乎纪律和法律，村干部对自己和支持者的照顾都可能引发村庄内部冲突。在某课题组获得的68起土地冲突中，发生在村民与村委会、村组干部之间的达27起，占39.7%[①]。近些年来，各地也经常传出村干部因为在征地的过程中违法违纪而受到相应制裁的新闻。

二、以村庄成员权分利

参与村庄的征地补偿分配，必须拥有村庄成员权，然而村庄成员权的认定却不是一件简单的事。如何才能够成为村集体的成员？什么情况下会失去村庄成员权？为什么部分村民具有完整的村庄成员权，而另一部分村民却只能够拥有部分村庄成员权？要回答这些问题，既需要分析国家的制度安排，更需要进入村庄的实践逻辑。

在传统的中国乡土社会，只有在村庄中拥有土地，或者通过婚姻进入当地的亲属圈子，才能拥有村庄成员权。但是乡土社会中的土地并不充分买卖，婚姻的结成也受到多种条件限制。许多村子里从事乡土社会中特殊职业的"外客"，甚至在村庄中生活了几代以后，仍不被视作村里人，得不到一个普通公民的权利[②]。

集体化时期确定村庄成员权非常简单，只要拥有村庄户口就具有完整的村庄成员权，这与当前法律政策对村庄成员权的认定方法一致，主要都是遵循以户籍为基础、"人人有份，机会均等"

---

① 谭术魁：《中国土地冲突的概念、特征与触发因素研究》，《中国土地科学》2008年第4期。

② 费孝通：《乡土中国》，世纪出版集团，上海人民出版社2007年版，第68页。

的原则[1]。如《中华人民共和国农村土地承包法》第五条规定："农村集体经济组织成员有权依法承包由本集体经济组织发包的农村土地。任何组织和个人不得剥夺和非法限制农村集体经济组织成员承包土地的权利。"直至 20 世纪 80 年代，由于人口流动很少，拥有某村户籍的人就是该村的村民，也是该村的农经成员，同时也是该村的农业人口，村庄通过户籍确定村民的村庄成员权，村民则以村庄成员权为基础平等地获得承包耕地山林等的承包权，其优点是易于操作，而且可以让每个村民的生存权都能通过土地等资源获得保障。

改革开放后，随着经济的发展和人口流动的加速，村庄边界日益开放，村庄成员权的认定开始变得复杂，少数村民仅仅通过户籍已经无法确定是否具有村庄成员权。近些年来，由于政策不再允许村庄在承包期内为村民调整土地，绝大多数村庄由于集体经济薄弱也无力为村民提供其他村庄福利，村民是否具有村庄成员权变得不再重要，村民也开始不再重视村庄成员权。然而征地拆迁开始后，由于村庄成员权与征地补偿直接挂钩，部分村民的村庄成员权问题开始暴露出来，如何确定这些村民的村庄成员权在村中引起广泛争议，如空挂户、"外嫁女"、外来户、外出求学者是否有资格参与征地补偿款的分配？如果有，是否跟其他村民的分配权完全一样？当这些矛盾出现后，部分村民因为不服从村庄的处理结果，想要诉诸法律，却发现对于如何认定村庄成员权，现行各种法律并没有设定具体标准，而是有意持一种模糊态度，

---

[1] 张明慧、孟一江、龙贺兴、刘金龙：《社会界面视角下农村成员权认定的实践逻辑——基于湖南 S 村集体林权改革的实践》，《中国农业大学学报（社会科学版）》2004 年第 3 期。

导致法院由于法律中没有对村庄成员权的具体界定而无法介入。
最高法院也对此问题进行回避，并要求基层法院不得受理此类案
件。如，最高法院就《关于审理涉及农村土地承包纠纷案件适用
法律问题的解释》进行说明时认为，"农经成员资格事关广大农民
的基本民事权利……不宜通过司法解释对此重大事项进行规定"，
而在最高人民法院（2019）最高法行申 13764 号行政裁定书中更
是指出："有关集体经济组织成员身份的确认，应当由农村集体经
济组织讨论决定。同时，有关农村集体经济组织成员资格的纠纷，
亦不属行政诉讼的受案范围。"

　　国家认定村庄成员权的原则是以户籍为基础、"人人有份，机
会均等"。如果完全遵循法律规定，拥有户籍就拥有村庄成员权，
也就拥有以村庄成员权为基础的土地权利，一旦户口从村庄中迁
出，则村庄成员权及与之相关的各种权利也就随之丧失。但是村
庄认定成员权的实践远比法律规定复杂，许多村庄在具体实践中
虽然也会以此原则作为基础，却并不会完全遵循该原则。在面对
特定群体时，村庄经常会根据具体情况对该原则采取一定的变通
措施：有户籍的村民并不一定必然拥有村庄成员权，或者不一定
拥有完整的村庄成员权，而没有户籍的村民也不一定完全没有村
庄成员权。甚至，两个相邻的村庄也可能采取不同的认定原则。
显然，要理解村庄成员权是如何认定的，仅仅从国家的制度安排
来理解显然是不够的，而必须进入到村庄的实践逻辑中去。

　　农村集体经济组织以户籍为基础，拥有村籍则有权利参与和
控制村集体经济，有权利参加集体利益分配[1]，但是在很多村庄，

---

[1] 李培林：《巨变：村落的终结》,《中国社会科学》2002 年第 1 期。

拥有户籍的村民却并不一定被承认具有完整的村庄成员权，也可能无法完全参与甚至完全无法参与村庄中征地补偿的分配。空挂户和户口转入村庄时间较短的村民一般会遇到这种情况。所谓空挂户是指在村中仅有户口，但是没有房屋和耕地的村民。空挂户的产生，部分是因为村民长期外出打工、进城投靠子女等原因已经在外地站住脚，生产生活完全不依赖村庄，因而将房屋转让、土地上交集体或者流转，只有户口还留在村里。还有一部分空挂户只是将户口从外村迁入，但是在村里没有房屋，也没有耕地。在村庄选举的时候，他们也会被承认拥有与其他村民完全相同的一人一票的村庄政治权力，虽然极少有空挂户会参加投票。在征地的时候，征地补偿主要依据土地做出，空挂户在村中既没有房屋，也没有土地，一般也就没有征地补偿，而户口转入时间不长的农户，则只会对他们拥有合法手续的宅基地、房屋、耕地进行补偿，而不会让他们参与需要在全体村民中分配的征地补偿款的补偿。尽管没有被赋予完整的村庄成员权，但空挂户和刚迁入村庄的农户很少会因此与村庄发生冲突。也有具有户籍却不被承认完整村庄权力而引起激烈抗议的，典型者如入赘婿问题、珠三角等南方地区的"外嫁女"问题。入赘婿在前面已经讨论，这里主要分析外嫁女。"外嫁女"是一种俗称，指已经与村外人结婚，但户籍仍在村里的妇女①。虽然拥有村庄户籍，许多村庄却以习俗或者村规民约为由，拒绝让"外嫁女"与其他村民一样享受各种村

---

① 近些年来，内地的许多农村也出现了妇女婚后不将户口迁至夫家的现象，但其主要原因是中央强调土地承包权长期不变以后，村庄不再对人口发生增减的农户调整耕地，一些妇女认为户口留在娘家对自己的生活并无影响，因而不愿意花时间迁户口。这些妇女婚后不迁户口与征地拆迁无关，不属于习惯用法上的"外嫁女"，不是本研究讨论的对象。

庄福利。"外嫁女"们于是起来维护自己的权利，或者去有关政府部门上访，或者到法院起诉。由于这些习俗或者村规民约明显违反了男女平等的相关法律规定，外嫁女的维权很容易取得法律的支持，但是即使法院判决了，许多村庄仍然以种种借口拒绝执行。

村庄不愿意按照法律规定给予"外嫁女"村庄成员权，受到重男轻女的"封建思想"影响而不尊重法律是其中的重要原因，但是如果仅仅止步于此，并不能完全解释这一现象。在珠三角的许多村庄，因为经济发展而在土地的非农使用中获取了较多的收益，村民能够因为征地补偿或者集体对土地的经营而得到较多的集体分红。出嫁而不将户口转到夫家的妇女，或者夫家是城市中的底层，或者夫家也在农村，但是娘家村庄的经济条件更好，尤其是有各种福利分配或者即将征地的村庄。如果娘家和夫家的情况刚刚相反，则妇女出嫁的时候都会把户口迁至夫家，并不会出现"外嫁女"现象。因此，在经济条件较好的村庄，出嫁后不迁户口的"外嫁女"出现的频率较高，而在经济条件相对较差的村庄，却并没有"外嫁女"维权的情况，因为这些村庄的福利较少甚至没有，不仅"外嫁女"无权可维，甚至妇女出嫁后不迁户口的情况都非常少见。于是在经济条件较好的村庄，嫁入的妇女都会将户口迁入，而很多本村女子与外村男子结婚后却并不将户口迁出。这些村庄认为，"外嫁女"婚后户口仍然留在村里，仅仅是为了分享征地补偿款以及其他村庄福利，这种行为将摊薄村庄其他村民的福利，是违反村庄正义的。

户口已经转出村庄的村民，从法律的角度来看就不再是村庄的成员，不该享有村庄福利，就没有获得征地补偿的资格，但在实践中，也有一些没有村庄户籍的村民，却可能争取到参与征地补偿分配的资格。少数村民已经将户口转出村庄，但是老家的旧宅子既没有转让，也没有拆除，这种情况下都会对地面建筑给予一定补偿。我们在许多村庄中都看到，一些村庄中的民办教师在转为公办教师后，虽然全家人的户口都已经从村中迁出，不再是村庄的集体经济组织成员，但是只要他们不主动将宅基地交给村里，村庄就不会把他们的宅基地收回。当征地拆迁开始后，村庄对他们的宅基地和所居住的房屋，也会按照村庄内其他村民的标准对他们给予完全相同的补偿标准，并不因为他们的户籍不在村里而按照法律与其他村民区别对待。

法律规定，村庄的房屋只能够在本集体经济组织成员之间转让，但在实践中，村民私下将房屋转让给外村人的现象在各地都很常见。在征地拆迁补偿中，如何对这些转让给了外村村民的房子进行补偿？在不同地区甚至同一地区的两个相邻的村庄间，采取的办法也不尽相同。有的村庄在买房者反复争取后按照本村居民的标准给予补偿；有的村庄却以农房买卖没有法律效力为由，拒绝与买房者就补偿问题进行协商，而是只对卖房的本村村民做出补偿，然后让买房者与卖房者自行协商如何分配；有的村庄仅仅对其房屋、宅基地上的青苗以及其他地上附着物进行补偿，其余部分的补偿则在小组内进行分配。在下面这个案例中，没有户籍的村民被承认村庄成员权并获得征地补偿，但是过程却极为复杂。

    粟店村曾经历过两次征地。在 20 世纪 70 年代工厂建设征地的时候，采取的是先占后征的办法，也就是工厂根据建设需要，先与地方协商将某块土地占用下来，然后再办理土地所有权属变更为国家所有的手续，并支付土地补偿费、各种地上附属物的补偿费以及迁居费。因为种种原因，部分土地占用后并未办理转为国有土地的相关手续，遗留下占而未征的问题。

2016年4月，有2组村民发现，一块正在施工的土地是当年工厂占而未征的2组土地。村干部通过查阅相关部门的原始资料证实，在这块土地中，的确有一部分不在当年征收的范围之内。村里提交相关证明后，这部分土地被追加补偿，总金额约为50万元。

这块地分田到户的时候没有分给村民，土地的使用权完全属于2组集体，补偿款下拨到村里以后，便存在如何分配的问题。按照省里的相关规定，征地补偿的土地补偿费不能全部分给村民①，但是2组村民提出，20世纪70年代工厂征收土地的时候，2组山林全部被征收，耕地也被征收大半，分田到户后人均耕地在村里最少，而且由于没有山林，无法像其他小组一样发展柑橘种植，考虑到历史，补偿费应该全部分给村民。村里认为村民的要求有合理性，于是向乡镇请示把补偿费全部发给村民，乡镇同意了村民的要求。

补偿费好不容易争取到了，上级也同意全部分下去，分配方案却迟迟无法落实。

2组村民都同意按照人口进行分配，但对如何计算人口却

① 《省人民政府关于进一步加强征地管理、切实保护被征地农民的合法权益的通知（鄂政发〔2005〕11号）》规定：土地补偿费全部用于被征地农民生产生活安置的情形为：土地被全部征收，同时农村集体经济组织撤销建制的。参见：省人民政府关于进一步加强征地管理切实保护被征地农民合法权益的通知——湖北省人民政府门户网站，http://www.hubei.gov.cn/zfwj/ezf/202005/t20200519_2277541.shtml。

达不成一致。这块地一直没有被分到户，存在按照分田到户时候的人口分配还是按照当前人口分配的问题。更为棘手的问题是如何确定村民的分配资格。2组有2个独生子女在2000年前后因为考学把户口从村里迁出，毕业后在城里没有找到理想的工作，都回到村里结婚生子，但是他们的户口却因为政策的原因不能迁回村庄，配偶和子女也因此无法在村庄落户。这些家庭认为他们也有分配资格，但大多数家庭认为，现在户口不在村里就不能参加分配。家中有人因为上学将户口迁出的虽然是少数，但他们态度坚决：当初将户口从村里迁出，是因为当时的政策规定，农村户口考学后必须农转非。他们毕业后国家政策发生变化①，没有被分配工作，也没有享受到非农户口的福利，而是一直在村里生活，并且在小组内的各项公益事业中都曾经捐资或者出劳。他们也想过将户口转回村里，但是政策不允许非转农。由于从出生开始就一直尽到了跟其他村民同样的义务，他们也应该有分配资格。

2组群众的思想不统一，村民代表的意见也存在分歧，而且农村税费改革后，湖北农村的村民小组长被取消，小组内没了能够拍板的人，这件事讨论了几次都没能达成一致。

高书记是大集体时代的老支书，也是2组人，看到补偿费分不下去，与担任过村治调主任的张主任商量后决定，先找几个村民代表、党员讨论一下。大家到村办公室商量了一天，确定的方案是，因为考学迁出户口的村民也有分配资格。参会者就这个方案向村民征求意见的时候，仍有村民反对，于是决定

---

① 参见国家人事部关于印发《国家不包分配大专以上毕业生择业暂行办法》的通知，人发［1996］5号。

召开 2 组全体村民代表和党员会议，再次协商。

会议于 2016 年 11 月 9 日举行，为了表示对会议的重视，大家将村支书也请来参会。会议的议题包括：第一，这块土地在 1984 年分田到户时没有被分到个人，现在的补偿款分配，除了 1984 年的人口，是否需要考虑现有人口，如果考虑，占多少比重？第二，1984 年以后落户的村民是否具有分配资格？第三，3 名空挂户是否有分配资格？第四，2 个 1984 年以后出生的村民因为读书农转非，后来无法将户口迁回，且没有吃财政饭，是否具有分配资格？

会议于晚上 8 点开始，直到 12 点半过了仍然无法达成一致，只好通过投票作出决定：按人口分配，1984 年的人口与现有人口各占 50%，其中 1984 年人口依据村历史档案，现有人口以户籍为准；空挂户和 1984 年后买卖房屋落户者没有分配资格；因为读书农转非导致户口无法转回的 2 个村民，可以参加分配。

决定是通过投票做出的，投反对票的少数人尽管有意见，也只好少数服从多数。

从村庄认定成员权的实践逻辑来看，对村庄成员权的认定不仅受到法律中户籍基础上"人人有份，机会均等"的认定原则影响，也受到村庄习俗、社会关系的约束。国家的制度安排是抽象的，而村庄的实践逻辑则受到各种历史传统和现实问题的制约，二者之间不可避免地存在张力。不仅如此，不同村庄的实践逻辑也会因为村庄具体情况的不同而有区别，各个村庄的习俗具有一定差异，村庄内部各个成员之间的力量对比以及不同的历史遗留问题，也会导致村民为了维护自身利益而根据自己的社会资本、权力等资源采取不同的行动策略，与其他村民展开博弈，并最终导致村庄对某些村民的成员权做出特别处理。征地拆迁中在对某些村民的村庄成员权认定上，由于法律没有明确规定，村中也无可以参考的先例，而根据村庄习俗作出决定，又受到村庄各种社会关系、历史传统和现实问题的纠缠，很难达成完全没有争议的决定，引发村庄内部冲突在所难免。

三、以不明确的法律规定分利

法律不可能对所有的情况都做出明确规定，这些不明确的法律规定往往成为导致村民间分利争执的根源。

部分法律规定不明确是有意为之。如前文曾经提到的，最高法院在《关于审理涉及农村土地承包纠纷案件适用法律问题的解释》中就曾经指出，"农经成员资格事关广大农民的基本民事权利……不宜通过司法解释对此重大事项进行规定"。

"集体"的定义在法律上并不明确，也常常导致争议。农村土地实行集体所有。在改革开放前，农村实行"三级所有，队为基础"的集体产权结构，土地所有权的"集体"不论是从法律、政策还是实践上都很明确：指的是生产队，分田到户因此也是以生产队为单位。分田到户后，土地集体所有中的"集体"究竟是谁却逐渐成为问题。在实践上，从生产队演变而来的村民小组的功能日益弱化。农村税费改革前，土地调整、税费收取都以小组为单位，表明小组仍是土地集体所有的主体，税费改革后，法律和政策不再支持土地调整，许多省份为了减轻农民负担甚至取消了小组长，村委会取代村民小组成为农村集体土地的实际管理者。

在法律上，根据《中华人民共和国土地管理法》的规定，村民小组、村委会甚至乡镇政府都有可能成为土地所有权的代理者 ①。因此，尽管《土地管理法实施条例》第 26 条规定，土地补偿费归农村集体经济组织所有，但由于农村土地集体所有权主体的模糊界定，导致"集体"在法律上并不明确，在农地征收时常常引发村庄内部冲突。笔者在湖北某市调查时发现，某工厂因发展需要，征收某村民小组土地 260 亩。2008 年，村委会根据湖北省有关征地规定 ②，将土地补偿费的 70% 分给该组村民，另外 30% 文件未明确规定使用主体，则由村委会统筹用于全村的公益事业。该组村民认为，被征收土地只涉及本组，集体统筹使用的资金也只能用于本组的公益事业。该组和村委会一直就补偿费分配问题争执不休，该组村民多年来不断上访，由于双方都能够从法律中援引有利于自己的条款，并且都不让步，这起纠纷始终无法被成功调解。

四、制定规则分利

征地拆迁是一次数额巨大的利益再分配，而且土地是不可再生资源，因为征地拆迁所导致的利益再分配只有一次，至少对于具体的地块征地是如此。因此，能否在这次利益再分配中占据优

---

① 《中华人民共和国土地管理法》第十条规定：农民集体所有的土地依法属于村农民集体所有的，由村集体经济组织或者村民委员会经营、管理；已经分别属于村内两个以上农村集体经济组织的农民集体所有的，由村内各该农村集体经济组织或者村民小组经营、管理；已经属于乡（镇）农民集体所有的，由乡（镇）农村集体经济组织经营、管理。

② 这里指的是《湖北省人民政府关于进一步加强征地管理、切实保护被征地农民的合法权益的通知（鄂政发〔2005〕11 号）》。

势，至少不比其他人少得，就成了村民关注的主要问题。

　　征地补偿费的一部分是直接计算并补偿到农户的，不存在如何在农户之间分配的问题。比如对宅基地和农房，以及由农户承包的耕地、山林、水面等的补偿，这些部分的补偿所引起的冲突，一般都是村民为了获得更高的补偿标准而与地方政府和村集体之间展开的博弈，以及少量农户间土地的归属争议。征地补偿费中还有一部分无法直接确定到农户个人，因而存在如何分配的问题，比如集体共有土地或者资产被征收后的分配，支付给农村集体经济组织的征地补偿费用，也存在如何管理如何使用的问题。

　　《村民委员会组织法》规定，涉及征地补偿费的使用、分配方案的，经村民会议讨论决定方可办理。因而如何分配和管理这部分资金，属于典型的村民自治的范畴。在分利的时候，最重要的并不是土地权，而是土地权背后的村庄成员权，但是如何确定村庄成员权，法律却并没有明确规定，因此必须在村民自治的范围内由村民商议解决。

　　村民之间围绕征地补偿费的使用、分配方案所展开的讨论，首先是在竞争征地补偿费分利规则的主导权。在制定村庄征地补偿分利规则时，村民充分利用自己的各种资源，根据自己的利益需要联合部分村民与其他村民展开博弈，尽量达成对自己最有利的分配规则。一般来说，村集体掌握着村庄内部的土地收益分配规则的制定权，然而在征地拆迁开始以后，村集体如果不经过商议就直接出台分利规则，村民就可能因为受到征地所带来的巨额利益的诱惑，联合起来向村委会的土地收益分配规则的制定权发起挑战。因此村委会一般不会在征地补偿的分配规则问题上擅自做主，而是会组织村民进行讨论。

在实际工作中，村委会如何组织对征地补偿费和使用方案进行讨论，在各村有所不同。在部分村，村干部根据从前的惯例设计出相应的方案，并召开村民代表会对其进行讨论。还有部分村，村干部会召集党员和村民代表，对拟定的相关方案进行讨论，然后再由党员和代表向各自联系的村民征求意见，如此经过几次反复，最后还需要经过全体村民大会表决通过。不管哪种办法，都需要经过反复的争吵，才能确定最终的方案。只是前一种方案中村干部的意见的分量更大，通过的时间也会更快一点。而后面一种办法，由于不仅要通过村民代表，而且还需要全体村民同意，通过方案往往需要更长的时间。我们在某被征地的村民小组看到，该组村民为此几乎天天去村办公室讨论，争吵了差不多两个月，才把最终的分配方案确定下来。不过，采用后一种方法确定分配方案虽然争吵多，但是由于经过了全体农户的反复辩论，在最后执行的时候所遇到的阻力也相对较小，遗留的问题也较少。

一般来说，征地补偿中分利规则的形成，并不是村干部独家决定的，也不完全是小组内征地代表们讨论的结果，而是普通村民也参与其中，多方互动的结果。村庄内部在就征地补偿的分配制定规则的时候，大都具有以下几个特点：村委会主导，"理比法大"，多数人决定。

制定分利规则的第一个特点是，村委会主导。绝大多数村庄在分田到户的时候都是以生产队为单位，对本生产队的农户进行分配。在讨论征地补偿款在村庄内部的分配的时候，由于各个小组之间被征土地数量不同、人均耕地等方面也存在差异，主要也是在以村民小组为单位，分别确定各个小组内部的分配规则。分利规则不同，村民所得的利益份额就不同，直接影响村民的切身利益，因此确定分配规则的过程中很容易得罪人。税费改革以后各地都取消了小组长，从前的小组长因为自己没有了"官方身份"，都不愿意挑头做容易得罪人的麻烦事，村干部只好亲自组织。一般来说，村干部需要确定如何制定分利规则的程序，并且还要拿出一些可供讨论的议题，甚至是初步方案。对于分利的议题或者初步的方案，村干部并不会直接拿到小组全体户主会上进行讨论，因为每个农户在征地补偿款分配上的利益各不相同甚至相互对立，直接让所有农户都参加讨论，最大的可能就是每个农户都在自说自话，最终形成不了任何结论就草草收场。在村庄中，若干户中就会有一户相对比较有威信的农户，有经验的村干部一般都会先召集这些民间权威开会对相关议题进行商议。一般来说，党员都是村民中的先进分子，目前的村民自治制度中，还设计有若干户中选举一个村民代表的制度，村干部以小组为单位召集的议事会，一般都是由党员和村民代表为主的民间权威组成。此后，不论是小组党员、代表会议的议程，还是制定分利规则最终的确定方式，都是由村干部统一规划。

制定分利规则的第二个特点是，"理比法大"。制定分利规则最主要的就是"论理"，所谓"论理"便是寻找并论证对自己有利的博弈空间。可以论的"理"有很多，包括村庄习俗、村规民约、村庄整体利益、历史遗留问题、法律，等等，各种"理"之间并不存在哪一种"理"的效力更大的问题。在博弈的过程中，村民从来不会只是运用某一种"理"，而是会根据具体情况，选择一种或者几种更能够维护自己以及亲戚朋友利益的"理"。许多村民论述的"理"在外人看来似乎滴水不漏，本村的村民却只需要听过两句就能够听出弦外之音，知道这些"理"的背后是在为他的哪个具体利益服务。如果要让其他村民跟自己采取同样的立场，最能说服对方就是利益相同，如果利益不同，但是也无损自己的利益的时候，才看"理"是否充足。即使法律对相关问题有规定，也不存在法律的效力更高的问题，甚至，只要能够从法律以外找到理由，村民就不会用法律作为自己的观点支撑，可以说，在论理的过程中，"理比法大"。比如，按照法律规定，已经出嫁的妇女如果没有将户口转出就仍然是村庄中的成员，但是在现实制定的分利规则中，大多数村庄都不会给予外嫁女参与分配征地补偿资格的权力。在村庄中关于分利规则的讨论、制定的过程中，村民即使知道相关的法律规定，仍然是几乎都不会运用法律的武器来维护自己的权利。在讨论外嫁女的分配资格时，反对者固然因为法律不支持而不会从法律找依据，支持者能够从法律找到依据却也不会轻易使用，而是会有意识地从村庄习俗、村庄整体利益等方面为自己找"理"，同时加上法律作为辅助的依据，而那些仅仅用法律为外嫁女辩护的村民，反倒给人"理不直气不壮"的感觉。

制定分利规则的第三个特点是，多数人决定。小组内农户不多，要想方案执行得更加顺利，最好的办法就是一致同意。不过，小组内部每个农户的利益不尽相同，在某些方面甚至可能完全对立，不可能做到让每一条方案都能够让所有人满意，因此，在对方案进行逐条"论理"讨论以后，仍然需要通过投票，并决定通过所需要的最低比例标准，采取少数服从多数的方法来决定是否最终采用某个方案。采用多数人决定的办法，当然需要村干部和党员、村民代表们根据可能出现的问题反复讨论，然后拿出几套方案供村民讨论选择，而不是直接拿出几个方案来让村民做选择题。不过，即使村干部和党员代表们已经就某些问题分别跟村民进行过讨论，制定了几套方案供村民选择，仍然可能出现令许多农户不满意的情况。当村民对所有的备选方案都不满意，还可以在表决的时候直接用脚投票，以离开会场表示抗议。如果不满的村民太多而导致无法表决，村干部和党员代表们只好继续就每一条方案继续琢磨，直到下一次讨论。

制定征地补偿分利规则的冲突中，村民主要根据自己的利益决定自己的立场，利用传统网络相互博弈，经过多方妥协最终形成规则。分利规则的形成也体现在社会关系上。对于村庄精英来说，他们因为自身的利益也牵涉其中，导致他们的群众基础因为利益不同而受到影响。围绕不同的利益分配，村民间不断分化组合，在不同的分利议题中形成不同的临时结盟关系。精英们要维护自己的利益，就必须最大化地利用既有的社会网络，在兼顾利益的基础上团结更多的村民。如果说在税费改革前，村民面对税费提留收取的策略主要是各自为政的，包括以抛荒为代表的逃避、以少交或者拖交为目的的弱者的武器的运用，那么在征地补偿的分配中，村民在与地方政府、村干部以及其他村民之间展开博弈的时候，则不仅有个体的博弈策略，也有联合和表达。为了稳固并且扩大自己的获利空间，村民需要形成各种临时的联盟，与村干部和其他利益不同的村民展开博弈。这种结盟的形成，利益当然是基础，但是也无法离开血缘、地缘、友缘等其他关系的利用，因为每个村民的利益并不完全相同，为了实现利益最大化，结盟之中村民还需要对各自的利益进行协调，放弃自己的较小的利益。

下面我们通过某村民小组制定征地补偿分配规则的过程，来展现小组内部权力关系的高度复杂性。该小组分利规则的制定过程大约历时 2 个月，其间会议非常频繁，年纪大的村民说，"大集体时代开会都没有这么勤"，其中 6 月一个月内，就一共有 19 天在开会，因此这里的叙述较为简略，仅仅介绍规则制定中最为核心的问题的由来以及解决过程。

　　粟店村的村干部先就征地工作商量了一个大致的工作方案，然后来到 4 组组织召开全组村民会议。自从税费改革后，小组长就被取消。没了小组长，但小组内仍有不少需要上传下达的事务，仅靠 3 个村干部很难完成，前几年只好在各个小组分别物色了一名信息员。村里每年给信息员付误工补贴 2000 元，大家都嫌待遇太低不愿意干，最后每个小组都是多方做工作才各自找了一个妇女担任。为了提高她们的积极性，对外一律宣称为"组长"。不到一年就有好几个"组长"要辞职，村里找不到接手的人，就一直想办法拖着不批。征地拆迁事务繁多，并且难度大，"组长"都不愿意做那些费力并且得罪人的事情，大多数相关事务均由村干部完成。

　　第一次会议最主要的内容包括，学习征地政策，同时收集信息、反馈情况、商量搬迁事宜，推选征地代表。4 组共有 63 户，按照 4—6 户推选一个代表的办法，共推选产生 14 名征地代表。

　　征地补偿费的分配主要依据的是土地和人口。4 组村民在讨论分配方案的时候，土地和人口都出现了争议。确定人口需要面临的问题主要有：第一，4 组有 4 个妇女出嫁后，所生小孩的户口随父亲，但是本人的户口一直没有转出，如何处理？第二，有 2 个农户的 2 个孩子在 20 世纪 90 年代外出上学，户口迁出，但是毕业后一直在本小组生活。第三，出嫁后又回村落户的。第四，空挂户。土地涉及的问题主要有两个。一是征而未占的国有土地问题。该组有部分土地在20世纪70年代被工厂征收后从来没有使用，数十年来，村民一直在上面耕作。另一个土地问题是"高水位田"的计算问题。水库边上的控制水位线下，有一部分土地地势相对较高，坡度也较小，10年中大约只会被淹一次，这些土地在水库蓄水后一直被村民耕种，被称为"高水位田"。分田到户时，"高水位田"被分给村民。位于控制水位线以下的土地都属于水库所有，性质为国有土地，因此村里在统计耕地面积的时候从来都不作为统计对象，属于农民的不在册土地，也就不必缴纳税费。在农民负担重的时候，村里有部分承包地被抛荒，"高水位田"和征而未占的国有土地却始终都有人种，在人均耕地很少的栗店村，这些土地是村民重要的收入来源。征而未占的国有土地和"高水位田"问题，后来作为历史遗留问题，按照每亩1万元给予补偿。①

　　除了上面提到的，4组在人口和土地问题方面还有其他问题。4组63户村民中只有21户是原居民，另外42户是60年代修建水库时，从本村或者邻村就近靠后移民而来。该组的人均耕地因此比较少。分田到户以后，虽然经常有村民以人口变动大而导致不公平为由，要求调地，历任组长也都认为调地才公平，但是因为人均耕地太少，调地的工作量却太大，分田到户数十年来始终没有调整过耕地。农户间拥有的土地面积差

---

① 征而未占的国有土地和"高水位田"问题的具体解决过程，将在第三章交代。

距很大，如果将山林计算在内，多者将近 80 亩，少者不足 20 亩。这有几个原因，一是各户耕种的"高水位田"不同；二是部分农户在农民负担重的时候，看见种田不赚钱，或者税费改革后务工经商获得了较为稳定的收入，就把部分甚至全部耕地和山林转给了同组的村民；三是部分农户因为农转非等原因，将承包地转让给了其他农户。因为差距太大，最后经过若干天的讨论后决定，对于农作物的青苗补偿费以及对林木等地上附着物的补偿费，据实补偿到户，其余部分则不完全以现在的人口和耕地作为分配的依据，而是"完全打乱"，讨论一个全新的规则出来。分田到户后一直没能够解决的承包地公平问题，这一次终于在村民即将失去土地的时候，在全组绝大多数村民的强烈要求下开始解决。

讨论农地补偿方案的时候，先后有人提出按照在册耕地面积计算等若干提议，均遭到了否决，取而代之的是按"贡献"算。所谓贡献，就是当年所上交的税费提留的数量。在收取农业税费时，少数"滑稽人"采用各种方法耍滑头，通过瞒报耕地等各种方式少交税费提留，采用"看贡献"的办法，可以让"滑稽人"少得补偿，为当年的行为付出代价。"滑稽人"找出各种理由反对，多次争吵以后，决定用投票的方法决定，"滑稽人"毕竟是少数，最后当然是"看贡献"的方案获得通过。

6 月 4 日，在征地代表分别与各自所联系的农户反复讨论后，4 组召开征地代表会议，讨论劳动力安置补偿费的计算问题，最后由村干部拟定出四种方案，准备提交全组户主会讨论，并以投票的方式选定一种执行。这四种方案分别是：方案一、劳动力安置补偿费根据人口分配，其中 1984 年、1997

年、2002年、2016年各占25%。方案二、劳动力安置补偿费根据农户所交税费提留来分配。其中1984年、1997年、2002年各占30%，2016年占10%[1]。方案三、土地劳动力安置补偿费的70%按1995年至2002年所交的提留平均值来分配，剩余30%按1984年、1997年、2004年和2016年人口总和来分配。方案四、土地劳动力安置补偿费按1995年至2002年所交提留平均值来分配。在以上方案中，1984年、1997年、2002年的人口以农村土地承包经营权证上共有人为标准，2016年人口以户籍为准。[2]

6月6日讨论方案。村干部和村民代表本来以为，这4个方案是他们在征求村民意见的基础上，经过整整一天的讨论才拟定下来的，已经考虑到了各种情况，本以为只要经过简单讨论，很快就可以通过投票决定方案。没想到对几个方案投票的时候，有几个村民对这几个方案公开表示不满，拒绝投票并当场离开会场，其他村民也随之离开。当天的会议记录上写着："最后宣布方案，请村民投票的时候，大家一哄而散。"两天后，村里将镇长请来坐镇，再次组织召开4组村民大会，但是大部分村民仍然拒绝对安置补偿费分配方案投票。

---

① 2015年，栗店村开始农村集体股份权能改革，对集体"三资"清产核资。其间有村民提出，有少数村民税费改革前拖欠的农业税费一直没有交齐，这些村民如果以后想跟其他人一样享受相关红利，就必须将拖欠的税费提留补齐。后来拖欠税费的村民都于2016年补缴。因此，这个方案里仍有村民2016年上交税费，但是为了显示公平，将此时补缴税费的只算作其他年份的三分之一。

② 各个方案中都涉及的4个年份，对于4组都具有重要意义：1984年，分田到户；1997年，土地二轮延包；2002年，最后一年上交税费提留；2016年，土地征收。

　　4组的村民会议开不下去，不仅仅是对分配方案有分歧，还有一个很重要的原因就是对补偿标准不满意。据村民得到的消息，湖北省2015年的补偿标准比2014年提高了，他们认为今年（2016年）也应该继续提高。村干部解释，湖北省的征地补偿标准每5年调整一次，不是年年调。村干部的解释并没有问题①，但是村民们并不相信，他们组织起来，向村和镇提出多种要求，为自己争取更高的标准。

　　村干部和镇干部极其生气，数日内连续召开会议讨论对策。决定对4组严格执行据实征收：房屋搭棚一律算违建，不予补偿；柑橘抢栽一律不数；耕地不管种什么，一律按青苗补偿；耕地以实际情况为准，"高水位田""水下面积"的土地费不予补偿。与此同时，要求村干部管好家人，其亲戚一律不得参与反对活动。村里和镇里都知道，征地中根本不可能严格执行据实征收，通过并公布这些"决定"，只是让村民们低头的策略。

　　到了6月底，村里和镇里还在头疼，没想到4组的几个组织者却相互闹了起来，村里和镇里趁机加以分化，然后让征地代表们继续深入村民中对补偿方案继续讨论。

　　7月6日，召开小组会议确定最后的方案。方案包括两部分：（1）高水位田和国有土地的补偿费按户分，只有1995年至2002年上交过农业税费的农户拥有资格，共60户。（2）集体土地补偿费的分配仍然按照原方案，其中70%根据"贡献"计算，按1995年至2002年所交农民负担总和的平均值来

---

① 湖北省的征地补偿标准每5年调整一次，其中2014年调整过一次。

分配 ①，其余 30% 根据人口计算，按 1984 年、1997 年、2002 年、2016 年人口总和值进行分配。

第三节　征地冲突中的利益博弈：根源与功能

当前关于征地冲突的研究，在研究假设上大多秉持"权力—权利"的压制性模式，将征地中的社会冲突简化为：强大的地方政府利用手中的权力侵犯农民土地权利，农民不得不起来反抗。农地征收中的确存在不少因为权利被侵害而导致的农民维权行为，因此这一假设在一定程度上是对现实的反映。然而，这一假设只是对征地冲突的部分呈现，当前研究中对维权范式的过度使用，也遮蔽了征地冲突多样性的现实，部分研究甚至不加区分地运用维权范式对所有冲突进行分析，致使大量的冲突现象无法得到合理解释，冲突背后的机制更是无法被揭示。

一、利益博弈的特点

本研究将征地中的非维权冲突定义为利益博弈。指的是征地补偿中村庄内部冲突的这样一种现象：参与博弈的利益主体即使对补偿标准和补偿数额满意，仍然会采取各种办法为自己争取更多利益，甚至是不择手段，不惜与其他利益主体关系破裂，通过制造与其他利益主体之间的冲突以博取更多利益。

这种为了博取更多利益而展开激烈的甚至是过度的博弈，是

---

① 农民负担只选取了 1995 年至 2002 年共 8 年的数据，主要是有两点考虑，一是可以减少统计工作量，二是这几年是农民负担最重的时候，也是最能体现村民所做"贡献"的几年。

由于征地拆迁带来村庄社会从农业社会到工商业社会的急剧、快速转型，既有的村庄权力结构被轻易打破，村庄社会规范对村民的控制和调整能力越来越弱，征地补偿款让村民的个人欲望过度膨胀，补偿越多，村民原有的欲望满足后反而越会激起新的欲望。除了利益，很难为这些行为找到其他的规律。

利益博弈视角与维权范式所呈现的行动主体间的关系具有很大的区别。在维权范式中，行动主体间的地位完全不平等，拥有绝对权力的地方政府凭借自己处于绝对优势的地位，在征地拆迁中对被征地农民的合法权利造成侵害，权利受损的农民被迫维权。而在利益博弈的分析框架下，我们则把参与博弈的村民、村集体、国家以及开发商等，都看作具有平等地位的行动主体。必须承认，国家不仅掌握有民众根本无法比拟的资源优势，而且合法垄断暴力，从这个意义上说，国家与其他行动主体之间的地位是不可能平等的。在征地拆迁中，我们也的确发现了大量的地方政府侵害农民权益的行为，但是同时我们也必须看到，在现实中，政府并不能随心所欲地运用这些资源对民众进行压迫，而民众也不是听凭政府摆布的木偶。政府虽然拥有绝对权力，但是只有合法运用才能够保持其合法性，因此，当农民的土地权利受到政府侵犯的时候，他们也会奋起维权。不仅如此，我们从前面农民向地方政府争取利益的过程中还可以看到，国家拥有的绝对权力并不能保证自己始终具有绝对的优势，处于绝对弱势地位的农民甚至能够在完全无理的情况下，通过一定的博弈策略，逼得地方政府步步后退。处于绝对弱势的农民面对地方政府的时候尚且有机会取得博弈成功的机会，当他们面对其他村民或者别的行动主体的时候，更加具有地位平等的可能。

利益博弈只是现象。背后是征地村庄的村庄共同体趋于瓦解，面临社会解组[1]的乡村社会陷入一定程度的失序状态，是一种"结构混乱"[2]，是原有的村庄社会规范对农民的约束力大大降低的结果。其实质是村庄权力结构失衡所导致的无序博弈。

二、利益博弈的根源

从农民为征地补偿而博弈的行为中可以看出，他们并不仅仅只有维护自己合法权利的行动，也存在大量"违建""违种"等各种为获取更多利益而博弈的行为。部分农民甚至会以种种不合作、违规、越轨、钻空子、打擦边球、耍阴谋、耍无赖，乃至于非法的手段来传递自己的声音，农民那貌似无理与刁蛮的背后，其实深藏着他们自身所寻求的理性与道理，这种特殊的理性与道理是他们长期生活于其中的底层社会的环境教给他们的，更是一定的社会现实和政策所形塑出来的[3]。事实上，即使农民内心觉得征地补偿标准已经不低，各种为了利益而博弈的行为也不会消除，他们仍然会采取各种办法为自己争取更多的利益。可以说，在农地征收的过程中，利益博弈不可避免。这主要基于两个原因：第一是农民对未来如何完全融入城镇生活的焦虑，第二是社会转型导致的原有社会规范失灵。

---

[1] 所谓社会解组，是指"由于丧失了社会联系，社会整体蜕变为一种个体相互分裂的原子式的堆积的状态"。参见贾春增：《外国社会学史》（第三版），中国人民大学出版社 2008 年版，第 121 页。

[2] 董磊明、陈柏峰、聂良波：《结构混乱与迎法下乡——河南宋村法律实践的解读》，《中国社会科学》2008 年第 5 期。

[3] 吴毅：《农民"种房"与弱者的"反制"》，《书城》2004 年第 5 期。

（一）对未来如何完全融入城镇生活的焦虑

中国的城市化发展迅猛，最近 40 年来已有大批农民转变为市民，中国的城市化率也在 2011 年就突破了 50%。目前乡村的青壮年基本上都已经进城务工经商，大多数人外出的目的，是希望通过拼搏让自己和家人完成从农民向市民的转变。然而，农村居民的文化素质、知识技能通常相对较低，在城市中从事的一般都是低声望、低技术劳动和低社会参与的职业，社会地位低[①]，收入也不高，大多数农民工很难在短时间内攒够买房首付款等在城市中安顿下来的资金。

征地标准不断提高，甚至不断传出少数农民因为征地而一夜暴富的故事，让渴望完成向市民身份转变的农民对征地充满了期盼。然而，一项针对农民土地权利的大规模样本调查发现，60%经历了征地的村庄，农民对补偿都不满意，69.7% 不满意的原因来自补偿太低[②]。

定量研究的数据显示大多数农民在征地后对补偿不满意，看似与定性研究中农民盼望征地的调查结果相矛盾，其实只是一枚硬币的两面。征地前的盼望与征地后对补偿的不满意，仅仅是因为农民的比较对象发生了转换。

农民盼望征地，是以土地没有被征收的农民做比较对象。《土地管理法》第 47 条规定："征收土地的，按照被征收土地的原用途给予补偿"，"土地补偿费和安置补助费的总和不超过土地被征

---

① 吴子力：《长江三角洲地区的工业化为何不导致城市化——江苏省城市化滞后原因实证分析》，《南京社会科学》2000 年第 7 期。

② 社科院调查报告：60% 被征地农民对补偿不满意。http://news.sina.com.cn/c/2011-02-25/184322015930.shtml，2018-11-02.

收前 3 年平均产值的 30 倍。"根据笔者的调查，在中部地区的城郊村，耕地的征地补偿一般相当于该地块 20 年左右的农业种植收入，在许多发达地区，征地补偿标准已经超过了年平均产值 30 倍的限额。除此之外，农民土地被征收以后，还会获得房屋等其他地上附着物的补偿。在中部地区的城郊村，根据所在城市的经济发达程度、被征地的数量、地段以及家庭人口等因素的不同，家庭所获得的补偿款一般在数十万元到数百万元之间。当前大多数农户家庭收入的主要来源已经不是农业，而是务工或者经商，有些农民工甚至已经完全放弃了农业生产。土地一旦被征收，即使按照较低的标准进行补偿，仍然比土地的农业收入高出许多，并且是相当于数十年的农业收入一次到位，从这个角度来看，农民所得到的征地补偿不仅不低，而且相当可观。

农民在土地被征收后虽然失去土地，却因此获得一笔远高于农业收入的资金，可以比没有被征地的农民更快实现城市梦。一般来说，征地补偿款足以让农民进城安顿下来，甚至可以提供在城市中创业的本金。当前大多数青壮年都将自己或者子女成为城里人作为人生奋斗的目标，他们也因为务工经商而主要在城市里打拼，农村的土地对他们来说已经变得不再重要，甚至已经成了他们急于摆脱的对象，因此他们很难抗拒征地的吸引力。

土地被征收后，他们的比较对象不再是土地没有被征收的农民，而是城市中的市民，因为他们盼望土地被征收，就是期望征地补偿款能够让自己在城市中立足。然而，从农民向市民转变的过程却面临着种种不确定性，他们对于补偿的不满意，正是源于未来生活的不确定性所产生的焦虑。

《土地管理法》对征地补偿标准的设计，是基于被征收土地的原用途，目的是让农民在征地后能够"维持原有生活水平不变"。然而，这并不能让被征地农民感到满足。因为城市居民生活水平不仅比乡村更高，而且会随着社会的发展而不断提高，如果土地补偿只能"维持原有生活水平不变"，将进一步扩大城乡差距[1]。如果土地完全被征收，农民将无法继续进行农业生产，他们的生活也将从农村转为城市。城市生活的成本远比农村高，被征地农民显然不可能满足于"维持原有生活水平不变"，对他们来说，征地补偿不应该是针对农业生产的补偿，而必须是针对农民失去土地之后所面临的城镇生活问题。

在城市立足必须解决住房。对于城郊村的农民来说，房屋如果没有被征收，自然不会存在住房问题，而房屋如果被征收，不论是以还建的方式，还是以货币补偿的方式，征地后的住房问题都能够得到解决，而且房屋拆迁补偿款在支付装修费用以后还能够有相当的剩余。

仅仅是解决住房问题，并不足以让被征地的农民感觉自己能够成为"真正的城里人"，因为他们还要面对职业转换的焦虑和生活方式改变的困扰。

首先是职业转换的焦虑。许多地方征地后，提供的适于被征地农民的就业机会有限，导致许多人无法在征地后获得稳定的生计来源。部分农民在征地前主要依赖农业谋生，征地后必须完成从农业到非农业的职业转换，困难较大。大多数农民工受教育程度不高，掌握非农技能的能力较差，在收入与职业声望上都处于劣势，根据一项职业声望等级的研究，声望最低的十种职业均为

---

[1]　高静、贺昌政：《重构中国水电开发中的征地补偿技术路线》，《中国土地科学》2009 年第 11 期。

农民工可能从事的职业①。土地被征收以后，尽管补偿款一般都可以在解决住房问题以后还有一定剩余，能够加快农民城市化的速度，农民的文化素质、知识技能却不会因为征地而提高，很难满足他们在征地后从事声望较高的职业的愿望。被征地农民的工作技能在征地后没有发生变化，但对工作的要求却比征地前更高了，即使附近的工厂有工作机会，许多本地人，尤其是年轻人，却不再愿意像从前外出务工时一样进厂工作。少数农民将补偿款用作经商的本金，经商利润较高，但是风险也更大，如果经商失败，缺少一技之长的他们在城市中的生活将变得异常艰难，因此，农民被征地后即使做生意，大多也是小商店之类利润不高但比较稳定的小生意。

其次是生活方式改变的困扰。征地拆迁后，农民的生产方式将从农业转变为工商业，居住方式也将从村落转为城市化的小区，生活方式将发生根本性改变。年轻人不仅向往早日成为市民，而且适应能力较强，生活方式的改变并不构成问题，然而对于年纪较大的村民来说，生活方式改变后却会面临种种困难。年纪较大的村民虽然很难在城市中找到合适的工作，但根据政策，农民土地被征收后不仅能够换来一笔不菲的补偿，而且还会办理社保，土地被征收就相当于让自己跟市民一样实现了退休，因而放弃土地是一种理性选择。然而，城市退休生活既是年纪较大的被征地村民所盼望的，也是他们所不熟悉的。生活在村落里的老人，即使干不动农活了，也会养鸡、喂猪、种菜，做这些事的收入有限，但是却避免了购买农产品的开销，减少了生活的现金压力，让日

---

① 许欣欣：《从职业评价和择业取向看中国社会结构变迁》，《社会科学研究》2000 年第 4 期。

子过得更加充实，身体也在劳作中得到了锻炼，还能够为在城市中打拼的后代减轻一定的生活压力。然而土地被征收以后，这些既是工作更是生活方式的事情都无法做了。村落中的邻里之间相互串门、聊天、娱乐很方便，而住进城市化的安置小区以后，与邻居之间的交往也变得没有以前容易。征地后的老人往往需要面对时间难打发、生活意义难获得的问题。

（二）原有社会规范对被征地农民的约束力降低

对于征地后如何完全融入城市的焦虑，导致村民希望手头能够握有更多的资金，让自己在未来的城镇生活中更加从容。这种焦虑提供了村民与各种利益主体博弈的可能性，而原有社会规范的约束力降低，则让村民们最终行动起来。

征地导致原有社会规范的约束力降低，首先是因为，土地是不可再生资源，同一块地只能被征收一次，是标准的"一锤子买卖"，与此同时，征地补偿的金额较大，更是增加了村民为争夺更多征地补偿而行动的动力。

如果征地后仍然存在大规模的合作需求，即使征地补偿的金额较高，村庄内部也只有少数村民在争夺征地补偿的时候会不顾原有社会规范，因为通过成本收益分析可以发现，采取一次性博弈的策略很容易导致人际关系破裂，机会成本太高。然而，征地后村民的生活将从乡村转为城镇，社会发生剧烈转型，乡土社会中的合作基础不复存在，原有社会规范的约束力进一步降低了。

传统村落的人口流动率小，村民们生于斯、死于斯，是一个熟人社会[1]。熟人社会和农业生产的特点，让村民之间必须在各方

---

[1]　费孝通：《乡土中国：生育制度》，北京大学出版社 1999 年版，第 9 页。

面都开展分工与合作。在生产方面，农田水利共同建设、农忙时节邻里互助；在生活方面，红白喜事交往人情、修缮房屋相互协作。由于必须频繁合作，村庄中有着明确的规范，这些规范约束着那些最有可能发生冲突的人际关系，村民们因此"乡田同井，出入相友，守望相助，疾病相扶持"。那些敢于违反村庄社会规范的村民很快就会付出代价：首先，会被村庄舆论所谴责，在村庄这样的熟人社会里，唾沫星子足以淹死人；其次，在生产生活等各个需要合作的方面，都将会面对其他村民不愿意与他合作的局面。

土地被征收后，村民的生产方式从农业转为工商业，居住方式、生活方式等也将发生根本性的变化。农业生产的合作基于地缘和血缘，转变为工商业以后，同村人的工作地点不在一起，从事的职业也不一样，工作可能毫无交集，即使从事相同的行业，相互之间的关系也不一定是合作，也可能是相互竞争，地缘和血缘的重要性大大降低。征地以后，大家白天去不同的地方上班，晚上在各自的家中休息，虽然大多数人住在相同或者相邻的小区，居住的物理空间距离仍然很近，生活上的交集却越来越少。城市中便利的交通和各种完善的服务，也让邻里间生活上互助的重要性远远弱于村落。村庄中的邻里关系、朋友关系、兄弟关系都曾经是村民们重要的社会资本，然而征地后生产方式、居住方式和生活方式发生剧烈变动，让村民预期到这些关系都将变得不再重要，因此，为了争夺更多的征地补偿，他们敢于不被原有社会规范所约束，敢于不再维持当前的人际关系，甚至不惜以关系破裂为代价、不顾原有社会规范与包括其他村民在内的各利益主体展开激烈博弈。由于社区中缺乏规范性共识，某些社区成员产生与其他成员利益矛盾的愿望，冲突普遍存在。①

三、内部冲突中利益博弈的功能

压力容器的安全阀有两种功能，一方面会增加容器内的压力，另一方面，压力达到一定阈值后，又会通过释放压力来保证容器的安全。与压力容器的安全阀类似，利益博弈在农地征收的社会冲突中也发挥着两种相反的功能：增压与减压。

（一）对冲突的增压功能

征地引发的社会冲突，本质上是农业社会向工商业社会转变的过程中，社会剧烈转型导致的失范。没有征地拆迁的农民在城市化的过程中，同样要经历社会转型，与被征地农民的区别仅仅是没有被征地，其过程却要平和许多。我们因此认为，在城市化的过程中，农地征收中的利益博弈是加剧社会冲突的重要变量。

在土地不会被征用的村庄，村民的城市化有三个特点：主动城市化、个体城市化、异地城市化。由于没有被征地的可能，村民只有离开村庄才能转变为市民，不论是进入家乡附近的乡镇、县城、地级市，还是外地的城市，都必须完全依靠个体的奋斗以及代际间的合作实现，在年轻人努力拼搏的同时，长辈也会拿出毕生积蓄支持子女在城市中立足。完全融入城市的过程尽管艰难，却是他们主动追求的，他们都认为城市生活比农村生活更加美好，认为碰到的困难是进城过程中必须付出的成本，因此，他们在城市化中碰到的问题更易于被个体消化，较少以社会冲突的形式表现出来。

----

① ［美］狄恩·普鲁特，金盛熙：《社会冲突——升级、僵局及解决》，人民邮电出版社 2013 年版，第 32 页。

　　与没有征地预期的村民相比，被征地村民的城市化也有三个特点：被动城市化、集体城市化、就地城市化。这里的被动城市化主要指的是形式，指农民因为被征地而实现城市化，而不是指农民对城市化心存抗拒。因为与没有征地预期的村民一样，绝大多数被征地农民也希望自己早日成为市民。集体城市化和就地城市化则指，同一地域的村民因为征地而在居住地统一实现城市化。

　　尽管被征地农民从内心欢迎城市化，但征地发生之时，被动城市化的特点却让他们将自己的行为用维权的方式包装起来，与土地征收方和使用方进行利益博弈。而集体城市化和就地城市化的特点则带来两个后果，一是实现城市化的村民在征地前后都居住在相同的地域，在空间上高度集中，二是征地一般发生在同一时间段，在时间上高度重叠。如前所述，征地以后，农民面临未来如何完全融入城市生活的焦虑，而村落空间结构被摧毁、村庄社会解体，又导致原有社会规范对被征地农民的约束力降低，面对远远高于农业收入的征地补偿，在同一时间段被征地的、居住在同一区域的村民终于行动起来，与包括其他村民在内的各利益相关方展开激烈的利益博弈，并且，集体城市化和就地城市化的特点，让这些冲突的发生在时间上高度重叠，在空间上高度集中。

（二）对冲突的减压功能

　　在农地征收的过程中，大多数利益博弈所导致的社会冲突都会在发展到一定程度后停止，主要是因为利益博弈可以在一定程度上发挥安全阀的减压功能。

　　首先，征地过程中大量看似激烈的冲突仅仅是利益主体的博弈策略，参与博弈的主体并不愿意博弈破裂。农村征地拆迁中的冲突更多是因为利益博弈引起，而利益博弈的目的是在征地补偿中得到更多的分配份额，如果博弈破裂，将无法实现自己的利益，因此，当博弈主体认为局面有可能失控的时候，会主动改变博弈策略，降低博弈的激烈程度。

其次，博弈让各利益主体实现了利益表达，部分释放了不满情绪。利益表达是协调利益关系的首要问题，没有有效的利益表达机制，其他的利益协调机制都无从谈起[1]。许多村民在征地补偿的利益博弈中提出的各种看似无理的过分要求，并非他们追求的最终目标，而是希望通过这种策略引起注意，进而表达自己的利益。

再次，博弈的过程，也是各方寻找利益最大化的均衡点的过程，在一定程度上保护了各博弈主体的利益。在农地征收的过程中，各利益主体在博弈中的利益表达，目的是实现自己的利益，为此他们在进一步的博弈过程中不断讨价还价，寻找各方利益最大化的均衡点，从而在一定程度上实现自己的利益。

（三）安全阀功能的失灵

虽然冲突未必会带来破坏性的后果，但是只要后果是负面的，就可能造成可怕影响[2]。征地补偿中利益博弈的安全阀功能并非总是有效，在一定情况下也会出现失灵，导致冲突朝着破坏性、升级方向发展。这主要是因为：

第一，博弈主体在博弈过程中对形势的误判。少数人以为，"会哭的孩子有奶吃"，事情闹得越大，得到的补偿越多。某些农

---

[1]　孙立平：《博弈：断裂社会的利益冲突与和谐》，社会科学文献出版社2006年版，第32—36页。
[2]　[美]狄恩·普鲁特，金盛熙：《社会冲突——升级、僵局及解决》，人民邮电出版社2013年版，第15页。

民因此在博弈时采取"钉子户"的策略，并以各种形式进行策略性的抗争表演。地方政府看出了农民行为的表演性，却没有理解表演性背后的利益表达，未能做出有效回应，农民于是采取更加激烈的抗争表演方式。最终，局面在各方的误判中一步步走向失控。宜黄事件从一个普通的钉子户抗争，最终演变为专业化的社会运动，其起点正是各博弈主体对形势的误判[①]。还有一些农民认为，人多才能将事情闹大并得到重视，进而在跟其他利益相关方的博弈中占据主动权，当他们聚集起一定的人数后，便采取以强硬的态度提出过高要求的策略，希望借此达到己方利益最大化的目的。如果地方政府未能回应这些无理要求背后的合理关切，或者其他利益相关方也采取同样的策略，很容易造成骑虎难下的局面。对此处理不当，甚至会酿成群体性事件。

第二，缺乏制度化解决利益冲突的机制。部分地方政府认为，现在征地拆迁中保护农民利益的法律和政策已经足够多，征地拆迁甚至已经成了农民"致富"的代名词，部分村民却仍然为了获取更多补偿而进行利益博弈，完全就是无理取闹，而没有认识到农地征收中的利益博弈不可避免，必须在法律和政策规定之外，通过制度化的机制解决利益冲突。因此他们面对农户提出的过高补偿要求时，不是通过制度化的办法让村民们在一定的规则之内以公开透明的方式进行利益博弈，而是采取特殊主义的策略，通过"暗箱操作"的办法对村民进行各个击破。特殊主义的策略增加了农户对"暗箱"的联想，即使补偿标准已经很高，仍然会怀疑其他农户的补偿标准更高，反而让部分农户坚信自己采用"钉

---

① 吕德文：《媒介动员、钉子户与抗争政治——宜黄事件再分析》，《社会》2012 年第 3 期。

子户"策略的正确性。村庄中很难保守秘密,"暗箱操作"并不能让"钉子户"守口如瓶,其补偿标准往往会成为后续征地中普通村民的要求,并且引来更多的村民效仿采取"钉子户"策略。由于缺乏利益表达、利益协调的空间和机制,农民只得以非制度化的办法来进行博弈,通过策略性的抗争表演来吸引注意,但过强的表演性却往往会掩盖其背后的真实利益诉求,难以起到表达利益的作用。采用特殊主义的策略分别与单个农户进行博弈,一方面起到了分化瓦解"钉子户"的作用,另一方面却增加了利益协调的难度。由于制度化解决利益冲突的机制缺乏,利益博弈的安全阀功能难以得到有效发挥。

四、内部冲突中利益博弈为何"斗而不破"?

被征地的村庄常被基层政府看作"问题村"。不论是即将经历征地,还是正在征地之中,或者征地以后,村民之间都会为了获得更多征地补偿而展开激烈的利益博弈。但是,绝大多数被征地村庄的利益博弈均呈现出"斗而不破"的状态:尽管利益博弈较为激烈,却会在社会失序之前不再发展。

在农地征收的过程中,大多数利益博弈所导致的社会冲突都会在发展到一定程度后停止,这有以下几个原因:

首先,社会冲突并非只是具有消极因素,在征地拆迁的过程中,以利益博弈为主要内容的小规模冲突频繁发生,在一定程度上起到了"社会安全阀"的作用,最终减少了这些冲突升级转化为大规模冲突的可能性。"这些安全阀制度通过阻止其他方面的可能冲突或者通过减轻其破坏性的影响而有助于维护这个系统。这些制度提供敌对情绪的替代目标以及发泄的手段,通过这些安全阀，敌意不至于指向原初的目标。①"

其次，征地过程中大量看似激烈的冲突仅仅是利益主体的博弈策略，参与博弈的主体并不愿意博弈破裂。农村征地拆迁中的冲突更多是因为利益博弈引起，而利益博弈的目的是在征地补偿中得到更多的分配份额，如果博弈破裂，将无法实现自己的利益目标，因此，当博弈主体认为局面有可能失控的时候，会主动改变博弈策略，降低博弈的激烈程度。

再次，博弈让各利益主体实现了利益表达，部分释放了不满情绪。利益表达是协调利益关系的首要问题，没有有效的利益表达机制，其他的利益协调机制都无从谈起②。许多村民在征地补偿的利益博弈中提出的各种看似无理的过分要求，并非他们追求的最终目标，而是希望通过这种策略引起注意，进而表达自己的利益。他们用村庄中与陌生人交易时常用的策略，漫天要价，是以为对方会就地还钱。

最后，博弈的过程，也是各方寻找利益最大化的均衡点的过程，在一定程度上保护了各博弈主体的利益。在农地征收的过程中，各利益主体在博弈中的利益表达，目的是实现自己的利益，为此他们在进一步的博弈过程中不断讨价还价，寻找各方利益最大化的均衡点，从而在一定程度上实现自己的利益。

① ［美］L.科塞：《社会冲突的功能》，华夏出版社1989年版，第33页。
② 孙立平：《博弈：断裂社会的利益冲突与和谐》，社会科学文献出版社2006年版，第32—36页。

第二章　征地冲突中的国家与地方政府

　　土地征收是国家行为，村庄并无决定土地是否征收以及何时征收的权力。征地拆迁必须受到相关国家法律、政策等制度的制约，这些与征地相关的制度最终也会对村庄内部冲突造成一定的影响。作为征收主体的地方政府虽然不是村庄内部冲突的主体，但是其在征地拆迁中的行为却对冲突有着重大影响。在征地拆迁引发的多重博弈中，首先，地方政府是征地拆迁的局中人。用地单位在获取土地使用权时必须缴纳的土地出让金，在当前地方政府的财政来源中具有重要地位，从而形成所谓的"土地财政"[①]。在土地财政的激励下，地方政府如果以较低的补偿完成征地拆迁，基础设施的建设成本会更低，商住用地的出让净收益会更高，招商引资的地价也会更低，因此是村民利益博弈的主要对象之一。其次，地方政府也是村庄内部冲突的局外调停人。征地拆迁开始后，相关工作在一段时期内会成为地方政府的中心工作。在征地拆迁补偿的过程中，钉子户、上访、群体性事件往往会频繁发生，给地方政府带来维稳压力，因此，如何在征地过程中尽可能减少

[①]　罗必良:《分税制、财政压力与政府的土地财政偏好》,《学术研究》2010年第10期。周飞舟:《生财有道:土地开发和转让中的政府和农民》,《社会学研究》2007年第1期。

冲突的发生频率、降低冲突的烈度，是地方政府必须考虑的重要现实问题。再次，地方政府作为征地拆迁的征收主体，其制定的具体政策和采取的策略都会对征地拆迁中的冲突产生直接影响。国家的相关法律、政策，以及作为土地征收主体的地方政府具体的补偿政策及拆迁策略，都构成了影响村庄内部冲突的重要外在结构性条件。在对征地补偿中的村庄内部冲突展开研究时，必须考虑外部因素对各行动主体之间的冲突的影响，才能对冲突做出更加完整而深刻的理解。

本章所讨论的主要是土地征收的相关法律和政策等制度、地方政府征地拆迁的策略等外部因素对征地补偿中村庄内部冲突的影响，主要从国家宏观的土地法律、土地政策，以及地方政府在征地过程中的操作等两个维度展开分析。

第一节 "不切实际"的国家：难以落地的土地制度

中央政府是土地制度的制定者，国务院统一负责管理和监督全国土地工作。不过，中央政府极少介入具体的征地过程，除了按照《土地管理法》第46条规定，征收永久基本农田、永久基本农田以外的耕地超过三十五公顷的、其他土地超过七十公顷的，由国务院批准以外，在征地的其他方面，中央政府主要是通过土地制度来为征地制定相关规则，以间接的方式对征地拆迁施加影响。

一、自我矛盾的土地制度

（一）土地集体所有的同时，虚化集体所有权

农村土地为集体所有。改革开放后实行家庭联产承包责任制，

将土地所有权和承包经营权分设，所有权归集体，承包经营权归农户。《中华人民共和国农村土地承包法》第一条规定："为稳定和完善以家庭承包经营为基础、统分结合的双层经营体制，赋予农民长期而有保障的土地使用权，维护农村土地承包当事人的合法权益。"以家庭经营为基础、统分结合的双层经营体制成为现行农村土地制度最核心的部分。这种制度设计尽管在形式上强调"统分结合"，以统筹兼顾集体与个体，但是实质上更为重视的却是如何调动农民个体的积极性，在实践中"统"与"分"常常是顾此失彼，以至于分多统少，甚至只有分而没有统。

集体对农户承包土地的调整能力，可以体现集体所有权的强弱，也是体现集体对土地"统"的能力大小的一个重要方面。家庭联产承包责任制实施之初，大多数村庄都实践着所谓的"三年一小调，五年一大调"，根据村庄内农户的家庭人口变动情况对承包耕地进行调整，让因为人口增减导致的人均承包地变化重新达到基本平衡。尽管许多因为女儿出嫁、老人去世、子女上学、参军等原因而人口减少较多的农户不愿意调整土地，但是受到村庄的生存伦理、社会主义意识形态的影响，不断随着人口变动而调整土地才是村庄舆论的主流，支持不调整土地的村民在村庄中始终居于少数。

集体通过调整村庄土地体现了集体的土地所有权，强化了集体的权威，是集体为自己树立合法性的重要途径。然而，土地调整过于频繁也会让农民对土地经营缺乏长远预期，导致生产中的短期行为。因此，人民公社解体后数十年的实践中，土地制度一直在针对现实中出现的问题不断加以修改，对集体侵犯农民土地权益的行为给予了越来越多的限制。从法律意义上看，集体现在仍然是土地所有者，但是随着"增人不增地，减人不减地"，以及三权分置（土地所有权、承包权、经营权）、土地确地确权等政策在全国范围内得到实施，以及相关法律条文做出的相应修改，集体在当前的实践中却不仅已经失去了对承包土地的农户征收土地承包费的权力，而且几乎完全失去了调整集体土地的能力[1]。农民个体本位的内容随之变得越来越突出。这些土地制度修改的主要出发点是调动农民的种田积极性，因而更加强调农民个体承包经营的土地权利，从农地的农业收益来看，"农地地权个人化程度是在不断加强的"[2]，与此对应的则是集体的土地所有权不断被弱化。

在传统的集体土地公有制中，村庄的全体成员都有权平等地占有土地、分享土地收益。"增人不增地，减人不减地"等政策的实行，是对传统集体所有制的突破，目的是通过土地承包权长期不变来避免农民在土地经营中的短期行为，以实现"长期稳定地产"这个经济上的要求。坚持土地承包权长期不变，触动了集体土地所有制的根本，是对土地集体主权事实上的虚置。[3]

可以说，在当前的土地制度中，在总的原则上仍然宣传坚持土地集体所有，但是与此同时，又通过大量农民本位的具体条文对集体所有权进行虚化，由此造成了作为集体土地所有者的集体，在落实集体土地所有权的时候困难重重。

---

[1] 如，《中华人民共和国农村土地承包法》第二十一条规定：耕地的承包期为三十年……前款规定的耕地承包期届满后再延长三十年。第二十八条规定：承包期内，发包方不得调整承包地。综合这些法律条款可以看出，在未来的数十年中，集体已经基本失去对集体土地做出调整的能力。

[2] 王大伟：《城乡关系视角下的农村土地制度变迁绩效》，商务印书馆2012年版，第247页。

[3] 刘守英：《中国土地问题调查——土地权利的底层视角》，北京大学出版社2017年版，第27、35页。

（二）家庭承包的同时，突出个人本位

不论过去还是现在，中国最基本的经济单位都是家庭[1]，小农经营也是中华农业文明的重要基础，可以说，"没有个体小农就没有战国秦汉以来的新文明，就没有与这个时代相适应的、领先于世界的新文明"，[2] 因此，我国历史上一直将农户作为治理乡村的基本单位。当前即使是在所谓的"原子化"地区的农村，家庭仍然是农民基本的行动单位[3]，很自然地，中国农业的生产主体也就仍然是小农家庭农场。在我国的土地制度设计中，也将家庭作为土地承包的基本单位。如，《中华人民共和国土地承包法》第 3 条规定：农村土地承包采取农村集体经济组织内部的家庭承包方式；第 16 条规定：家庭承包的承包方是本集体经济组织的农户。

不过，现在的土地制度设计在强调家庭承包的同时，也有许多突出个人本位的内容，从而在农村土地的家庭承包与个人本位之间形成一定的张力。典型的就是妇女土地权益保护与家庭联产承包责任制的冲突。男女平等是我国法律设计的基本原则之一，保护妇女的合法权益是每一部法律都必须体现的内容，与征地相关的法律当然也不例外。如，《农村土地承包法》第 6 条规定："农村土地承包，妇女与男子享有平等的权利。承包中应当保护妇女的合法权益，任何组织和个人不得剥夺、侵害妇女应当享有的土地承包经营权。"第 30 条规定："承包期内，妇女结婚，在新居

---

[1]　黄宗智：《中国过去和现在的经济单位：家庭还是个人？》，《人民论坛·学术前沿》2012 年第 1 期。

[2]　孙达人：《中国农民变迁论——试论我国历史发展周期》，中央编译出版社 1996 年版，第 80 页。

[3]　贺雪峰：《村治的逻辑——农民行动单位的视角》，中国社会科学出版社 2009 年版，第 85—107 页。

住地未取得承包地的，发包方不得收回其原承包地；妇女离婚或者丧偶，仍在原居住地生活或者不在原居住地生活但在新居住地未取得承包地的，发包方不得收回其原承包地。"《中华人民共和国妇女权益保障法》第 32 条规定："妇女在农村土地承包经营、集体经济组织收益分配、土地征收或者征收补偿费使用以及宅基地使用等方面，享有与男子平等的权利。"

这些法律条款体现了对妇女权益的保护，其出发点当然是好的，但是立法者可能没有想过的是，家庭联产承包责任制中，承包土地的基本单位是家庭，也就是户，但是这些保护妇女权益的法律条款却主要从个体的公民权立场出发，以现代个人本位观念取代了传统的家庭本位观念，是以个人为单位的。

这些个人本位的法律条款出发点是保护妇女权益，但在现实中却往往因为脱离实际而成为一纸空文。2001 年 5 月 8 日，《中共中央办公厅、国务院办公厅关于切实维护农村妇女土地承包权益的通知》(厅字［2001］9 号) 规定：如当地实行"增人不增地、减人不减地"的办法，则出嫁妇女原籍的承包土地应予以保留。由于中央要求土地承包权长期不变，"增人不增地、减人不减地"的办法已经在全国普遍推行，现在所有出嫁妇女都已经无法在夫家的村庄中分配承包地，如果出嫁的妇女都在原籍保留承包土地，将导致土地严重细碎化。当然，现实中并未出现这种情况，因为除了独生女以及在家招婿的妇女，几乎所有妇女在结婚后都不会向娘家索取土地承包权。出嫁的妇女过去以家庭为单位，以增加人口为理由，可以向夫家的村庄要求分配土地，现在却因为集体没有土地调整权而不得不放弃，同时妇女出嫁后也极少会要求娘家为其保留承包地，因为在夫家和娘家同时耕种土地不仅不方便，还可能与娘家产生矛盾。保留出嫁妇女原籍的承包土地的法规，初衷是保护妇女的土地权益，在现实中却因为缺乏可操作性，导致妇女出嫁后无论是在娘家还是在夫家都无法获得承包地、其土地权益更难保护的困境。

在我国的土地制度设计中，家庭是土地承包的基本单位，在各地的土地实践中，也从来不曾以个人为单位。这是因为，首先，在当前的技术条件下，以个体之力很难单独从事农业生产，家庭仍然是农业生产最小的劳动单位。其次，以个人为单位承包土地，不仅会在实践中因为以个体的力量无法完成农业生产而不可能真正落实，而且会带来大量的其他后果，比如，土地会极其细碎，而且一旦出现生老病死、婚嫁等原因引起的人口变化，就必须调整土地，会导致土地调整过于频繁。最后，分田到户以家庭为承包单位，每个家庭所分得的土地数量则是根据家庭人口的多少来决定的，因此，以家庭为单位承包土地并不否定个人的村庄权利。因而法律中要求保护妇女的土地承包权的部分相关规定，在实践中很难落到实处。在现实的土地承包和宅基地使用中，也从来不可能以个人为单位，农村中虽然也有个人独自生活的现象，但是他们都是以特殊的户的形式存在的，而且他们无论男女，都必须跟他人合作才能完成农业生产。

个人本位的土地政策因为不符合农业生产的实际而很难落到实处，这些过于强调保护妇女权益的具体法律条款不仅很难达到保护大多数妇女土地权益的目的，而且可能带来有悖立法初衷的意外后果。尽管在现实中，绝大多数妇女在出嫁后都在事实上选择放弃了原籍的承包地，但是如果遭遇征地，某些妇女则会根据户口仍在原籍，强调她们在法律上拥有承包地，向村集体主张自己的征地补偿权力，以及作为村庄成员参与经营土地分红等一系列的村庄分配的权力。这正是部分地区"外嫁女"维权的很重要的法律根源。

（三）规定农村土地集体所有的同时，对所有权主体界定模糊

学术界很早就注意到，围绕村民小组的集体土地征地补偿款，村民小组与村委会之间有可能产生冲突。有研究者发现，村民小组与村委会的土地争议不仅在全国各地普遍存在，并且呈现日益扩大和蔓延的趋势，已经成为农村地权纠纷的重要类型之一[①]。对于村民小组和村委会之间的土地争议，大多数研究都用所有权属冲突来解释，认为冲突产生的原因是，根据现行法律法规，土地补偿费应该支付给享有被征收土地所有权的农村集体经济组织，但是对集体一词的定义却并不清楚，导致村民小组与村委会产生所有权属争端，村民小组为了维护被侵犯的权益，同村委会进行维权抗争。这种解释注意到了土地法规的瑕疵是触发征地冲突的原因之一，具有一定的价值，但是对触发冲突的机制并没有完全揭示清楚，值得对此做出进一步的探讨。

村委会掌握、支配小组集体土地的土地补偿费，而村民小组则力图通过法律将这一权力转移到自己手中，这当然是维权，但是如果止步于此，并不能说明这种维权与其他维权有什么区别，很容易让人以为是国家与社会间的冲突。如果我们对此做出进一步的分析就会发现，村民小组维权的对象是村委会，其诉求是改变征地补偿款在村庄中如何分配的问题，与国家并无关系，因此这种维权冲突的实质，是利益博弈导致的村庄内部冲突。

---

① 郭亮：《地根政治：江镇地权纠纷研究（1998—2010）》，社会科学文献出版社 2013 年版，第 189 页。

农村土地集体所有权主体的模糊界定，的确会对冲突的发生有影响，但是这种界定在当前并无修改的可能，而且这种影响并不是根本性的，仅仅是村庄内部冲突的触发因素之一。

首先，现行法律法规对集体一词的定义不清，是由历史因素决定的，在当前既缺乏修改的条件，也缺乏修改的必要。

尽管学术界早就指出了农民集体一词定义不清的问题，但是在 2020 年 1 月 1 日正式施行的新版《中华人民共和国土地管理法》中，仍然延续了从前的规定，只是指出农村土地属于农民集体所有，而对于究竟什么是农民集体并无具体规定。新版《土地管理法》第 11 条规定："农民集体所有的土地依法属于村农民集体所有的，由村集体经济组织或者村民委员会经营、管理；已经分别属于村内两个以上农村集体经济组织的农民集体所有的，由村内各该农村集体经济组织或者村民小组经营、管理；已经属于乡（镇）农民集体所有的，由乡（镇）农村集体经济组织经营、管理。"第 13 条规定："农民集体所有和国家所有依法由农民集体使用的耕地、林地、草地，以及其他依法用于农业的土地，采取农村集体经济组织内部的家庭承包方式承包……"这些规定与从前并无区别，仍然是村集体经济组织（或者村民委员会）、村内集体经济组织（村民小组）、乡镇均可作为农民集体，享有集体土地所有权。学界所指出的问题仍然存在：农民集体的定义不具体，导致集体土地所有权的模糊，在农地征收补偿的过程中，就可能因为不同层级的集体都对同一块土地的所有权声称具有所有权权益，从而引发冲突。

　　新版《土地管理法》没有修改集体一词定义不清的"缺陷"，是由历史和现实共同决定的。人民公社时期实行"三级所有，队为基础"，三级所对应的分别是公社、大队、生产队，这三级在人民公社解体以后，演化为乡镇、村、村民小组，其中公社跟乡镇的范围有一定的区别，但是大队、生产队的地理范围分别可以跟村、村民小组对应，基本没有改变。

　　公社的集体土地都是从下属各个大队的土地中划拨而来，这些土地在人民公社解体以后被乡镇继承。分田到户后，村集体土地调整为乡镇集体土地的难度变大，只有部分乡镇在兴办乡镇企业的时候从村集体调整过部分土地。

　　人民公社时期有少部分村庄实行大队核算，这一历史也影响了这些村庄后来的土地制度。另外，许多大队还有一定的公共集体土地，这些土地在人民公社解体以后成为村集体土地。20世纪80年代以后，为了发展集体经济，也有村集体占用村民小组的土地，以兴办林场、茶场、果园场、养殖场等集体企业。

　　人民公社时期实行"三级所有，队为基础"，生产队具有重要地位。不同生产队之间地域范围清楚，拥有各自的耕地、山林、水面。分田到户的时候，也是以生产队为单位，在本生产队的村民之间进行平分。同一个村的不同小组之间，土地面积和人口都不相同，不同小组的人均土地因此也不相同。在大部分村庄，农户所承包的集体土地都是以村民小组的集体土地为基础的。在小组内部，除了分到农户的承包地，还有少量的共有土地，如机动地、灌溉用的堰塘、集体的山林、道路、学校，等等。

　　因此，村集体经济组织（或者村民委员会）、村内集体经济组织（村民小组）、乡镇均可作为农民集体，享有集体土地所有权，是由历史决定的。有学者认为，国家维持现状是不得已而为之，采用这种"有意识的制度模糊"[1]，可以达到防止土地冲突大量出现的效果。现在不论是将农民集体仅仅定义为乡镇、村，还是村民小组，都必须重新调整产权，才能最终做到产权明晰。但是，不同小组之间共有土地的数量、质量不同，有些小组之间甚至差别很大，乡镇对乡镇集体土地也经历了数十年的投资，重新调整土地的产权不仅工作量巨大，而且面临着大量难以调节平衡的利益分配难题。现行法律不对农民集体一词做出清晰单一的界定，实际是综合考虑历史与现实之后，做出的审慎决定。

其次，农村集体所有权主体的模糊界定，对征地冲突的影响并不是根本性的，仅仅是村庄内部冲突的触发因素之一。

如果集体所有权主体界定模糊对冲突具有根本性的影响，集体土地所有权属冲突就应该在各地普遍发生，而且，乡镇、村和小组都存在集体定义不具体的问题，这三级集体土地都应该产生冲突。但是在现实中，因为集体所有权主体界定模糊而导致的土地冲突虽然在各地都有发生，但是总的来说，发生频率并不高，而且乡镇集体土地的权属纠纷非常罕见，目前的集体土地所有权属冲突基本上都是发生在村民小组和村委会之间，尤其是因为村民小组的土地。

乡镇集体土地很少受到集体一词定义不清的影响。乡镇集体土地中，林场、水面等农业方面的集体土地都继承自人民公社，

---

[1]　何·皮特：《谁是中国土地的拥有者？——制度变迁、产权与社会冲突》社会科学出版社 2008 年版，第 34—38 页。

由于形成历史较长，而且都形成于分田到户之前，土地的边界较为清晰，乡镇企业的土地权属后来也在改制的过程中明确。因此，乡镇集体土地很少会因为所有权主体界定不清晰而导致争议，在征地补偿的过程中，也就很难引起冲突。

村民小组的集体土地更容易诱发土地权属冲突，这主要是村民小组（生产队）的地位变化引起的。"三级所有，队为基础"让人民公社时期的生产队地理边界清晰，同一个生产队的村民在共同的土地上集体劳动，集体分配。人民公社解体后，村一级发挥着越来越重要的作用，但是同村民小组的村民仍需要在水利等方面合作，税费任务也是村里根据土地和人口下达到小组，小组再根据土地和人口分解到各个农户。税费改革后为了进一步减轻农民负担，村民小组长被精简，村民小组被虚置，小组长的职责大多由村干部代为执行。2004 年出台的《中华人民共和国土地承包法》第 27 条规定：承包期内，发包方不得调整土地。此后各地在实践中很少根据人口增减调整土地，取而代之的是"增人不增地，减人不减地"。

税费改革后，青壮年农民大多因为城市化而外出打工，村民小组的公共事务大大减少，因此，村民小组被虚置后一般并无什么影响，但是如果遭遇征地，就有可能导致一个问题浮出水面：谁是村民小组集体土地的所有者？村委会还是村民小组？产生争议的原因在于，土地补偿费应该支付给享有被征收土地所有权的农村集体经济组织，但是集体的定义却并不清晰。村民小组的地理范围延续自生产队，几十年间基本没有变化，从这个角度来看，村民小组当然是集体土地的所有者，然而在目前的实际操作中，由于村民小组被虚置，对村民小组执行管理职能的却是村委会。

集体土地的征地补偿费并不是全部支付给被征地农民，而是有一定比例由集体支配①。这个比例各地规定有所不同，比如湖北省的规定是："农村集体经济组织如不能调整质量和数量相当的土地给被征地农民继续承包经营的，必须将不低于70%的土地补偿费主要分配给被征地农民②。"由于现行《土地承包法》规定，发包方不得在承包期内调整土地，所以在现在的实际操作中，集体掌握有约30%的土地补偿费。

按照规定，土地补偿费不能全部用于被征地农民生产生活安置，而必须专款专用，集体支配的部分必须专门用于解决被征地农民的生产和生活出路，兴办公益事业。如果小组的征地补偿款完全由小组自由支配，则村一级就失去了通过利用土地补偿费兴办公益事业，增加村集体的权威性、合法性的一个机会，因此村级组织都希望将这部分钱掌握在自己手中。由于村民小组已经被虚化，小组长普遍被取消，当前地方政府需要就征地问题与村庄协商的时候，都是找村委会，同时，村民小组也没有自己的账户，集体掌握的土地补偿款在拨付给征地村庄的时候也都是打入村集体的账户，因此，绝大多数村集体都认为，村集体就是没有争议的、享有被征收土地所有权的农村集体经济组织。在当前各地的实践中，绝大多数村庄也是由村集体掌握这笔补偿款的使用，村

---

① 如，湖北省在《省人民政府关于进一步加强征地管理、切实保护被征地农民的合法权益的通知（鄂政发［2005］11号）》规定：只有土地被全部征收，同时农村集体经济组织撤销建制的，土地补偿费才能全部用于被征地农民生产生活安置。参见：省人民政府关于进一步加强征地管理切实保护被征地农民合法权益的通知——湖北省人民政府门户网站，http://www.hubei.gov.cn/zfwj/ezf/202005/t20200519_2277541.shtml。
② 同上。

中也很少有争议。当村中有几个小组同时被征地的时候，由于涉及几个主体，容易出现集体行动的困境，小组与村委会之间很难因为出现土地权属争议，但是在个别村庄，被征收的土地只涉及一个小组，则可能出现小组与村委会之间因为集体的定义不清晰而就土地的权属发生冲突。

二、媒体灌输的个体意识

这里所用的"个体意识"一词中的个体是与集体相对应的，既包括个人，也包括核心家庭。

传统的乡土社会是一个"面对面的社群"[①]，国家对农民的整合严重不足，农民"止知有家，不知有国"。新中国成立后，党和政府高度重视宣传工作，在不同时期，通过广播喇叭、电视等不同媒介形式将党和政府的意志传达给每个农户，以重构乡土社会的意识形态。始终"坚持党管媒体的原则，增强引导舆论的本领，掌握舆论工作的主动权"[②]。习近平总书记指出："要坚持党管媒体的原则，坚持正确的政治方向和舆论导向。"[③] 近年来随着技术的创新与进步，各种新的媒体形态不断进入大众的生活，我党也敏锐地注意到了这些新的媒体形式，《人民日报》曾刊文指出："传统媒体姓党，网络媒体也姓党。"[④] 可以说，媒体虽然不是国家机关，

① 费孝通：《乡土中国：生育制度》，北京大学出版社1999年版，第44页。
② 《中共中央关于加强党的执政能力建设的决定》，《人民日报》2004年9月27日01版。
③ 习近平：《干在实处　走在前列——推进浙江新发展的思考与实践》，中共中央党校出版社2006年版，第312页。
④ 王联辉、王建军：《实现中国梦不能丢掉"老祖宗"》，《人民日报》2016年5月11日07版。

却能够代表国家行使监督权、引导舆论向着正确的方向发展。当然在现实之中，媒体常常因为行使监督权而与地方政府之间产生一定的分歧。

改革开放前，为了消除"小农思想"对农民根深蒂固的影响，各种媒体不断灌输"狠斗私字一闪念""兴无灭私""反对个人主义""集体主义"等话语，为在农村建立集体观念服务。随着社会主义市场经济的发展，农民的经济地位开始获得一定程度的独立，其个人利益意识开始觉醒，而改革开放以来各种媒体的宣传，更是强化了农民的自我主体性意识。

在21世纪初的时候，失地农民最习惯使用的还是"土地是农民的命根子"等传统话语，以及"失地农民"等产生不久的新名词，但是最近十多年来又掌握了新的话语，如"维权""弱势群体""钉子户""女权主义"等，甚至，他们还会引用一些通过媒体得知的中央的相关土地政策。

在对征地拆迁的报道中，媒体接受了主流学界权力—权利的维权范式，将个人本位的权利意识灌输给农民。接受了这些现代意识的农民作为行动者的能动性被挖掘起来。比如外嫁女问题一度火爆的背后，就与外嫁女与媒体的合作有很大的关系。外嫁女本来是一个主要在华南表现比较突出的现象，这个俗语最初也是流行于华南地区，然而现在却已经在全国广泛使用。这在很大程度上得益于媒体多年来持续不断的关注报道。华南农村多宗族村庄，个体意识相对较弱，经过媒体对外嫁女的持续关注报道，大大提升了村民的个体意识和权利意识。而媒体的不断报道，也鼓励了更多妇女个人意识和权利意识的觉醒，并加入维权外嫁女的行列中来，为媒体提供了更多的报道素材。

"钉子户"同样是典型的以个体为基础的词汇。"钉子户"本来是一个地方政府形容相关农民的带有贬义的词汇。大多数"钉子户"在村庄中也较少得到正面评价。在大多数村民眼中，"钉子户"不顾国家利益和集体利益，仅仅是为了谋取超额私利而狮子大开口，但是经过媒体的反复报道，却翻转成为维护个人权利的英雄，引来不少村民效仿。尽管至今为止，大多数"钉子户"在自己所在村庄的形象仍然不佳，但是他们在"维权"的时候，已经变得大有底气。

在从前的农村，村干部面对村民做工作的时候，常用个人服从集体、小局服从大局等道理，农民面对这些政治正确的话语体系，并无反驳的能力。但是随着农民个体意识和权利意识的不断增长，农民开始经常引用电视等媒体上的相关报道，如集体侵犯村民承包权、地方政府侵犯失地农民权益等例子，指出许多地方的干部正是借着这些话，打着集体的或者大局的幌子，侵犯农民的合法权益，以至于现在的干部在面向村民做工作的时候，很少使用个人服从集体、小局服从大局等话语。干部如果在征地拆迁中使用这套话语，只会让工作变得更加难做，因为所谓"个人服从集体、小局服从大局"，潜台词就是让农民牺牲自己的利益，在农民的个体意识与权利意识已经大大增强的情况下，这套话语已经在很大程度上失去了合法性，是难以接受的。农民所接受的是另一套话语：农民是弱势群体，政府是强势群体，强者不仅不能让弱者做出牺牲，相反，作为强者的政府必须让渡利益来给作为弱者的农民。因此，干部做工作的时候只会强调，他们是严格按照规定进行补偿的，甚至为了保护村民的利益，他们已经尽可能地在自己的自由裁量权的范围内，为农民采用了高标准。

中央权威媒体显然也意识到了个体意识发展较快带来的相关问题，《人民日报》曾发表评论指出：个体意识和权利意识的觉醒，只是公民意识成熟的第一步，那么让这个社会变得更好，还需要每一个人更多秉持目光四射的全局观念，更多承担力所能及的社会责任。[1]不过，农民更能够听得进去的，显然只有前半句中对个体意识和权利意识的觉醒的肯定。

三、土地政策的意外后果[2]

任何一项政策的出台，都可能带来设计意图之外的后果。土地政策同样如此。前面曾经提到，个人主义的保护妇女土地权益的法律条款，可能因为不合实际反而难以保护，甚至可能有损妇女的土地权益，并且在征地补偿中带来其他后果。这里以土地承包权长期不变和土地大规模流转为例，分析土地政策的意外后果。

先看土地承包权长期不变这一土地政策的意外后果。

在分田到户以后的实践中，绝大多数村庄都会随着人口的增减在一定时间内对农户承包的土地进行调整。这一做法遭到众多学者批评：土地的频繁调整导致农民在土地经营中的短期行为较为普遍，农业生产效率下降。为了解决这一问题，2008 年第十七届三中全会通过的《中共中央关于推进农村发展若干重大问题的

---

[1]　本报评论部：《有个体意识，也要有全局观念——辩证看待社会发展与问题之三》，《人民日报》2013 年 5 月 22 日 005 版。

[2]　默顿将行动的"意外后果"作为一个社会学理论进行研究，他指出，行动者未预料的后果可能具有正功能，也可能具有负功能。这一概念可以揭示行动的目的和后果之间的复杂关系，让研究者避免将行动者的主观目的和客观后果混同起来，从而对社会行动做出更加深刻的理解。参见默顿：《社会理论和社会结构》，译林出版社 2015 年版，第 153 页。

决定》中指出："赋予农民更加充分而有保障的土地承包经营权，现有土地承包关系要保持稳定并长久不变。"由于土地承包权长期不变，"增人不增地，减人不减地"被严格执行，作为农村土地所有者的集体，在事实上已经失去了土地承包期内对农民的土地进行调整的权力。既有研究对土地承包权的研究，大多着眼于其对农民生产积极性的影响，这一规定显然也是从这个角度出发的，其初衷是为了给农民稳定经营土地的预期，提高农民种地积极性，让农民因为有了长期的土地承包权而更好地爱护土地，不至于在土地经营上采取短期行为。

有恒产者有恒心，稳定的地权有利于农地的保护和农民种地的积极性，这本来是常识。然而奇怪的是，根据我们的调查经验，一方面，农民也承认，如果土地承包权更长，他们肯定会在耕作的时候更加精细，而不会采取短期行为；但是另一方面，关于承包经营权长期不变的规定却并不为大多数农民所理解。农民很朴素地认为，既然实行土地集体所有制，就应该每一个集体成员都享有均分土地的权利，他们觉得，土地承包权长期不变并不符合村庄的正义。"增人不增地，减人不减地"的政策实施后，集体由于不能够调整土地，其权力被大大削弱，这一政策提高了农民长期经营土地的预期，在保护耕地等方面有着非常明显的优势。不过，即使是在最早开展"增人不增地，减人不减地"实验的贵州省湄潭县，一项在这个试验坚持实施 20 多年后的调查表明，当地农民仍有强烈的调整土地的愿望，高达 93% 的村民同意，根据人口变化对土地进行再分配 ①。这说明经过几十年的社会主义建设，

---

① 刘守英、邵夏珍：《贵州湄潭实行"增人不增地，减人不减地"24 年的效果与启示》，《中国乡村发现》2012 年第 4 期。

村民都已经认同农村土地为集体所有，认为每一个集体成员都应该享有平等的土地权利，如果村庄成员之间的土地出现比较不均衡的现象，集体就有权力和义务对成员的土地重新进行调整分配。显然，提出建议的专家主要是从农业效率和生产积极性的角度考虑问题，而绝大多数农民认为应该适时在村民中就承包地进行调整，却是从生存的角度考虑的，他们认为只有每个村民都拥有同等的耕种土地的权利才是公平。在大多数农民看来，农地最重要的功能是要保障农民的生存，相对来说，农民自己并不是特别在意积极性的问题，因为在土地有限的前提下，种地不能致富早已成了农民的共识，但是通过家庭承包的土地解决吃饭穿衣等最基本的生存问题却是完全可以实现的。

农民调整耕地的需求主要来自他们生存的道义经济学。由于农村人地关系紧张的局面并没有得到彻底解决，种地收入有限，现在大多数青壮年农民都已外出经商务工，土地已经不再是大多数村民的主要收入来源，农地对于农户的重要性大大降低，早已不再是农民的命根子了。在过去的数百年里，农民在有限的土地上不顾边际收益的递减而不断增加投入，他们的种田积极性在相当程度上是一种过密化的表现。随着城市化和工商业化的迅速发展，当前非农收入在大多数农户的家庭收入结构中已经占据主体地位，相当数量的农民因为农业收入有限而急于摆脱土地、摆脱农业，农业生产中的过密化程度因此不断下降。近些年来农业生产能够不断上新的台阶，主要是正确的政策、技术、种子、化肥、农业、农机的发展进步，以及农民种粮积极性等因素综合作用的结果。因此，虽然绝大多数农民都希望集体能够调整土地，但是当他们知道集体不再为村民调整土地是受《土地承包法》等法律和政策的限制而无法调整以后，也不会跟集体纠缠。

在村庄可以调整土地的时候，农村妇女结婚的时候都会将户口迁入夫家，因为只有落户以后，才能够享受调整土地以及其他的相应的村庄权利。村庄不再调整土地以后，在中西部地区的农村，妇女出嫁时不将户口迁到婆家的现象大量出现。在大多数村庄，由于集体经济薄弱，妇女嫁入后分得土地本来是结婚后可以从村庄中享受的最大的村庄权利，然而现在即使把户口迁到夫家，村里也无法为她调整耕地，也没有其他村庄福利可以享受。妇女外出打工并不受户籍在婆家或者娘家的影响，即使自己的户口没有迁到夫家，小孩随丈夫落户也没有任何障碍，交纳医保等费用也不受影响，因此婚后不迁户口并不会带来任何麻烦，而迁户口虽然不用花什么钱，却要花时间和精力。不过，一旦村庄开始征地，那些婚后户籍仍然留在娘家的妇女都不会放弃利用这个身份获取补偿的机会。围绕这部分妇女是否应该享有分配土地安置费等征地拆迁补偿资格的问题，常常在村庄中引起冲突。

2016 年，中部某村在征地拆迁的时候发现，村庄近几年来嫁到外村的妇女，大多数都没有将户口迁出。在讨论这些妇女是否有资格参与分配土地安置费的时候，村中发生了激烈争执。反对者认为，既然已经出嫁，而且不在村中生活，就说明不再是村里的人了，不应该享有相应的村庄权利，仍然参与分配对其他村民不公平。支持者则认为，这些妇女出嫁的时候根本没有想到会发生征地，她们所生的小孩也是随父亲落户，如果早知道会征地，为什么不让小孩也在村里落户？因此她们并没有利用户籍来获取征地补偿的动机，而且，现在出嫁的时候不迁户口是一个普遍现象，如果不把她们算进去，才是真正的不公平。小组为此若干次召开全体村民参加的小组会议，在反复辩论争吵之后，经过小组全体村民投票，以并不明显的优势通过决定：这些出嫁但没有迁户口的妇女具有参与征地补偿分配的资格。

尽管法律和各种政策都明文规定男女平等，经过数十年来的不断宣传，即使是那些不太赞成男女平等的村民，也知道公开反对男女平等是一种政治不正确的表现，但是这些妇女的家人在为她们辩护的时候却并不会轻易引用法律和政策规定，而是首先强调自己并非动机不纯：当前出嫁而不迁户口的情况较为常见，出嫁的时候并不知道村里要征地，小孩的户口随父亲，说明当初不迁户口并不是为了参与土地安置费以及其他征地拆迁补偿的分配。证明自己并非为了参与征地补偿的分配而不迁户口，目的是让自己不至于站到道德洼地，从而博取更多人的同情。对他们来说，法律的武器虽然有力，却不是可以轻易援用的——以法律维权程序繁琐，成本高昂，如果能够用别的方式说服其他村民，就不必把法律规定搬出来。目前农村的大多数婚姻仍然是从夫居，根据村庄的习惯认知，出嫁并且在夫家居住，就不再是村里人了，而根据法律法规，只要户口还没有迁走就仍然是村里人。当村庄不能为村民提供各种村庄福利的时候，村民对出嫁后是否迁户口并不会有任何异议。在那些能够为村民提供较多福利的村庄，往往会出现一种现象：嫁入的妇女都将户口迁入，出嫁的妇女中却有很多人不愿意把户口迁出。许多村民认为，外嫁女不迁户口就是为了分享村庄土地红利，这将导致其他村民的福利被摊薄。不愿意为外嫁女提供村庄福利的村民，往往只能够拿出村庄习惯认知作为理由，这种理由虽然有着明显地歧视妇女的嫌疑，但是他们指责这些妇女是在"钻法律的空子"的理由，却很容易在村庄中得到大多数村民的支持。在法律法规跟村庄的习惯认知有一定的差距情况下，一旦援用法律来否定村庄的习惯认知，就意味着在村庄中与其他村民为敌，反而很难得到大多数村民的支持，在这里，法律只能够在其他方式无用的情况下才能拿出来为她们的理由增加说服力。

再看土地大规模流转这一土地政策的意外后果。

近些年来，土地规模流转在全国各地都得到了地方政府的大力推行。在部分第二第三产业比较发达的地区，一些村民在非农产业成为主要收入来源后，将承包地交给村里，再由集体统一流转给种田大户。而在许多纯农业地区，地方政府为了推动农业转型、大力培育新型农业经营主体，也在推动土地规模化流转。这一方面解决了农民外出务工经商后难以兼顾农业生产的难题，另一方面也让新型农业经营主体可以实现规模经营，能够有力地推动农业生产现代化水平。

大户因为规模经营以及农业基础设施建设等需要，通常都会对土地进行改造。早期的土地改造主要由种田大户自己投资完成，近些年来，国家对土地整治较为重视，全国各地都在大力推动农地整治项目，由于项目较多，现在的土地改造都是通过申请相关项目完成。

土地整治有利于耕作，却带来土地产权不清晰，一旦遭遇征地，很容易成为村民间冲突的诱因。这是因为，规模经营必须使用大型农业机械才能降低成本、体现优势，因此通过土地平整为农机连片耕作创造条件就成为一个必然选择，但土地平整会导致原有的地貌完全改变，使得农民无法确认自家承包地的具体位置和范围。

在传统的小农社会，由于分家析产、土地买卖等原因，土地形态不规则、杂乱是一个常见的现象。在分田到户的时候，因为考虑到不同地块的土地质量不一、灌溉条件不同、距离农户远近有别，为了更加公平，一般都会对每户的耕地进行肥瘦搭配、远近搭配，许多地块因此被切分为若干小块分给不同的农户。这进一步加剧了土地的细碎化。土地形状的细碎化和土地分布的分散化降低了耕种的便利性，使得小农在劳作的时候必须付出更多的劳动时间往返于不同耕地之间。不过，由于大量剩余劳动力没有转移出去，人多地少的局面没有改变，面对有限的土地面积，小农家庭过剩的劳动力仍然能够克服这些困难。对于仍然处于过密化经营中的小农来说，土地的细碎化、分散化、不规则化仅仅是提高了田间劳作的时间和工作量，并没有对农业生产构成根本性的障碍。然而细碎且不规则的土地却是土地规模经营所必须克服的一个障碍。土地规模经营以资本为主导，如果仍然沿用小农的方式进行农业生产，则只会凭空增加管理成本，导致"规模劣势"，以此面对过密化经营的小农竞争，结局只能是以亏本收场。大型农业机械的效率是人工和小型农业机械的若干倍，在农业作业中只有更多地使用大型农业机械，才能够满足资本对利润最大化的追求。大型农机只有在地势相对平坦的大块农田上才能使用，土地规模经营必然要求通过土地平整来改变土地面貌。但是土地平整最终却带来另一个效果：农民无法在平整后的土地上确定自己承包土地的位置。

为了解决土地整理或连片土地流转以后，出现土地面貌发生重大变化以至于无法明晰原承包地四至范围的问题，许多地方根据中央相关规定①，采取了"确权确股不确地"的政策，即农民的承包地只体现为田亩的数量，而不再是物理空间上四至边界清楚的具体地块。还有一些地方针对土地流转后土地集中，并且导致地形变更的情况，规定对集中后大面积经营权土地，必须附加反映各农户承包权的原始"四至"组合关系图。但是原各农户承包权的"四至"组合关系图只能够反映土地面貌变化前的土地位置和相互关系，并不能解决如何将其与现有土地对应起来的问题。

"确权确股不确地"的出现，有效降低了土地大规模流转的交易成本，有力促进了土地的规模流转和规模经营。如果规模化经营的土地全部被征收，由于土地的田亩数量明确，将补偿款对应到每个农户是一件很简单的事情，然而，如果仅有部分耕地被征收，由于农户只知道自家承包地的数量，但无法确认具体位置和四至范围，会导致农户无法确定自己的土地是否被征收，由于产权不明晰，常常导致村民之间为了争夺补偿款而发生冲突。

第二节　"不负责任"的地方政府

征地方案由县及以上地方政府负责制定并实施。地方政府在

---

① 2014 年，中共中央办公厅、国务院办公厅《关于引导农村土地经营权有序流转发展农业适度规模经营的意见》明确提出，土地承包经营权确权登记原则上确权到户到地，在尊重农民意愿的前提下，也可以确权确股不确地。参见：中共中央办公厅、国务院办公厅印发《关于引导农村土地经营权有序流转发展农业适度规模经营的意见》，中国政府网，http：//www.gov.cn/xinwen/2014-11/20/content_2781544.htm。

征地拆迁中的行为是几个因素共同形塑的结果：第一，希望通过征地加速城市化进程，为地方经济社会的更快发展创造条件。第二，受土地财政的利益驱动，希望压低补偿价格来获得更高的土地出让收益，或者为以更低的地价招商引资创造条件。第三，受社会稳定"一票否决"的压力，规避征地拆迁带来的维稳风险。

一、以地生财

1994 年实施分税制改革后，地方政府可支配的财政收入下降，但财政支出的压力却在上升，迫使地方政府寻找新的财政收入增长来源。分税制实施之初，土地收入并不是地方政府的重要财源，进入 21 世纪以后，中国的城市化和工业化呈加速度发展趋势，地方政府从中发现了土地的价值，对土地收入的依赖不断提高，被形象地称为"土地财政"。

农村土地为集体所有，只有被地方政府征收并转变成国有土地以后，才能成为建设用地。土地的使用方不能从政府手中无偿得到土地的使用权。地方政府通过土地征收及转让可以获得为数甚巨的土地收入，这包括以下四个部分：土地直接相关的税收，与征地和土地出让相关的间接税收，与土地相关的各种部门收费项目，以及土地出让金的净收益。[1] 土地财政是中国城市化启动的关键制度，对于城市化原始资本的积累起到重要作用，但是土地财政也带来了一系列的问题 [2]。

土地财政的诱惑，使得地方政府对于征地具有很高的热情。

---

[1]　周飞舟、谭明智：《当代中国的中央地方关系》，中国社会科学出版社 2014 年版，第 64—73 页。

[2]　赵燕菁：《土地财政：历史、逻辑与抉择》，《城市发展研究》2014 年第 1 期。

部分地方政府在开发土地的时候，为了突破政策限制以征收更多的土地，甚至通过采用擅自改变土地用途、多次审批将大宗土地化整为零、土地整理等各种变通手法，力图逃避中央政府对农地开发的监管。①

征地不仅能够带来短期的土地财政的效益，从长期来看，征地往往伴随着城市化和工商业化，还可以为地方开辟长期而稳定的税源。为了培育扩大本地的税基，地方政府也有着通过征地为招商引资打基础的冲动。地方政府间因为招商引资而展开激烈竞争，形成了锦标赛体制②，为了在招商锦标赛中取胜，低地价政策是各地常用的博弈策略。征收土地并非无偿，地方政府必须给予被征收者一定的补偿，因此地方政府在征地时都会尽力压低对农民的补偿价格，这样才能在招商引资的时候给出更有吸引力的低价。

地方政府以低价征收土地后，或者直接高价出让，或者储备起来静待土地价格上涨以后再高价出让，从而增加财政收入或者固定资产，如果征地后的城市化和工商业化发展顺利，更是可以为地方政府带来稳定而长期的收入。征地需要地方政府投入不菲的资金，土地储备更是需要将大笔资金沉淀数年才能够见到收益，但是财力紧张的地方政府并不担心。一方面，只要征收的土地顺利出让，地方政府的财政收入就会因为土地出让金以及其他土地收入而得到快速增长。另一方面，征地手续完成以后，政府就可以利用储备土地去抵押贷款，由于中国经济一直在高速增长，土

---

① 周飞舟：《生财有道：土地开发和转让中的政府和农民》，《社会学研究》2007 年第 1 期。
② 周飞舟：《锦标赛体制》，《社会学研究》2009 年第 3 期。

地有快速增值的预期，银行贷款风险很小，于是贷款顺利进入地方政府手中。

地方政府在征收土地然后出让的过程中获得了大量的收入，还可以通过储备土地抵押融资撬动金融资本，然后利用这些土地收入投入城市建设，并进一步扩大土地开发的规模，实现"以地养地"。在这个循环发展的过程中，土地与财政紧密结合，地方的城市化和工业化迅速发展。

这个循环的过程并不一定总是顺畅，招商项目——尤其是大型项目如果失败，地方政府往往会因为前期的巨额投入而加剧财政困难。大多数地方政府的财源本来就紧张，很难通过其他途径化解，只能够通过其他的土地项目继续以地生财，挪用其他征地项目中的土地补偿费以暂时缓解财政困难，同时对失败的项目重新招商。

按照湖北省的相关规定[①]，栗店村本次被征收的集体土地的综合补偿由土地补偿费和安置补助费两部分组成（不包含青苗补偿费、地上附着物补偿费），其中安置补助费22200元/亩，直接支付给被征地村民，土地补偿费13320元/亩，由集体经济组织支配，只能用于解决被征地农民的生产和生活出路，兴办公益事业。栗店村本次被征收土地6400余亩，根据规定，村里可以得到土地补偿费8000余万元，但是村里直到2021年尚未见到一分钱的现金。

土地补偿费没有拨到村里，一个重要原因是区政府最近几

---

① 这里指的是《湖北省人民政府关于公布湖北省征地统一年产值标准和区片综合地价的通知（鄂政发〔2014〕12号）》。

年财政紧张。数年前，经过区政府努力招商，国内某知名大型企业的新项目在区内某乡镇落户，征收了数千亩土地，没想到一期工程刚完工，企业却已经进入了破产的边缘，决定终止该项目。此时政府已经在前期的征地拆迁、三通一平等配套基础设施建设方面投入大量资金，为了吸引企业入驻，甚至厂房也是由政府垫资代建。政府本以为招来的是一只下金蛋的鹅，没想到投入巨额资金后却带来了沉重的财政包袱。该项目征地规模大，而且征地后完全按照项目的特定用途进行规划施工，给重新招商造成很多限制，以至于闲置数年，直到2021年初才重新招商成功。

面对项目失败造成的沉重财政压力，并没有其他大额财源的地方政府只得继续通过土地财政想办法。当前征地拆迁中矛盾多发，如果克扣或者挪用农民的征地补偿费，常常会带来农民的强烈反弹，甚至酿成群体性事件或者恶性伤亡事件并引发舆情，最后被上级政府追责，因此现在各地对于农民的征地补偿款都能够做到及时足额下发。不过，征地补偿费中的土地补偿费是拨付给村集体的，如果被地方政府挪用了，村集体虽然不满，却敢怒不敢言。对于村集体来说，土地补偿费虽然金额不小，却不是一笔常规收入，有了这笔钱可以锦上添花，没有这笔钱也不会导致日子更难过。地方政府挪用了村集体土地补偿费的大部分，按时拨付给村集体的部分虽然不多，却仍然能够让村集体兴办一些村庄公益事业，征地以后村集体的日子还是好过多了。普通农户最关心的是自家的补偿能否按时足额到位，大多数农民甚至根本不知道村集体在征地后还有这样一笔收入。因此，地方政府拖欠的村集体土地补偿费虽然金额不小，但是却因为普通村民对此并不了解，很难成为社会不稳定的因素，因而是安全的。自从这个大项目下马，区内所有村庄的土地补偿费都被地方政府拖欠，其中被拖欠最多的已经超过1亿元。区政府在此后的征地拆迁也都实行"精准征地拆迁"，项目完全确定以后，征地拆迁工作才跟上。

这正是土地补偿费没有下拨到栗店村账上的背景。不过，村里的土地补偿费并不是全部被政府挪用，而是已经有相当一部分被地方政府开支在了村庄公益事业上，只是村里没有经手。在安置小区中除了村民的还建房，另有8000多平方米的公共房屋，其中包括村办公楼1栋，配套小楼房2栋，老年活动中心1栋，3000平方米的养老中心1栋。修建这些公共房屋村里并未出钱，安置小区的设计费为200万元，村里也没有经手。区政府现在财力紧张，不可能为这些工程垫支，这些钱显然都是在土地补偿费中开支的。由于这些资金一直没有跟村里结算，到了2021年，村里仍然对于土地使用费的使用和结余情况一无所知。

二、分化村民

征地带来的土地收入是当前地方政府的重要财源，如果征地的时候采取较高的补偿标准，地方政府因为征地而得到的财源就会相应减少，因此围绕农地征收的利益分配，地方政府总是希望自己能够得到更多的份额，而缺乏主动提高征地补偿标准的动力。地方政府只有在上级政府出台了调整土地补偿标准的文件以后，才会对本地的补偿标准调高，而且只要地方政府所执行的征地补偿标准在规定范围之内，就会倾向于以更低的价格拿下土地，而不会主动给予农民较高的征地补偿。

为了控制征地成本，在具体的征地拆迁工作中，地方政府会要求工作人员尽量采取较低的标准对被征地拆迁的农户进行补偿。基层政府必须就补偿问题与每一个农户进行谈判，由于征地拆迁的谈判对象多、补偿金额大，谈判的难度很大。在谈判的过程中，基层政府必须找准突破口，在村民中确立积极分子，树立支持征地拆迁的典型，将村民分化，从而达到减少给村民的补偿总额的目的。

（一）对村干部和村民的分化

征地拆迁工作事务繁杂，并且必须在一定的时间内完成，地方政府的工作人员不仅人数有限，而且在完成征地拆迁任务的同时还必须完成本职工作，或者暂时将本职工作交给其他同事完成，因此地方政府在征地拆迁中必须动用村干部的力量。

在某种意义上，地方政府动用村干部参与征地拆迁，就已经在一定程度上在村干部和村民间进行了分化。村干部配合并参与地方政府的征地拆迁工作不仅难度大，而且所增加的工作量甚至可以达到其他所有村务工作的若干倍，因此，地方政府要调动村干部的积极性，就必须对积极完成征地任务的村干部给予一定的奖励。地方政府和农户在征地拆迁的目标上却存在一定的对立。地方政府的目标是：在保持社会稳定的前提下，用有限的人力，在规定的时间内，以尽可能少的预算完成任务，而农户人员众多、时间充足，且目标只有一个：获得更多的补偿款、更好的安置房。因而，只要村干部开始协助地方政府完成征地拆迁工作，就会与普通村民的目标产生一定的冲突，他们与普通村民的分化就已经开始了。

在征地拆迁过程中，村干部本身也是被征地拆迁的对象，也与普通村民一样希望在征地拆迁中获取更高利益，但是在征地拆迁的时候他们却被地方政府要求必须做出表率，在拆违的时候必须首先拆除自家的，在签约的时候必须带头签约。只有在村庄中人脉很广的村民才可能当选村干部，基层政府对村干部的要求并不仅仅是自己带头，还要求他们必须动员亲戚朋友配合政府的征地拆迁工作，让他们至少不能够拖后腿。村干部必然会因为失去讨价还价的机会而利益受损。

村干部在征地拆迁中因为做表率而利益受损，地方政府当然知道，他们肯定不会让村干部真的吃亏，而会想办法从其他方面对其进行补偿。比如，给予村干部比其他村民更高的补偿标准，如果村干部因为必须做出表率而在某些征地补偿的项目中的标准比普通村民低，就必须在其他方面得到弥补，否则，村干部就不可能配合工作。即使村干部没有做那么多工作，仅仅是因为他们对村里所有的补偿信息了如指掌，在完全走正常的补偿程序的情况下，基层政府也不会对村干部执行较低的补偿标准，不会让村干部吃亏。不仅如此，基层政府为了让村干部配合征地拆迁工作，往往还会帮助他们在补偿费之外获取相关利益，比如将土石方等对质量要求不高的工程提供给村干部做。可以说，村干部在征地补偿工作中越是配合工作，得到的回馈越多。然而，村民看见了村干部得到的奖励后，不论他们是否认为这些奖励是以损害村民利益为代价换来的，也不论他们是否认为村干部私下是否得到了更多的利益，都会在村干部和村民之间造成隔阂。

（二）对普通村民的分化

征地拆迁的补偿政策公布后，村民都因为害怕后补偿的农户的标准会更高而在签约刚开始的时候处于观望状态，地方政府必须考虑如何分化村民，鼓励一部分农户先行签约，将僵局打破。

地方政府采取的最常见的分化策略是，对拆迁中满足一定条件的农户实行奖励政策，如"早签多赔"，即为了争取农户尽早签约而实施的差异化补偿方案，鼓励农户搬出的按期搬迁奖。我们在调查中发现，所有地方政府在征地拆迁中都会实施奖励政策，为补偿安置协议的签署和搬迁设定期限，农户在一定的期限内完成就可以分别得到一定的奖励。奖励数额因完成时间的早晚而具有差异，少则数千元，多则十万元，对带头完成——尤其是第一个完成的农户的奖励力度一般都会比较大。因为农户普遍观望而存在的签约僵局，常常在分化农户的奖励政策出台后被打破。当僵局打破，少数村民仍在观望的时候，则采取"连户奖励"，也就是一个街道或者一个小的自然村的农户如果统一签字，则给予相应的奖励，在农户间形成签约竞赛，对尚在观望的农户形成压力，部分农户很可能为了"不影响大多数人"而签约。

在实际操作中，带头签约的农户的奖励必须兑现，而在规定时间以后签约的农户，大多数得到的奖励仅仅是比规定时间内签约的标准有一定降低。这主要是因为，那些在规定时间后才签约的农户，大多数都是找出一定的理由在跟村里扯皮，如果完全不给奖励，只会把他们变成完全的钉子户。到了最后，为了让钉子户也能够顺利签约，也会给他们一定的奖励。

村民只有组织起来，才能抱团一致对外。面对组织起来的村民，基层政府常用的策略是各个击破，分化其中的核心人物。对核心人物的分化，第一种办法是暗中给予高额补偿费。村民组织起来的目的是获取更多的补偿，这些核心人物被以特殊主义的方式对待得到了更多的利益后，往往会选择退出。第二种办法是动用其吃财政饭的家人或亲戚朋友做工作。地方政府并无直接制约村民的办法，但是村民在家人或亲戚朋友被要求做工作以后，却会担心他们的前程受到影响而不得不退出。第三种办法则是找准这些村民其他方面的软肋进行敲打，迫使他们退出。

钉子户一般不会抱团，但是钉子户的成功却往往会形成示范效应，吸引更多的农户采取钉子户的策略来谋取高额的征地补偿。钉子户之间往往会相互观望其他人的效果，因此地方政府必须对钉子户进行分化，避免他们抱团。分化钉子户的主要办法有：暗中提高补贴，勒令其"吃财政饭"的家属或者亲朋做工作等等。

三、风险转移——以农地征收的行政包干制为例

中央不仅鼓励地方政府通过开发土地发展地方经济社会，而且也强调保护被征地农民的权益。对于地方政府来说，土地开发不仅仅是通过土地财政谋利的途径，也面临着征地所带来的社会不稳定的风险，有可能因为征地导致的社会冲突而被上级问责。地方政府并不愿意为征地所带来的风险负责，更不愿意放弃通过开发土地谋利的机会，因此地方政府必须考虑如何在征地拆迁的过程中规避风险，甚至是将这些风险转移出去。

在征地拆迁的过程中，地方政府既想谋利又不想负责，最理想的办法就是让自己从直接面对农户的征地拆迁一线脱身。其典型的做法就是利用"行政包干制"[①]向各群体分派任务。"行政包干制"可以分为三种：政府工作人员包干、外包、村委会包干。下

①　首先使用行政包干责任制的概念是郭亮。他主要以这个概念来分析地方政府将征地拆迁的具体工作发包给村委会的做法，我在这里借用了他的"行政包干制"的概念，但是所指的现象更广。参见郭亮：《土地征收中的"行政包干制"及其后果》，《政治学研究》2015年第1期。

面以行政包干制为例，对地方政府在征地拆迁的过程中转移风险的行为进行分析。

（一）行政包干制的产生

征地拆迁不是地方政府的常规工作，不可能有专门负责征地拆迁的常设岗位，而只能从各个部门临时抽调人员，因此作为征收主体的地方政府的人力从来都很紧张。在征地拆迁中，如何做到既能够使用有限的人力，在规定的时间内，用符合预算的成本完成征地工作，又能够减少征地冲突的发生数量、减轻冲突的烈度，是摆在地方政府面前的一道难题。

征地拆迁必须直接与为数众多的农户打交道，事务繁多并且难度很大，为了激励执行征地任务的政府工作人员更快更好地完成征地拆迁任务，部分地方政府在征地补偿的过程中采用"行政包干制"，将征地拆迁的具体工作发包给由政府工作人员组成的各个征地拆迁专班。对于按期完成任务的征地拆迁专班，视任务完成情况对工作人员予以奖励，如果不能按照要求完成任务则予以相应的惩罚。

行政包干制大大调动了征地拆迁工作人员的积极性，也降低了征地拆迁的成本。地方政府在征地拆迁时的发包，最主要的内容是将补偿款打包承包给政府的各个征地拆迁专班。拆迁专班为了拿到更多的奖励，都会努力尽快完成任务，并以尽可能低的价格对拆迁户进行补偿。有明确补偿标准的项目只能按照标准执行，要降低补偿款的支付，只能够在必须据实补偿的项目上想办法。大多数征地拆迁专班在刚开始与农户谈判的时候并不会亮出底牌，而是不断地以较低的价格与拆迁户"磨"。这主要是因为村庄是一个熟人社会，很难保守秘密，前面谈判的价格往往不久就会被透露出去，后面的拆迁户得知后就会要求更高的补偿，导致后来的谈判失去转圜的余地。比如对装修的补偿，征地拆迁专班都会很早就在村里将一般标准公布出来，让老百姓尽人皆知，并在最初的谈判中让拆迁户以为只是唯一的标准，而对于特别豪华的装修可以根据评估进行补偿的规定，各个拆迁专班都不会轻易告诉老百姓，直到被拆迁户逼得没有办法了，才会把相关政策拿出来给拆迁户看。

行政包干制的运用虽然能够提高征地效率、降低征地成本，但也带来几个问题。

首先，增强了被征地拆迁户对政府的不信任感，既损害了政府的权威性，也导致村民为了博取更多的补偿而激烈博弈，不利于社会和谐。

拆迁专班为了将补偿价格压到最低，在补偿谈判中都会巩固自己的信息优势，利用自己熟知各种补偿标准的有利条件，以种种办法向被征地拆迁农户隐瞒各种补偿标准，采用逐户分别谈判、价格相互保密的策略。许多农户以为自己在谈判中取得了比其他农户更优惠的标准，也会将自己的标准作为秘密对其他村民保密。这一方面加强了农户之间的相互猜忌，而村庄中很难保守秘密的特点又进一步强化了农户对博利空间的想象；另一方面也让农户认为，政府征地拆迁的补偿政策缺乏严肃性，如何计算征地拆迁补偿费并不完全取决于相关的政策规定，而是取决于农户的议价能力，只要自己的博弈策略得当，就能够得到更多的补偿。这刺激了许多农户为博取高额补偿费而采取各种激烈的行为，甚至是不择手段，钉子户的数量也因此大增。

其次，增加了政府征地拆迁工作人员违规违纪甚至是犯罪的可能。

尽管地方政府对于以较低成本完成征地拆迁任务的工作人员都会给予一定的奖励，但是这些奖励并不能令部分征地拆迁的工作人员满足，因为这些奖励政策都会受到既有政策的约束，他们与农户谈判所降低的征地拆迁成本并不会完全落到他们的口袋，而是只能按照一定的比例给予奖励。于是个别工作人员开始从合法途径之外寻求获利空间。逐户分别谈判、价格相互保密的策略，也为征地拆迁人员制造了大量的寻租空间。由于每户的补偿标准都取决于讨价还价，部分农户就与工作人员合作，农户以各种理由提出获取超出常规的高额补偿的要求，而工作人员则利用补偿标准不透明、补偿价格具有较大灵活性的特点，帮助农户达到目的，事成之后，双方再按照事前商定的比例瓜分额外的补偿款。

征地拆迁专班一度具有较大的操作空间，导致了较多的暗箱操作，曾经有一段时间管理较为混乱。我们在某区调查的时候发现，在十八大以前，征地拆迁工作人员在与拆迁对象谈判的时候拥有的自由裁量权很大，如果遇到难缠的钉子户，甚至可以现场拍板提高补偿标准，并迅速从汽车的后备箱中拿出现金给拆迁户。这种办法不仅导致了更多的农户争当钉子户谋利，而且也为工作人员中饱私囊提供了机会。几个公务员因此被判刑，其中包括区里某局一个即将退休的局长。

（二）行政包干制的变化

在部分地区最初对征地拆迁实行行政包干制的过程中，虽然征地的效率提高了，但是也带来了政府与征地村民间冲突不断、维稳形势严峻、个别工作人员违纪违法等问题。于是，许多地方在继续对征地拆迁进度做出要求的同时，也严令禁止采用非法手段征地拆迁，要求必须做到零暴力、零伤亡，同时对上访的发生率也做出了较高的要求。为了规避因为社会稳定问题引发舆情和被一票否决的政治风险，以及减少工作人员犯错误的机会，许多地方政府开始探索对既有的行政包干制进行改造。

对既有的行政包干制进行改造，第一种办法是对官僚系统内部进行整顿并规范、改进征地流程，以减少工作人员的操作空间。主要包括：对于所有征地补偿的流程都做出严格规定，并且要求所有的步骤都留下相关的照片、复印件或者原件作为支撑证据；加强电脑、卫星图、激光测量等现代技术在征地拆迁中的运用；所有的补偿款都不允许以现金的形式发放，而必须经过银行转账，这样任何有疑问的账务都能够很快得到查实；严格补偿标准的浮动余地，对于超出常规的大额补偿，必须经过第三方评估，而且很多地方还要求，评估以后还必须经过分管征地拆迁的副区长或者副县长签字。这些措施实施后，村民的博利空间、工作人员的操作空间虽然没有完全消失，却大大减少了。工作人员仍然会为了得到更多奖励而尽量压低补偿标准，农户的博利行为仍然存在，而工作人员借机谋取个人好处的问题也没有得到完全解决。

对既有的行政包干制进行改造的第二种办法是实行公司包干制。基层政府将征地拆迁的部分工作尤其是矛盾高发的拆迁工作，委托给具有一定资质的征地拆迁公司，并从征地补偿费中提取一定比例，根据任务完成情况支付相应的资金给征地拆迁公司作为工作经费。

任务被承包给征地拆迁公司后，基层政府不再利用行政人员参与拆迁，缓解了人员紧张的问题，减轻了行政负担，征地拆迁的进度也更快，而且规避了政治风险。不过，面对掌握着正式强制手段的地方政府尚且难以通过合法手段完成的征地拆迁任务，征地拆迁公司只是由于专门从事征地拆迁而经验更加丰富，在面对特别难缠的农户的时候，他们并无比基层政府更高明的特别之处。为了尽快完成任务，征地拆迁公司常常不择手段，无论合法的还是不合法的手段都会动用。当征地拆迁公司仅仅通过自身的力量难以完成任务的时候，还可能会引进混混等灰黑势力入场。

灰黑势力的入场，既可能减少村民为了博取更多利益而导致的冲突，让社会显得"稳定"，也可能导致部分村民与他们发生更加激烈的冲突，让基层政府的维稳工作面临更大的风险。征地拆迁公司看中了混混的暴力背景，但是并不希望他们轻易使用武力，而混混介入征地拆迁是为了求财，如果能够不用暴力就达到目的，他们也不会轻易使用。在介入征地拆迁之初，混混在向村民"做工作"的时候都非常"文明"，甚至是非常客气，针对某些难缠的"钉子户"，混混还会带上水果等礼物亲自登门"好言相劝"。大多数村民都会因为对混混的恐惧而答应条件，对于少数"不明事理"不肯答应的村民，混混们则会采取语言暴力，并且辅以半夜扔砖头砸窗户玻璃等各种手段进行骚扰，对村民形成巨大的心理压力。不过，混混的行为也可能引起个别村民的激烈反弹，于是冲突升级。

减少因为维稳问题带来的政治风险，是基层政府引进征地拆迁公司的主要目的之一，然而农民都知道，征迁公司是代表政府工作的，如果征拆公司引发激烈冲突并造成恶劣后果，农民还是会将矛头对准地方政府，政府仍然必须承担连带责任，而不可能置身事外。为了加强对征地拆迁公司的控制，基层政府不得不对征拆公司所负责的具体工作进行严格的监督和规范，一方面，派出政府工作人员到征地拆迁一线与征地拆迁公司共同办公，进行实时监督，另一方面，对征拆公司的全部工作流程做出详细而严格的规定，将征地拆迁公司的工作严格限制在技术性事务和非暴力的征地拆迁谈判之内，征拆公司不仅必须严格按照规定开展每一步工作并且填好制式表格，而且每一道程序都必须留下照片、复印件或者原件作为支撑证据，最后将所有相关材料上交到区县拆迁办送审。

征拆公司的行为被严格规范以后，不再因为采用暴力等不合法的手段而引发激烈的社会冲突，但是征地拆迁中很多冲突的根源并不是征地拆迁本身，而是与邻里纠纷、家庭纠纷、与村干部的矛盾等纠缠在一起，还有一些钉子户只是纯粹地想谋取超出常规的高额补偿，这些都是纯粹的村庄治理问题，而征拆公司却只有技术性手段，他们无论怎样对这些技术手段进行升级，都很难解决。

对既有的行政包干制进行改造的第三种办法是采取村委会包干制。地方政府在征地拆迁中不再直接面对农户，而是将具体工作交给所在村的村干部承包完成。征地拆迁的村委会包干制解决了地方政府面对的不少棘手问题，但同时也制造了大量的村庄内部冲突。以下详细分析。

（三）征地拆迁的村委会包干制

在村委会包干制中，作为征收主体的地方政府会派出测量等专业技术人员协助村委会工作，根据法律和政策对村委会如何处理相关问题提供指导性的意见和要求，其中对补偿问题还会根据相关政策提供一般的标准，只要不突破法律和政策允许的范围，村委会就拥有因地制宜地灵活处理具体情况的自主权力。地方政府对村委会最重要的要求是补偿费的发放必须符合相关要求，但是对补偿之后剩余资金的用途并无严格限制。之所以在补偿之后会有剩余，一方面是实际工作中必然会有一定的事先无法估计到的情况，必须在做预算的时候将这一部分的开支列入成本之中，另一方面，也是对村委会在承包中的工作支付酬劳，如果村委会能够降低征地补偿费，所获取的酬劳则更多。采用这种办法，村委会可以得到更多的土地补偿剩余，村干部的工作积极性被充分调动起来。

征地拆迁事务繁杂，地方政府在征地拆迁中采用村委会包干制后，将繁杂的具体事务转移到村委会，缓解了人手紧张的问题。不仅如此，村委会承包征地拆迁工作还具有很多地方政府所不具备的优势。

首先，村干部熟悉村庄中土地的具体情况。基层政府并不掌握村庄中土地的地方性的知识和信息，即使是政府工作人员进村主持征地拆迁，也必须依靠熟悉村庄土地情况的村干部的配合才能顺利开展工作。

其次，村干部熟悉村庄中每个村民的情况以及村民间的相互关系。村庄是一个熟人社会，村干部作为村庄成员，熟悉每个农户的具体情况，了解每个村民的性格特征，知晓每个村民的社会关系。村干部可以根据每个村民的具体情况采取有针对性的办法，对于自己的亲戚朋友，村干部还可以利用人情关系让他们带头支持工作，对于其他村民，村干部也可以很快找到对他们具有较大影响的村民，发动他们去做工作。村干部还会将村庄中具有一定威望的村民吸纳进拆迁工作队，让他们去负责做坚持不配合拆迁的亲戚朋友的工作，让那些村民碍于面子而不得不让步。而政府工作人员由于不熟悉相关情况，在具体工作中只能根据一般性的普遍原则进行处理，很难做到根据村民的不同情况采取有针对性的措施。

再次，村干部熟练掌握青苗和地上附着物的相关知识。各种作物尤其是蔬菜等经济作物品种繁多，生长周期不一，核算时必须根据具体情况自由裁量，工作量巨大，征收工作人员只有与农户进行反复谈判，才能够达成双方都能够接受的补偿标准。政府工作人员对相关的知识掌握都是来自临时的学习，其熟练程度显然不如自身就在从事农业生产且对村庄情况非常熟悉的村干部，在跟被征地农户谈判的时候往往会处于不利地位。

采用村委会包干制以后，征地拆迁的具体工作由村委会主导，由于征地拆迁的工作人员和被拆迁的农户都是本村人，熟悉村庄情况的村干部可以利用村庄的地方性知识来解决各种麻烦，而作为土地征收主体的地方政府则不再与被征地的农户直接打交道，村民开始把注意力都集中在村干部身上，而不再将地方政府当作博弈的对象，地方政府因此降低了卷入征地冲突所带来的政治风险。

通过村委会包干制，地方政府不仅可以从直接的征地冲突之中脱身，而且当村民和村委会产生冲突的时候，还可以因为退居幕后而用超然的态度来调解冲突，从而增加自己的合法性。不过，这种办法并没有让频繁发生的征地拆迁冲突数量变少，仅仅是将矛盾转移到了村庄内部，在大幅减少村民与地方政府冲突的同时，也激化了村民与村委会、村民与村民间的矛盾，制造了大量的新问题。

首先，村委会和村民之间因为补偿费的分配形成了零和博弈的竞争关系，导致村民和村委会之间的冲突不仅不可避免，而且普遍发生。采用村委会包干制后，村集体成为征地拆迁工作的承包者，可以获取的利益比仅仅作为征地工作的配合者更多，但是包干制下村庄所得到的补偿总额是一定的，村委会得到的资金越多，农户得到的分配数额就越少，反之亦然。这种零和博弈导致村委会在分配土地补偿资金的时候，总是会努力让自己获取更多的份额。村委会在以符合相关规定的标准对村民进行补偿之后，所获取的土地补偿的剩余，村民更愿意理解为是村委会"截留"和"克扣"国家应该给予农户的补偿款。

其次，对于农户来说，只有通过与村委会进行博弈才能够维护自己的利益。部分补偿项目必须根据实际情况决定补偿标准，因而具有一定的弹性空间。由于是零和博弈，村委会要获得更多的补偿剩余就必须尽可能压低补偿标准，而村民则必须想尽办法通过这些项目获得更高的补偿费，因为村民如果不与村委会博弈，村委会所执行的就是最低标准。

再次，通过与村委会的博弈，农户还能够获得更高补偿。青苗和地上附着物的补偿标准因为作物的品种不同和生长周期的区别而有较大差异，村民为了获取更多的征地补偿，抢栽抢种具有较高补偿标准的经济作物和树木在各地都是一种常见的现象。虽然抢栽抢种按照规定都不能得到补偿，村干部也知道哪些树木是新栽的，但是要拿出抢栽抢种的证据却并不容易，同在村庄这个熟人社会中生活，村干部也不可能把农户抢栽抢种的作物强行清除，农户与村委会之间围绕是否属于抢栽抢种，以及补偿标准问题而不断产生争议。尽管是抢栽抢种的违规作物，农户经过与村委会的博弈之后仍然具有获得补偿的较大可能性。

最后，村委会在征地中的操作空间，刺激了农户为获取更多的补偿，而采取各种博弈策略与村干部发生冲突。村干部既是村委会包干制的执行人，又是征地拆迁的对象，村干部在村里的亲戚朋友也是征地拆迁户，是征地拆迁的利益相关方，村干部在征地补偿中往往会利用征地中的操作空间，为自己和亲戚朋友争取更多的补偿费。村干部作为村庄成员所拥有的社会关系在征地补偿中既是他们工作的优势，同时也给他们带来负担，甚至可能因为给自己人谋取好处而滋生腐败，引发与村民的冲突，影响征地拆迁的进度。

村委会包干制导致了村民与村委会之间的激烈的利益博弈，村民时刻准备着为自己找出各种理由与村干部等征收人员讨价还价，提高自己的征地补偿标准。村民针对的目标不再是已经不在场的基层政府，而是村委会，村民与地方政府之间的冲突于是被成功地转化到了村庄内部，成为村民与村委会的冲突。

第三节　小结

从本章的分析来看，国家层面宏观的法律和土地政策、地方政府在征地过程中所采取的具体措施，在征地补偿中都可能触发村庄内部冲突，但是他们对村庄内部冲突的影响是非常不同的。其中宏观的法律和土地政策对征地冲突是间接影响，而地方政府具体的操作策略则会直接影响到村庄内部冲突的发生。通过对相关制度、政策、操作策略的调整，使其更加符合当前中国的发展阶段、符合当前农村的实际，可以在一定程度上减少村庄内部冲突的发生频率和烈度。

在征地拆迁中，中央的主要角色包括：土地等相关制度和规则的制定者、地方政府征地行为的监督者、农民土地权益的保护者，在具体的征地中比较超然。从前面的分析来看，法律和政策对征地中的村庄内部冲突能够构成影响，但是这些影响都是间接的，而且这些法律和政策从总的来看并没有问题，只是某些法律条款可能引发一些意外后果。对于中央来说，如何通过相关法律和政策的设计和调整，做到既能够调动地方政府工作的积极性，又能够使地方政府不与民争利，仍然是一项艰巨的任务。

地方政府是征地拆迁的实施者，所以比中央对村庄内部冲突造成的影响更多更直接。在征地拆迁的过程中，地方政府受到了若干约束：必须以有限的人力用不超过预算的拆迁资金在规定的时间内完成相应的征地拆迁进度；为了避免因为出现社会不稳定问题被"一票否决"，地方政府官员还必须在完成任务的同时维护社会稳定；由于征地冲突经常成为热点事件，地方政府还面临着媒体和舆论的监督。因此，如今的地方政府在征地过程中与农民进行博弈的时候，极少会冒着政治风险和舆论压力公开、明显地滥用手中的公权力。地方政府在征地拆迁中所采取的操作策略，都是在权衡利弊之后做出的选择，但是这些选择并不一定是最优的，会经常根据实践中出现的问题进行调整。比如，曾经被很多地方政府在实践中使用的"行政包干制"，就因为不仅面临人手不够的问题，而且经常出现被征地农民与地方政府的冲突，而被不断改造，最终被改造为村委会包干制，将村民与地方政府之间发生冲突的风险转移到村庄内部，成为村民与村委会的冲突。

在触发村庄内部冲突的各种外部因素中，影响最大的就是基层政府对村民的分化措施，因为基层政府采取这些措施最主要的目的，就是将原本可能发生在村民与地方政府之间的冲突，通过分化村民而转化为村庄内部冲突。在当前的土地征收中社会冲突频发，基层政府通过这些措施不仅转移了冲突发生的场域，而且因为更少直接面对冲突而可以成为冲突的调节者和仲裁者，使其成为征地冲突的一道防火墙，对于防止冲突的升级具有积极意义，并最终增加了政府的合法性。但是我们也必须看到，这些措施虽然为地方政府规避了大量的政治风险，却并没有化解冲突，只是将地方政府可能面临的冲突转移到了村庄内部，导致了村委会合法性下降、村庄内部冲突增加等问题，由此引发的社会冲突大量增加的问题必须引起我们的重视。

因为不同村庄的具体情况不同，相同的制度、政策和操作策略在不同的村庄会产生不同的后果，解决某个问题的有效办法却可能导致其他的问题产生，而某些征地拆迁相关的制度和操作策略只是在部分村庄引起冲突，对其他村庄却影响很小甚至没有影响。因此，外部因素只是征地拆迁中村庄内部冲突的触发因素，仅仅依靠制度和政策的调整，并不足以解决征地拆迁中的村庄内部冲突。要深刻理解村庄内部冲突，必须深入村落场域之中，分析村庄中不同行动主体在征地事件中的行动逻辑，对村庄中的复杂权力关系做出深刻理解。

第三章 "不纯粹"的村干部

《中华人民共和国村民委员会组织法》第 8 条规定："村民委员会依照法律规定，管理本村属于村农民集体所有的土地和其他财产，引导村民合理利用自然资源，保护和改善生态环境。"村委会作为村民自治组织，管理本村集体所有的财产和资源，在农村集体土地的征收中具有重要地位，村干部因而对征地拆迁发挥着重要的影响。

本章主要围绕村干部在征地拆迁中不同行为背后的逻辑展开。村干部在征地拆迁中处于一个结构洞的位置，乡镇的征地工作必须有村干部的协助，村民也需要村干部为自己争取利益。村干部在征地拆迁中"并不纯粹"，而是具有多元角色，既是政府的代理人，也是村庄的当家人，还是拥有自身利益的理性人，角色多元导致了村干部利益纠结，能量巨大。本章以村干部的多元角色为基础，分析他们在征地补偿中与各个行动主体之间的互动，展现村干部的多元角色冲突如何导致他们在村庄内部冲突中不同行为的逻辑基础，揭示村庄权力运用的复杂性。

第一节 结构洞中的村干部

村干部在征地中处于一个结构洞的位置。对乡镇来说,不了解村庄土地的地方性的知识,不了解村民的具体情况,不了解村庄土地的历史遗留问题。乡镇如果离开村干部的协助,征地工作就会寸步难行。而对村民来说,大部分人都对国家征地拆迁的相关政策不了解,与乡镇等政府工作人员以及其他外界打交道的机会较少,他们也需要村干部代表他们向国家、项目实施方等村外征地补偿的利益相关方争取更多的利益,并且调解征地过程中村庄内部的各种冲突。

征收面对的土地是具体的,必须了解每一块被征收土地的完整信息,然而作为土地征收主体的地方政府所掌握的信息都来自档案资料,并不完备,如果仅仅利用档案资料展开征地工作,将面临大量难以克服的困难。村庄集体土地形成于建国后,在数十年来的土地制度变迁中,积累了大量关于土地的村庄地方性知识,甚至是村庄秘密,这些具体的村庄土地知识一般只被村社内部成员熟悉,即使是相邻村庄的村民也不一定知晓。因此,作为征地主体的地方政府虽然手中有土地账册,也有相关的卫星地图,能够掌握土地的物理信息,却很难搞清楚村庄土地的社会信息。

第一,农户承包土地的实际面积与被登记的在册面积差距较大,甚至农户本人都不清楚所承包土地的精确面积,因此征收土地时必须对土地重新丈量。村干部熟知村庄中地方性的土地知识,他们如果不参与其中,丈量土地的工作就不可能顺利完成。

村庄中土地的资源禀赋并不相同,尤其是在山区和丘陵地带,由于不同地块的水源、地力存在差别,相同面积的土地产出区别很大，即使土地间产出区别不大，也可能因为交通便利程度、灌溉成本存在区别，导致耕种相同面积土地的劳力付出不同、辛苦程度有别、生产成本各异。20 世纪 80 年代初分田到户时，为了平衡不同耕地之间的差别，不同的村庄采取了不同办法。有的村庄将土地分为若干等级，并折合为相应的面积，有的村庄则实行肥瘦搭配、远近搭配的办法，但是这些办法仍然无法避免部分农户分的承包地中，产量较低、距离较远、耕作成本较高的"差田"比其他村民更多，为了补偿这些农户，常常会为他们适当增加土地面积。国家征收农业税费时主要以土地面积为依据，如果村庄严格按照面积将税费分解到户，分了"差田"的农户就会因为面积比其他村民更大而遭受不公，因此他们承包地的实际面积并不会如实反映在土地经营权证上，这是在国家根据面积收取税费的情况下，村庄为了公平而拥有的共同的村庄秘密。

除了因为考虑土地质量而对土地面积进行折合，村庄对弓口的更改也会导致土地实际面积与在册面积的区别。土地面积是国家收取农业税费的主要依据，村庄扩大弓口可以减少相同土地的面积数量，从而通过隐瞒土地达到少交税费的目的，这就是村庄中所谓"习惯亩"的来源。早在人民公社时期，各地的村庄中就普遍存在为了少完成粮食上交任务而隐瞒土地的现象。土地承包到户的时候每个村庄都丈量过土地，大量村庄为了少交税费而没有采用标准亩作为单位，而是将弓口扩大。标准亩 1 亩折合 667 平方米，但在不同的村庄，1 亩可以折合为 800 平方米、1000 平方米、1500 平方米，甚至更多，并在统计耕地面积的时候以此为单位沿用至今。

第二，经过农村土地确地确权以后，颁发了土地确权经营权证的土地基本上都不会存在争议，但是仍然有部分土地和山林伴随着争议，尤其是在征地补偿分配的时候，因为金额较大，"每一厘米的土地都可能让老百姓争个不停"。如果不了解村庄土地的历史，不熟悉村庄土地规则，在土地征收和补偿的时候很可能会将处于潜在状态中的矛盾激化，甚至打破既有利益格局而制造出新的矛盾。没有熟悉村庄土地情况的村干部参与，土地征收的过程中很可能出现了冲突还不知道原因所在，导致做出错误的处理对策，以致冲突迟迟无法得到解决甚至是冲突升级。

在农村集体经济组织内部，村民的宅基地以及承包的耕地和山林，都可能因为地界产生纠纷，这些纠纷往往牵涉到比较复杂的历史问题。宅基地纠纷往往涉及村民间的历史恩怨，没有丰富的村庄地方性知识就很难调解，而不是仅仅依靠宅基地使用权证书就一定能够明确是非曲直。山林内一般没有明确的自然界线，在山林被承包到户的时候，虽然曾经以树木或者木桩等作为界桩，但是数十年后，树木长大变形或者被砍伐，界桩早已消失，如何判定这些山林的具体归属，必须由村干部召集知情村民反复研究。

许多村庄在分田到户的时候为了让村民以后少交税费，各户除了分到承包地，还另外以自留地、菜地、苗圃等各种名目分别分得耕地若干。这些耕地虽然被分到了农户，但是都没有计入计税面积，在土地承包经营权证中完全没有反映出来。虽然没有被确权到农户，这部分耕地却不是全体村民共有的公共土地，相反，村民对这些土地的具体归属都不持异议。在征地补偿时，如果不熟悉情况，很可能出现补偿对象错误的问题。

部分村民间曾经为了耕作方便或者其他原因，双方协商后将土地互换。互换的时候耕地都是作为农业用地，两块地之间的价值大体相当，双方为了省事就没有找村干部作为中间人，事后也没有及时将土地过户。一旦遇到其中一块地被征收，双方常常产生争议。解决这类纠纷，既需要熟悉具体地块的历史，还需要考虑村庄中的习俗，并不是简单地根据农民的土地承包经营权证就能够做出没有争议的裁决。

土地往往还伴随其他可能出现争议的问题。比如，计划征收的土地此前是否已经征收过，有可能导致重复征收？是否与其他村民小组或者村外的单位有争议？是否还有其他历史遗留问题？等等。

由于土地具有复杂的地方性的村庄知识，征地拆迁的时候，基层政府即使有统一而且明确的征地规则，也很难准确而公平地将征地拆迁的补偿费落实到具体的农民手上。因此，不仅基层政府需要村干部协助工作，村民也需要村干部帮助自己维护利益。

比如，农民从征地拆迁中可以获得的补偿费由三部分组成：土地补偿费，安置补助费，以及青苗补偿费和地上附着物补偿费。土地补偿费和安置补助费根据土地的面积计算，省级人民政府都会根据不同区域的经济社会发展情况，制定出严格而具体的补偿标准，这些区域非常具体，通常是将相应的乡镇甚至是村庄列举出来，地方政府只要掌握了被征收的土地面积，就可以按照统一的标准为农户计算出补偿费。补偿标准看似非常严格、精确，但是，要将被征收的土地落实到具体的农户，仍然离不开村干部的工作。尤其是面对具有争议的土地的时候，必须有村干部的工作来厘清土地的权利归属，如此才能维护农民的权益，也能够避免冲突升级，消除政府所担心的社会不稳定因素。

青苗和地上附着物因为种类繁多，差别比较大，相关部门在制定土地征收标准的时候尽管也会比较细致地列举出相应的补偿标准，但是仍然无法为具体的补偿对象做出标准化的补偿标准。在计算补偿费的具体操作中，土地征收者必须根据具体情况做出具体的补偿决定，需要熟知相关知识的村干部在乡镇和村民之间沟通。

不仅如此，村干部因为征地工作的需要，比普通村民更了解征地的相关法律和政策，同时跟地方政府尤其是负责征地的工作人员打交道的机会较多，也可以在征地拆迁中为村民争取更多的利益。

与征地的政府工作人员相比，村干部因为是村庄这个熟人社会中的一员，能够熟知每个村民的社会关系和习性，也能够比他们更加熟练地掌握村庄中的社会规范，这也让他们在处理征地中相关问题的时候，可以成本更小，效果却更好。

第二节 村干部的多元角色

在征地拆迁的过程中，村干部的角色非常复杂。徐勇的研究显示，村干部具有双重角色，既是政府的代言人，也是村民的当家人①。在征地拆迁的过程中，村干部作为政府的代言人，必须按照地方政府的要求，做好村民的工作，协助地方政府完成征地拆迁目标，并且维持村庄在征地拆迁中的社会稳定，是政策的执行者，如果不能取得村干部的配合，地方政府的征地拆迁工作就困难重重；作为村民的当家人，村干部必须维护村民的各种利益，

① 徐勇：《村干部的双重角色：当家人与代理人》，《二十一世纪》1997年第8期。

能够代表村民与政府以及用地单位谈判，为村民争取尽可能高的补偿标准，同时做好征地补偿款在村庄中的分配工作，并协调处理好村民之间的各种矛盾。不过，村干部在征地拆迁中所扮演的并不仅仅限于政府代言人和村民当家人的双重角色，因为村干部是类似于行政机构的一个群体，具有内在的自我膨胀和自我获利的冲动[1]，面对征地带来的各种利益分配，以及潜在的商业机会，村干部在扮演好政府代言人和村民当家人双重角色的同时，也会采取或者合法，或者非法，或者灰色的手段，争取个人利益最大化。可以说，在征地拆迁的过程中，村干部角色多元，利益纠结，能量巨大。

一、全村人利益的保护者

（一）为村民谋取更多补偿利益

在不影响自己的根本利益的前提下，村干部都会代表村民与地方政府讨价还价，为村民争取更多的利益。当村民与地方政府之间因为补偿方案出现纷争的时候，村干部只要觉得村民有理，就会坚定地站在村民一边，为村民在地方政府面前力争，保护村民的利益。在征地拆迁的过程中，因为每个农户的具体情况不同，许多补偿费的确定都必须根据实际情况酌情处理，这是征地拆迁工作的实际需要，但同时也给了负责具体征收工作的地方政府工作人员和村干部一定的操作空间[2]。只要有机会，村干部就会向负

---

[1] 韩纪江：《征地过程中利益的矛盾演变分析》，《经济体制改革》2008年第 4 期。

[2] 某乡镇针对当地征地拆迁中常见的违规违纪现象制定出"拆迁工作十不准"，这十条禁令从侧面反映出，乡镇工作人员和村干部在征地拆迁中掌握有相当的操作空间。十条禁令的具体内容如下：一、不准为（转下页）

责征收的政府工作人员做工作，为被征地的农户争取更高的补偿标准，而不是让工作人员完全根据实际情况对村民做出补偿。毕竟，一方面，他们是村民选出来的，在以后的选举中还需要村民的选票，另一方面，村干部就生活在村庄里，在村庄中有各种错综复杂的亲戚关系、朋友关系，他们只有尽力维护村民的利益，才能够有一个好的名声。

村民抢栽抢种经济作物和林木等，是为了套取更多的青苗补偿费和地上附着物补偿费。地方政府都会要求村干部严管村民的抢栽抢种行为，但是村干部通常都仅仅是在村里宣传不得抢栽抢种的政策，最多也就是对村民的这些行为做出警告，向地方政府表明自己也是为此做过工作的，他们很少会真正采取行动，少数村干部甚至会故意透露消息，暗示村民抓紧抢栽抢种。某村支书从镇里开会回来，就对村民发出"警告"：从现在开始一律不得抢栽抢种，否则严惩不贷。抢栽抢种是征地村庄的特有现象，村民们马上听出了弦外之音，村里此前并没有村民抢栽抢种，第二天村民就都出去买树苗。

施工方开始施工以后，常常会有村民找出种种借口阻止施工，并要求施工方或者给予若干补偿，或者让村民参与工程建设。村民的理由一般都站不住脚，但是村干部却很少会采取积极措施制止村民行为，只要施工方不主动找村干部调解，他们就会装作不

（接上页）熟人或关系人放尺加尺；二、不准为熟人或关系人多算补偿经费；三、不准为熟人或关系人出具与征收补偿有关的虚假证明；四、不准去被征收户家喝酒吃饭；五、不准接受被征收户钓鱼邀请；六、不准接受被征收户财物；七、不准擅自为被征收户更改面积；八、不准虚设补偿被征收内容，套取补偿资金；九、不准提前向被征收户通报未公开的遗留、特殊问题的处理方案或结果；十、不准挪用补偿资金。

知道，而村民希望村干部出面一起找施工方麻烦的时候，他们一般都会予以拒绝，除非他们认为村民的确有道理。不过，在调解村民与施工方的冲突的时候，他们即使认为村民没有道理，也会为村民说话。

如果发现村民的确有道理，村干部则会不遗余力地维护村民的正当权益。

2016年8月，某施工方被一群2组村民阻止施工。理由是这块土地为2组所有，并且没有经过征地手续。2组村民在阻止施工的同时，也派人找到村支书，要求村里出面证实该土地为2组集体土地。支书没有同意，因为在他的印象中，这块地已经在数十年前被工厂征收，早就是国有土地。征地开始以后，村里已经发生过几起村民阻止施工的事情，每次都是村民找一些站不住脚的理由跟施工方胡搅蛮缠，最后施工方拿出一笔钱来舍财免灾，他估计这一次也一样。支书的策略是假装不知道这件事，因为他知道后不管怎么处理都有麻烦：如果说土地的确属于国有，村民肯定会当场骂他是"胳膊肘往外拐"的"叛徒"，以后在村里很难开展工作；如果他为村民说话，又会给乡镇和施工方留下素质低下的印象，被乡镇批评，而且他不是2组人，即使村民成功弄来了钱，他也得不到一点好处。没想到两天后，当初征地时的老村支书却向他回忆，这块地中的确有一部分没有被征收。支书将相关资料复印后找到征地工作组，为2组办理相关征地手续，2组村民因此获得补偿款50余万元。

村民在征地拆迁中用尽各种办法占国家和施工方的小便宜，村干部都会尽力配合。首先，镇里派来负责征地拆迁的干部都是临时抽调过来的，工作结束后就会离开村庄，再跟村民打交道的机会很少，村干部却是世代居住在村里的，如果不配合村民占国家的小便宜，就会得罪村民，落下一个"吃里爬外"的坏名声，这在村庄这样的熟人社会里是一个很严重的后果；其次，村干部都是村民选举产生的，如果因此得罪村民，他们以后就不会配合村干部平时的工作，甚至会在未来的选举中失去选票。"自己的孩子自己疼"，只要不突破标准，村干部都会为村民争取利益最大化。最后，从征地拆迁工作来说，村干部配合村民占小便宜，也是一种工作方法，目的是在以后的补偿工作中占据主动。在补偿方面，对于补偿金额不大的项目，村干部对村民都会普遍放宽一点标准。村干部在计算的时候不是那么顶真，得到了一点小便宜的村民"获得感"大大增强，心理上得到满足，对村干部的好感也增强了。不过，如果某个项目的补偿金额较大，比如需要让利上万的时候，村干部就会变得特别谨慎。这主要是因为补偿款事后必须经过审计，大额补偿款一般都是审计重点，如果找不到合理的理由，超出常规的大额补偿将给村干部带来麻烦。当村民要求突破标准大额超常规补偿的时候，村干部一般都会说，能帮的忙都帮了，并分项逐一指出，村里已经在哪些方面分别协助村民超标准多得到了多少补偿。由于事项很多，往往是村干部还没有列举完，村民就开始主动提出，不再提这个要求了。

（二）向地方政府争取特别政策

村干部不仅会充分利用政策为全体村民争取更高的补偿标准，还会争取让地方政府为村民制定特别的政策。当然，要让地方政府为本村制定专门的补偿政策并不容易。首先，需要村干部敢于利用各种机会为村民争取利益，尤其是寻找合适的机会向拥有较大决策权的官员反映问题，如果情况不能够反映到关键性的领导，成功的可能性就会很小；其次，说服政府必须有充分的理由和高超的技巧，因为只有在上级的某个具体政策不能解决现实问题的时候，地方政府才会在符合大政策的前提下，出台特别政策进行灵活处理，如果地方政府在理由不充分的情况下出台专门政策，将给决策者带来重大负面影响。这对村干部素质提出了非常高的要求。村干部所用的理由多为历史遗留问题，以及本村特殊的地理条件。

栗店村 5 组的土地早在 20 世纪 70 年代初就已经被工厂全部征收。青苗、树木、房屋等被征土地上附属物的补偿费都已经发放到村，农户也都收到了迁居费和做房子的木料。大多数村民正在准备搬迁的时候，形势发生变化，工程突然下马，被征土地并没有被利用，大部分 5 组村民也没有迁走，而是一直留在原地生产生活至今。

2015 年，5 组的土地再次被征收。负责征收的工作人员表示，村民的房屋、果树、青苗等可以按照现行标准补偿，但是劳力安置费几十年前就已经发放，不可能再次支付。5 组村民强烈反对：土地征而未用不是村民造成的，而且当年村民只得到了迁居费和以木材等实物为主的房屋补偿，征地补偿费的大部分都被拨付给了大队，并没有到村民手中，而大队掌握的征地补偿费早已在集体建设中使用殆尽。数十年来，村民一直留在原地生产生活，因此，补偿标准必须跟未曾征收的土地完全一样，否则就抵制征地。征地工作一时陷入僵局。村干部认为，5 组村民的要求有一定的合理性，多次向镇里请示为 5 组村民计算劳力安置费，都被否定。

后来，区委书记到 5 组调研征地拆迁，村支书趁机反映 5 组村民的劳力安置费等问题。陪同区委书记调研的镇党委书记表示，5 组的土地早在几十年前就被征收，国家也给予了征地补偿，如果此次再支付劳力安置费，于法无据。村支书提出，5 组村民征而未迁是历史遗留问题，并且在取消农业税之前，一直都被视同正式在册面积征收税费，这说明国家并没有把 5 组的土地完全当作已征收土地对待。

村支书边走边向区委书记汇报，不久就带着区委书记"顺便"走到路边一个农户的家里，让农户拿出土地承包经营权证，与书记一起计算该农户可以得到的补偿：5 组不仅有大量耕地因为修水库被淹，还接受了不少移民，导致人均耕地只有几分地，该户的青苗补偿费因此仅有几千元；该农户只有几亩橘园，只能得到几万元的附着物补偿费；房子很一般，也赔不了多少钱。国家要求，要保证农民征地拆迁后生活水平不下降，但是如果严格按照标准补偿，这个农户在房子之外，只能得到几万元的青苗补偿和附着物补偿费，土地却永远没有了。在这种情况下，我们怎么能把人迁走？村支书反映的另一个问题是"高水位田"的问题，由于在第二章已经交代，这里不再赘述。

村支书以一个农户为例算账，既讲明了 5 组土地征而未占的历史原因，以及"高水位田"问题的由来，表明了村民不是胡搅蛮缠，又拿出了征地拆迁不能导致被征地农民生活水平下降的国家规定。区委书记听后被打动，表示将专门开会研究此问题。当然区委书记不知道的是，这一家是村里条件比较差的农户，房子很普通，橘园也比多数农户小。村支书带领区委书记去的农户，看似在路上汇报时顺便走进去的，其实早就设计好了。

区委书记回城后，专门召开会议研究并决定：5 组的土地几十年前就被征收，土地的权属早已为国家所有①，对于早就不属于村集体所有的土地，再为村民计算安置补偿费没有法律和政策的依据，但是考虑到现实情况，对这些已经征收过的土地，可以给予每亩 1 万元的补偿，以解决历史遗留问题。对于控制水位线以下 1 米的"高水位田"，参照 5 组的正式耕地，也作为历史遗留问题按照每亩 1 万元给予补偿。

在考虑历史遗留问题以后，5 组村民被统计的耕地与严格按照规定计算相比，大约多出了 1000 亩，5 组村民因此多得补偿费大约 1000 万元。5 组共有 58 户，平均每户因此增加补偿费将近 20 万元。

5 组的问题解决后，其他小组在解决类似问题时，也参照执行。

我们下乡调查的时候，经常会听说从前的村干部为了解决村庄中比较紧急的事务，直接跑到区委书记甚至是市委书记的办公

---

① 国家土地管理部门 1996 年出台的《确定土地所有权和使用权的若干规定》中，第十六条规定："（自一九六二年九月）《六十条》公布时起至一九八二年五月《国家建设征收土地条例》公布时止，全民所有制单位、城市集体所有制单位使用的原农民集体所有的土地，有下列情形的，属于国家所有：1. 签订过土地转移等协议的；2. 经县级以上人民政府批准使用的；3. 进行过一定补偿或者安置劳动力的……"

室汇报工作的故事。然而由于 20 世纪 90 年代中期开始改革力度加大，社会转型剧烈，社会冲突频发，各个地方政府为了保证正常的办公秩序，都加强了对进出党委和政府办公区域的审查工作。一般来说，大院门口、大楼门口都会安排有专人值班，对进出人员都要进行登记。随着社会转型最剧烈、矛盾冲突最频发的时期过去，以及中央对于加强转变工作作风的强调，党委和政府办公区大门的审查工作不再严格，各地政府还专门设置服务中心方便市民办理各种业务，但是对于普通市民来说，要见"大领导"仍然不容易。

（三）向村外的利益相关方谋取更多利益

只要能够为村民争取更多利益，村干部就会利用各种方法与村外的利益相关方进行博弈，这些办法既包括合法合规的，也包括打擦边球。

少数村干部会为了集体利益而与地方政府展开博弈。在土地价值较高的沿海地区，个别当选的村干部甚至会与侵犯村庄土地权益的地方政府发生激烈的冲突。其中典型者如钱云会事件。钱云会是浙江省乐清市的一个村主任，因为土地补偿问题，长期代表村庄上访 ①。

某些村干部还会以小动作向施工方等村外的利益相关方为村里谋取更多好处，不过受村干部的身份所限，他们一般只是躲在幕后出谋划策，让其他村民出面去闹。在为了村民的利益而跟村外利益相关方博弈的时候，他们还会利用法律的漏洞。

---

① 刘子倩：《钱云会之死》，《中国新闻周刊》2011 年第 2 期。

　　银村4组有一块荒山，在20世纪90年代，承包荒山的7户农民都欠下不少税费提留，村里就将荒山以3万元的价格卖给了城区的一个医生，抵了部分税费。2016年，这块山林被征收，成为新建的公园的一部分，征地补偿款则全部被分给了4组村民。买荒山的医生后来移民国外，听说山林被征收，就从武汉请来律师准备起诉。村干部刚开始很紧张，因为村里将山林卖给医生后，还为他办下了林权证。如果村里败诉，就要让老百姓把已经分下去的补偿款再拿出来，而这几乎是不可能完成的任务。村里聘请的法律顾问却很快找出了对方的弱点。等到律师第二次进村的时候，村干部就很坦然地说，山林位于一级饮用水水源地，按照规定不允许盖房子，你们即使官司打赢了，把地拿回去了，还是只能跟现在一样作为绿化，得不到任何好处，假如官司打赢后政府给了征地补偿，其中的大头是土地上的安置补偿费，必须给本村的村民，你们只能得到荒山上的杂树的补偿费，杂树都不成材，补偿价格很低，你们还是不能得到多少。后来，医生的律师果然没有再来过村里。

　　当村民以各种借口阻止施工以向施工方索取利益的时候，村干部即使不介入，也不会阻止，即使他们知道村民们只是找借口敲竹杠。

　　施工方刚进场没几天，就因为十余位5组的老头老太太阻止施工而不得不停工。老人们提出，要想复工，除非是让5组分包部分工程。理由是，施工严重影响了5组村民的生产生活，并且5组村民在征地后失去了生活来源，因此，在原来5

组的土地上施工，而且是 5 组村民有能力参与的土石方工程，就应该给 5 组村民一碗饭吃。施工方知道，老人们所谓的理由不过是为了敲竹杠找的借口，他们并不愿意将部分工程分包给 5 组，因为这一次的工程对施工的要求比较高，如果将工程分包一部分给 5 组，他们很难按期保质量完成任务。施工方在工地上共有数十台车辆及其他专业设备，停工一天损失不小，如果请求地方政府出面也需要花费时间才能够解决，而且无法保证村民以后不会继续找借口阻止施工，考虑再三后决定花钱买平安，经过讨价还价，最后以 20 万元成交。施工方向村民提出，作为国企，付款的收款方必须为对公账户，否则会计不好做账。村民于是马上找到支书要求村里提供账号。5 组村民阻止施工的动静闹得很大，而且提出的条件特别高，但施工方没有请村里出面协调，不想给自己添麻烦的村支书就一直假装不知道。支书没有同意使用村集体账户走账。征地是前些年村干部犯错误的高发领域，现在政府对征地款项的全部使用情况都会进行审计，这么大一笔款项，如何来的，如何分的，将来肯定都必须做出合理的说明，因此从村集体账户走账就是自找麻烦。村民再去找施工方，施工方为了尽快复工，不得不同意将款项直接打入私人账户。

只要村民去闹，地方政府为了维稳的需要，就会做出一些让步，村里就能够得到一些项目之类的好处。村支书对这一点看得很透，但是他却从不在背后策划村民闹事。他担心村民闹起来以后，局面就很难控制住。村支书是村茶场的承包者，茶场面积达数百亩，主要从事中高档茶叶制作，茶叶的价格决定了其销售主要不是面向普通大众。前些年，村支书所生产茶叶的主要客户是政府部门，中央八项规定出台以后，政府对茶叶的采购量下降了很多，对其业务造成了较大影响，尽管如此，政府机关仍是茶叶销售的大客户。在市场本来就有所萎缩的情况下，如果他领导下的村民经常闹事，虽然会让村民得到一定好处，但肯定会对他的茶叶销售进一步造成影响。对他来说，尽量维持村庄稳定，也是维持其茶叶销售市场的需要。除非有村民自己想通过闹大的办法来谋取工程之类的，他绝不会主动向村民点破，更不会引导村民这样做。

二、自己人利益的维护者

作为全村人利益的保护者，村干部会为全体村民争取更多的补偿，不过他们在为村民争取利益的时候并不会做到一视同仁。不同村民在村干部的差序格局中所处的位置不同，村干部在为他们提供"帮助"的时候，所用的力度也是不一样的。与普通村民相比，他们为"自己人"谋取利益的时候力度会更大。这些"自己人"既包括村干部在村中的亲戚朋友，也包括在选举中给予自己大力支持的"盟友"。如果亲戚朋友所得补偿的标准跟其他村民完全一样，会被他们骂做"不近人情"，如果在选举中为自己出过力的村民不能得到比普通村民更多的好处，很可能从此盟友变成敌人，在以后的工作中处处与自己对着干。除了在平时的工作中得不到支持，在以后的选举中，更可能大量流失选票。

村干部的职位让他们比普通村民更容易得到征地的相关信息。某城郊村一个村民的儿子已经在一线城市拥有了稳定的工作，准备在市区买一套房子让老两口去养老。老两口已经跟人谈妥，把农村的房子和承包地以 60 万元的价格转让。村支书与这个村民私交很好，得知消息后马上前去劝阻：不能卖，你家的地很可能被征收。后来这个村民的房子和承包地果然被征收，征地补偿费达200余万元，另外还得到了总面积约200平方米的安置房。

村干部在所有必须据实补偿的项目的操作中都具有一定的弹性空间。诸如确定土地和房屋面积的测量，房屋补偿标准的确定，青苗补偿费、树木等地上附着物的统计，"违种"作物、"违建"的统计，等等。尤其是那些补偿标准因为具体情况的不同而有较大差异的项目，村干部都会想办法为"自己人"争取比普通村民更多的补偿。这些补偿并不一定由村干部亲自操作，但是即使具体的执行者是基层政府的工作人员，村干部也会因为在平时的工作中曾经打过交道，或者征地拆迁中与他们共同工作，而能够跟他们说上话。

长期的村务工作，还可以让村干部熟知征地补偿中可以利用的更多漏洞。一位村支书告诉我，邻村的表姐在征地的时候，请他出主意帮她多争取征地拆迁补偿。他并没有出具体的主意，而是建议她先去跟村干部和征地拆迁的工作人员不断地"磨"，等到觉得已经探到了底，谈不动的时候再来找他，他会再过去继续帮她谈。表姐经过艰苦的谈判，成功将补偿金额谈到了25万元，达到了自己的心理价位，就心满意足地跟工作人员签订了协议。这个村支书谈及此事的时候，非常惋惜地跟我说，如果表姐在谈不动的时候过来找了他，他再去找邻村的支书，有绝对的把握可以帮表姐再增加5万元的补偿款。他早就想好了，如果邻村的支书采用他的方法为表姐增加补偿款，绝对不可能犯任何错误。邻村的村支书也已经做了二十多年村干部了，肯定知道他说的漏洞，只是不可能随便使用，这种漏洞只有做过多年村干部才会知道，如果轻易使用并被传出去，接下来就会有更多人找上来，以后的工作就非常不好办了。村庄是一个熟人社会，邻村的支书当然知道他跟表姐的亲戚关系。在征地开始的时候，他还曾经专门请邻村的支书照顾表姐，而表姐能够以 25 万元谈下来，并不完全是表姐的谈判能力强，其中也有邻村支书看了他面子的原因，只是，仅仅是看他的面子，并不足以让所谈的价格触底，只有等到表姐谈不下来了以后他再亲自出马，邻村的支书才会进一步提高补偿，这一方面是对他专门为表姐谈判这个行为表示买账，另一方面则是因为他作为村干部知道更多补偿的奥秘，而不得不无奈妥协。

村干部在征地的过程中通过村庄权力为自己人获取利益，也可能是采用灰色手段获取较高的补偿标准。

刘甲与村治调主任刘乙是堂兄弟。2019 年，刘甲的房屋面临拆迁，请刘乙想办法多弄一点补偿款。刘乙想到，经营性质房屋的补偿标准比农房更高，而刘甲曾在家里开过农家乐，只是已于几年前歇业，于是找到镇里负责拆迁的工作人员，经过一番运作，将刘甲的住房定性为经营性质。本来刘甲对此事很满意，也很痛快地签了房屋拆迁和土地征收的协议，没想到过了一段时间他却认为，刘乙在此事中不仅没有给他帮忙，而且如果不是因为刘乙，他可以领到的补偿款会更多。他于是要求将已经签订的协议作废。二人因此反目成仇。

在地方政府组织的针对违章建筑的强拆活动中，尽管是城管、公安、国土等数个部门联合执法，村干部和执行强拆任务的地方政府工作人员仍然具有一定的操作空间。联合执法声势浩大，工作人员不可能只强拆其他农户的违章建筑，却对某个农户的违章建筑假装视而不见。强拆势在必行，但是违章建筑的主人如果跟强拆的政府工作人员或者参与的村干部有一定的关系，仍然可以想办法减少一定的损失。部分村民通过村干部做中间人，买两条烟送给具体负责拆迁的城管工作人员，城管人员在执行拆除任务的时候，就象征性地只是对违章建筑中的非主体部分进行破坏，而不对房屋的主体结构造成实质性影响，等到风头过后，他们再把房子重新修补，这样在最后拆迁补偿的时候，仍然有可能作为历史遗留问题获取一定的补偿。还有部分村民的违章建筑虽然没有合法手续，但是比老房子的面积更大、建筑质量也更高，城管人员在强拆的过程中就只是将其旧房子拆掉，而将本该拆除的违章建筑保留下来。即使后来有人举报，因为所拆的房子也是违章建筑的农户所有，工作人员可以借口对村庄情况不熟悉，误把合法建筑当作违章建筑拆了，轻松抵挡过去。部分村民还以老房子被"误拆"为由，将违章修建的新房子变成合法建筑。这些村民尽管也有损失，但是因为有了村干部的协助，却能够在无法避免的强拆中让损失最小化。

三、自家利益的谋求者

村干部在征地补偿中会为自己人谋取更多的利益，涉及自家利益时更是不遗余力。村干部为自家谋取更多利益的办法，既包括通过与征地拆迁直接相关的项目进行合法谋利、灰色手段谋利、违纪违法谋利等，也包括通过与征地拆迁没有直接关系的方面获取征地的溢出收益，如通过村干部的身份，更好地把握征地带来的当地经济发展、经商的机会。

（一）合法谋利

乡镇需要村干部配合完成各项工作，就必须给他们各种甜头。征地工作是当前农村工作中的"天下第一难"，事情繁多，矛盾集中，村干部的工作量往往是非征地村庄的若干倍。征地村庄的村干部们经常是晚上也要加班处理村务，而周边非征地村庄的村干部却是一连多少天也没有什么事，但是工资待遇却区别不大。乡镇在要求村干部完成不仅事务繁多而且难度很大的征地拆迁工作的时候，如果只是一味对他们压任务，却不能给予他们合理的回报，村干部就会以消极怠工的方式进行回应。因此乡镇在征地拆迁时必须照顾村干部的利益，让他们能够获取一定的好处，最低限度也要做到不损害村干部的利益，让他们的额外工作能够得到合理的酬劳。

征地拆迁的时候，村干部都会要求地方政府对自己的补偿标准就高不就低，甚至找出各种理由要求对他们采用超出实际的标准，工作人员一般都会满足。有些村干部还会向地方政府和工程的建设方提出一些获取小工程的要求，诸如参与砂石的运输，承包工地食堂，小型土方建设，以及修建围墙、便道等。这些小工程对技术要求不高，交给村干部做并不会对工程的质量造成不良影响。地方政府和工程建设方如果听说某村"刁民"比较多，甚至会主动为村干部提供这样的机会，以换取在以后的工作中，村干部能够在村民无理取闹的时候出面摆平事态，减少工程停工所造成的损失。

不过，即使是合法的谋利行为，村干部也不一定能够成功。

地方政府为了节约拆迁成本，对各个拆迁工作组都实行包干责任制：将拆迁任务以一定的总金额打包到拆迁工作组，超额不补，如果能够在规定时间内完成任务并且有结余，则从结余部分中拿出一定的比例对工作人员进行奖励。各个拆迁工作组的工作积极性因为包干责任制的实施而大大提高，不仅都努力争取早日完成工作，而且尽量压低拆迁的补偿标准。

在元村 2018 年的拆迁中，各个拆迁工作小组在开始阶段对水泥地坪给的补偿标准是每平方米 40 元，但是有些农户怎么都谈不下来，就把他们的标准提高到 60 元，而对于村干部则暗中以每平方米 80 元的标准进行补偿。不过，村干部的补偿标准尽管比普通村民更高，他们却并不买账，因为根据评估公司在附近对水泥地坪的估价，每平方米地坪的补偿价格为 110 元。村干部们认为，评估公司计算的标准较为合理，因为村民为自家修建水泥地坪的用途是晾晒粮食和停车，只有注意质量才能满足实用，每平方米的成本大约在 100 元左右，与评估公司的估价大致差不多。农户自家用的地坪被征收，如果按照工作人员所给出的补偿标准并不足以弥补成本，但是在每平方米 40 元的补偿标准下，大多数农户仍然会突击修建水泥地坪，其奥秘就在于这些水泥地坪仅以获取补偿为目的，完全不具备晾晒粮食等农产品的功能，仅仅具有水泥地的形式，成本很低。村干部受身份限制没有参加突击修建水泥地坪，家中的水泥地都是从前为了实用而修的，质量较高，被征收后连成本都没法收回。村干部们若干次与乡镇征地拆迁专班的工作人员据理力争，要求将自家的水泥地坪的补偿标准提高到每平方米 110 元，却一直不被同意，工作人员反而以他们作为村干部已经被暗中给予了其他村民都没有的高标准为由，要求他们满足。村干部知道，如果他们去找上级反映情况，坚持要求按照评估公司的标准补偿，所得补偿肯定会提高，但是他们最后并没有这样做。因为要达到继续提高补偿标准的目的需要花费大量时间，每平方米却只能多得30元，几个村干部家中水泥地坪的面积都有限，他们的补偿款总额并不能增加多少，却会因此而把全村的标准都提高不少，导致地方政府的补偿开支大幅提升，拆迁工作组的工作人员的奖励将因此降低，与工作人员的关系会因此被搞得完全僵化，以后如果想在其他补偿项目上要求为自己开口子，肯定不会被工作人员满足，从个人的角度来说，并不划算。

（二）灰色手段谋利

在征地的过程中，村干部利用职务之便，在村庄范围内承接各种工程，诸如土石方、便道修建、安置小区绿化、安置房屋修建，等等，在各地都比较常见。有时候村干部为了取得这些工程，还会向施工方要一些小花招，不过只要村干部的行为不是太过分，乡镇一般就不会干涉，有时候甚至还会为他们提供一定的便利。近年来各地对干部的管理都日益严格，虽然村委会是村民自治组织，村干部并不是公务员，但是很多地方仍然要求村干部全职从事村务工作，在征地过程中更是严令禁止村干部在本村参与相关工程。但是这些规定并不能杜绝村干部从征地相关工程中谋利。村干部参与征地相关工程的第一种办法是，几个村的村干部进行利益交换，每个村干部都只在其他村参与工程，另一种办法则是寻找代理人，由自己的亲戚或朋友接下本村的相关工程。虽然在本村出面接下工程的未必是村干部本人，但是村民都会知道，村干部才是实际的承包者，或者他们在其中做了投资，拥有股份。村民的猜测未必能够找到证据，却也很难说就是空穴来风，因为承包者与村干部的关系在村庄中并不是秘密。村民也无法以承包者与村干部有某种关系而去举报，因为村庄是一个以血缘和地缘为基础的熟人社会，村干部跟许多村民间都有着错综复杂的关系，仅仅因为承包者与村干部的某种关系而举报，并不能算作有效的证据。基层政府即使知道村干部插手了工程，一般也会睁只眼闭只眼。村干部并不是脱产干部，从事各种合法产业都是被允许的，现在很多地方不允许村干部承接本村的征地工程，最主要的还是担心村干部在本村参与工程出现质量问题，或者利用工程套取资金，导致产生上访等社会不稳定因素。

某些时候村干部觉得自己不方便出面，就会让跟他关系较好的村民出面为工程的实施制造麻烦，甚至利用混混或者其他不三不四的人阻挠施工。当乡镇或者施工方请村干部出面做村民工作，很快就会明白背后的利益表达：村民闹事的理由都是借口，他们真正的目的是希望能够得到土石方等对技术要求不高的小工程。一旦"群众"的要求得到满足，村干部很快就会"做通群众工作"，矛盾迎刃而解。得到小工程以后，村干部与挑头的麻烦制造者利益均沾，而参与闹事的普通村民也可以得到就近做工的机会，皆大欢喜。大工程的麻烦制造者得到小工程，被很多人感慨为"黑道"介入工程。从最近几年农村扫黑除恶取得的成果来看，"黑道"介入工程的确是存在的，但是也并不是普遍如此。这涉及如何对"黑道"做出定义。很多在征地过程中通过"讲狠"获取工程的村民，可能就是一个小混混，甚至仅仅是为了得到工程而扮演出一副无赖的嘴脸，在村庄中并不被认为是"黑道"中人。

某些村民可能在村庄中被公认为是混混，但是他们逞强斗狠的行为却都是多年前的事情了。近些年来，由于村庄中的年轻人基本上都离开村庄去了城市，一直没有人挑战他们早年积累的"威名"，他们在村中早就没有使用暴力的必要了。近些年来，他们在村庄中虽然各种好处占尽，却并没有使用过暴力，也无需使用暴力，因为只要他们表现出想要得到某个利益，其他村民就会知趣地退出。在得好处的过程中，他们可能也就是曾经在村中公开骂骂咧咧，通过这些行为很难把他们定义为黑恶势力。尽管如此，村干部在征地的过程中，为了博利而利用各种地方社会势力的情况并不少见。

村干部因为身份的优势，可以通过合法渠道掌握征地信息，也可以利用跟乡镇干部熟悉的条件提前获取征地的内部消息。有些村干部会在征地信息尚未公开的时候，承包村中的荒山荒坡荒地，或者从村民手里大面积流转将会征收的土地，尤其是荒山，然后在上面栽种经济林木、名贵花卉，或者大规模搭建钢棚，建起"养殖场"。然后等待征地开始，通过这些锁定之前的地上附着物或者青苗，"完全合法"地获取高额补偿费。

湖村地处两县交界处，交通不便，人均耕地很多。村中有几块荒地，因为土地贫瘠难以开发，一直没有承包出去。2016年，村里将其中一大块荒地面向全体村民发布拍卖使用权的公告，村民都觉得起拍价太高，无人参加投标。流拍以后，村支书以高于起拍价取得承包权，然后一次性交齐了数十年的承包费，并雇人栽种苗木。承包费用高，栽种的苗木也是普通品种，村民都以为村支书此次必亏无疑。没想到一年以后，村庄因为修建高速公路迎来征地，村支书承包的这块荒地的大部分被征用。在除去承包费和栽种苗木的费用后，村支书获利三百余万元。

提前流转将会被征收的土地，不仅需要手中有一定的资金，更重要的则是获取信息的能力，能够从政府相关人员中获取准确的信息。否则，即使能够判断到某块地会被征收，大额资金投下去以后，如果十年八年才被征收，资金被占压时间过长也是不划算的。

部分村干部甚至会在流转土地的时候，与承包土地的村民签订协议，规定如果遇到征地，包括土地安置费在内的补偿费全部属于买方，而与土地的承包人无关。如此一来，获取的利润更是惊人。近些年为了防止征地补偿费无法支付到被征地农民手中，征地之时都会对土地的承包人等信息进行登记，土地流转的买方可能还没有来得及变更土地经营权证，也就不可能成为合法的安置补偿费的支付对象，在最后的补偿时，也必须通过银行账户将资金补偿到土地的承包方。有些承包土地的农民见到土地被征用后感觉上当，不愿意按照协议将安置补偿费支付给作为土地流转买方的村干部。不过，当村干部作为买方以合同为依据与卖方发生冲突的时候，土地承包者最后往往会觉得理亏，而支付一定的补偿。

（三）违纪违法谋利

在多年来经历过多次征地拆迁的村庄，村干部因为经济问题犯错误的现象较为突出，侵占、克扣、挪用征地补偿费用的现象时有发生。村干部因为在征地过程中牟取私利而被处分甚至被判刑，也经常出现在媒体的报道中。据新华社报道，2014 年 1—6 月，广州市共立案查处农村涉腐案件 138 起，占全市案件总数的

30.5%，同比上升 76.9%。主要表现为村干部违规卖地和侵占征地款、村干部滥用权力垄断村集体资源以及在村委换届中贿选。^① 从我们对多地的调查来看，征地拆迁的确曾经一度成为村干部犯错误的重灾区。我们在对某位于城郊的街道办事处的调查中发现，该办事处每年都会收到若干针对村干部征地拆迁问题的举报信，举报对象涉及每个征地村，在最近二十年来征地较多的 5 个村庄，都有村干部因为在征地拆迁中有中饱私囊的行为被查实而受到处分，还有个别村干部被送进监狱。以下分别叙述。

江村。2017 年，街办得到举报，某工厂付给江村的征地补偿款不知所终，金额高达 200 余万元。街办进村查账时，村会计主动交代，钱被他挪用存到个人账户以套取利息，并迅速将资金归还。会计随即被开除党籍，并勒令其辞去村干部职务。村民分析说，此事肯定得到了村支书的同意甚至是授意，会计包揽责任只不过是舍车保帅，因为会计做事历来谨慎，如果没有经过书记的同意或者指使，肯定不敢私自挪用这么大的款项长达一年的时间。果然，会计被街办处理几个月以后，就被村里任命为村办企业会计，尽管村办企业会计比村会计的权力小了很多，但是该企业效益不错，工资待遇与村会计的差距并不大。

金村。21 世纪初，金村开始征地，某村民觉得这个时候当干部"有钱途"，还可以优亲厚友，选举时就用请客吃饭和送小礼物等方式拉票，成功当选村主任后，他挪用村里的征地补偿款 30 余万元，被人举报并查实，被开除党籍，并被街办勒令辞去村主任职务。2016 年，金村又有 4 名村干部被"一锅端"，均受到刑事处

---

① 刘其劲：《广州市委通过农村集体"三资"责任追究制度》，《南方都市报》，2014 年 12 月 5 日 AA18 版。

分。原因是某企业征地付给村里的 190 余万元补偿款，被村支书、村主任、村会计、妇女主任私分。

竹村。街办在 2017 年整理征地资料时发现，竹村在最近一次征收土地时，有一块曾经征收过的土地被重复领取补偿费。街办很快查明，此事系竹村村主任所为。村委会是群众自治组织，村主任只能够罢免而无法被撤职，但是罢免的程序却非常繁琐，而且本届村委会的任期只剩不到一年时间了，街办不愿意发起罢免给自己找麻烦，就只是给了村主任一个处分。此事迅速传遍全村。事实证明，街办没有发起罢免是正确的。一年以后竹村举行换届选举，此事被他的竞争对手再次广泛宣传，他也因此比上一届选举流失了部分选票，但是仍然连任。大多数村民认为，重复领取补偿费是打国家的主意，并没有危害村庄利益，不算多大的污点。

庙村。庙村的村干部近几届换得比较频繁，而且大部分都被处分过，这些村干部出问题主要是因为重复领取征地款。村民都认为这些只是冰山一角，村干部们迟早会暴露出更多的问题，而且，村干部们重复领取的土地补偿只有部分被查实，还有部分已经无法查实了，因为从前征地都是利用皮尺丈量土地，这给村干部们重复领取征地补偿费带来很大的便利，由于年代久远，地貌早就因为征地后的建设而完全改变，至今已经不可能查清楚了。在庙村还有大量的传说，指向村干部在征地中的其他问题，不过都缺乏有力的证据，虽然常有村民举报，却始终没有被查实。

除了以上 5 个村，在征地较少的文村，金支书也于 2020 年因为征地受到党内警告处分，并在全市范围被通报，处分决定还登上了订阅量很大的当地晚报的公众号。不过他被处分不是因为中饱私囊。纪委在对村级账务的审计中发现，金支书于 2019 年通过虚增个人林地面积的方式，套取征地补偿款 10006 元，用于冲抵他多年前垫付的招待费。2021 年 3 月，我再次访谈金支书的时候，他满不在乎地告诉我，这不算什么事，被处分大半年了，他还没有把钱"吐出来"，街办也没有催他。垫支的招待费都发生在十几年前他担任村会计的时候，每次都是街办工作人员宴请时，通知时任村支书和他赴宴并结账，虽然村里每次都不知道宴请的原因，也不认识赴宴的客人。当时农民负担较重，村民欠缴的税费提留较多，村集体的账上不仅没有钱，还有近百万元的欠账，这些招待费都是由他个人垫支，直到这次征地，他才利用套取征地补偿款的办法把钱拿回来了。招待费并不是村里发生的，却被要求村里支付，他个人为此垫支十多年，街办领导都知道，现在他因此被处分，领导怎么可能继续追究他让他把钱交出来呢？如果继续追究下去，他即使把钱退出来了，街办也要将这些钱补给他，涉及此事的街办工作人员和领导还会被处分。

随着国家对征地补偿款的管理越来越严格，近年来各地都要求所有下拨的款项都必须经过银行转账处理，而不允许以现金的方式发放，补偿给农民的款项必须直接转账到农民的银行卡。村干部如果动歪心思，只要有人举报，很快就会被查实，而且征地补偿已经成为村干部犯错误的高发领域，地方政府也会经常组织针对征地补偿的账务检查，以对村干部形成一定的威慑，减少村干部犯错误的可能。由于管理日益严格，村干部明目张胆地贪污、冒领、挪用征地补偿款的现象明显减少。

我们在最近的调查中经常听到村干部说，最近几年管的这么严，尤其是在征地方面，大家都盯着在，谁还在这个时候贪污冒领征地补偿款，也实在是太不明智了。不过我们在调查中也发现，某些村的确仍然有个别不明智的村干部，在最近几年因为贪污冒领而被老百姓举报并查实。在最近几年才开始征地的村庄，犯这种错误的村干部明显减少，这或许跟征地时间不长，有关问题还没有暴露出来有关，但是更大的可能还是因为制度建设加强后，村干部在这些方面犯错误的机会减少了。随着越来越多的漏洞被堵上，村干部贪污挪用征地补偿款的现象变少了，但是通过其他途径犯错误的现象并没有被完全杜绝。

（四）获取征地的溢出收益

大多数征地都是因为城市扩张、工商业建设等原因，因而征地基本上都会带来当地经济的发展，在征地的过程中以及征地以后，一般都会伴随着新的经商机会大量出现。部分经商机会与征地本身具有直接关系，如土石方、建筑、绿化等工程，对于经商的村民来说，村干部的职位意味着更多的信息，更多与外界项目进行谈判的有利地位。也有一些经商的机会跟村庄和征地并没有直接关系，而是征地后城市社会经济的发展所带来的，与普通村民相比，村干部更容易捕获这些征地的溢出收益。

是否能够抓住这些商机，获取征地的溢出收益，不仅与经商者个人的商业眼光是否敏锐有关，也跟商人获取相关信息的能力有关。对于普通村民来说，即使拥有村干部的职位，也很难从这些信息中看到商机，更无法转变成财富，只有少数村民能够从村干部的职位中看到，征地中不仅有直接相关的商机，也存在间接相关的溢出收益。作为村干部，一方面可以因为自己具有的干部身份，能够在与地方政府打交道的过程中，更早看到相关的权威文件，亲自参加相关会议，或者在与政府官员打交道的过程中通过正式以及非正式的交谈获取更多的信息，而不只是一些道听途说的小道消息。另一方面，因为有村干部的身份，他们可以很方便地进入本村经济上处于上层的村民的圈子内，而在不具备村干部身份之前，他们与那些生活重心已经不在村庄的上层村民之间交集很少。他们还会经常与其他村的干部打交道，跟村外的商人交流的机会也会增加，他们甚至还会因为工作的关系而接触到一些作为普通商人很难接触到的政府官员，可能因为自己出色的工作而给他们留下较深的印象，从而产生私人关系。因此成为村干部后，他们的朋友圈一般都会比仅仅作为普通商人更加广泛，而且新拓展的圈子的社会阶层往往也会更高。对于商人来说，村干部的身份让他们更容易扩张自己的优质社会关系网络，信贷担保、融资、技术等资源也因为关系网络的升级而更容易获取，市场机会也更容易把握。在征地拆迁村庄，有些村民动用了不菲的资金竞选村干部，在竞选的时候却宣称，如果当选将不领取工资，并承诺把自己的工资用于村庄公益建设，当选后也会兑现竞选诺言。这种村民竞争村干部的主要目的，可能是为了从征地拆迁补偿中为自己以及亲朋好友谋取各种好处，也可能根本没有这方面的想法，而仅仅是为了通过村干部的身份来获取征地的溢出收益。

四、政府的代理人

尽管村委会是村民自治组织，但是村干部所做的工作却并不仅仅局限于自治的范围，地方政府也会给村级组织安排许多工作任务。近些年来，村干部越来越成为地方政府的"一条腿"，村民自治在村干部工作中的比重越来越小，而来自地方政府安排的任务的比重越来越大，在村干部所扮演的各种角色中，政府代理人的比重越来越大，许多村干部目前承担的"政务"已经超过"村务",半行政化的特征越来越明显。

这主要有几个原因。第一个原因是来自村庄的"村务"需求减少。随着越来越多的青壮年村民离开村庄务工经商,村庄中的人变少了,村庄事务也相应变少了。村民需要村干部提供的服务需求变少,村民之间因为日常琐事而发生摩擦的可能性也大大减少,农业生产中,以前较为多发的水利纠纷、田界纠纷、房界纠纷等也大幅下降。第二个原因是来自上级下达的"政务"数量增加。取消农业税以后,国家对村庄的投入力度逐渐加大,国家对农业、农村、农民的各种惠农政策和支农项目等不断进入村庄,需要村干部予以配合完成。第三个原因是,村级组织的运转经费由国家提供,以及提高村干部的工资并由财政支出等措施的实施,在调动村干部完成各项任务的积极性的同时,也导致了村两委组织的行政化,让村干部越来越多地受到地方政府的支配。

按照《村组法》规定,村委会是村民自治组织,村干部由村民选举产生,村干部因此必须回应村民要求。不过,村干部必须回应的不仅仅是村民的要求,尤其是在现在村干部的工资由乡镇考核并发放的情况下。乡镇对村干部的工作都会做出明确的要求,并且对村干部任务完成的情况进行监督和考核,年底则根据任务完成的情况发放工资。农业税取消以后,国家不仅不再向农民收取税费提留,不再从农村汲取资源,而且还向农村大量输入各种资源,服务"三农",各个涉农部门都在尽力为农民做好事,大量的涉农资金不断流向农村。各种资金进入乡村多采取项目制的方法,村级必须想尽办法才能够争取到更多的项目,不过项目的实施却不是由村庄执行,而是采取招投标制。为了让乡镇和村级组织更加努力地为农民服务,各部门都会制定大量的考核目标,这些工作是为农民服务，最终考核却并不是由农民来完成，因而发展出一种悖论：国家希望基层政府和村干部更努力地为村民服务，希望流入农村的资源能够得到更好的利用，然而当前进入村庄的各种资源基本上都是通过项目制的形式实现，实施的质量和效果也是由各级部门进行考核，而不是由村庄和村民掌握使用，这些工作也不由村民考核。现在村民对村干部的考核主要就是通过几年一次的选举中的选票，因而村干部的工作越来越难以回应村民的需求。村干部虽然在"努力为村庄服务、为村民做事"，但他们最在意的却并不是如何让他们的服务能够更加令农民满意，而是如何能够让他们的工作能够应对上级的各种要求。

村干部本来是能上能下的不脱产干部，如果当选则拿误工补贴。在村干部的报酬由农民负担构成的时候，农民能够以不交农业税费为条件，要求村干部为自己提供必需的生产生活服务，村干部也因此能够迅速回应村民的要求，根据村民需求进行各项村庄建设，为村民提供急需的村庄公共品。取消农业税以后，村干部的工资完全由财政发放，这一改革减轻了农民负担，但是村干部的工作也随之由乡镇考核，在村干部的工作中，回应农民需求的重要性开始降低，而乡镇所布置的工作的重要性却大大增强了。

受此大环境影响，在征地拆迁的过程中，村干部同样必须完成政府代理人的角色。尽管按照相关法律规定，征地拆迁的决定由地方政府做出并实施，村级组织在征地拆迁中只是起配合作用，但是如前所述，征地拆迁事务繁多，地方政府并无足够的人手完成所有的事务，而且对村庄地方性的知识无法完全掌握，在征地拆迁的过程中不可能离开村干部这条"腿"，必须通过村干部作为他们的代理人。不论村干部是否愿意，在村级组织越来越行政化的当前，他们对于乡镇所布置的各项任务都无力拒绝，而且必须不折不扣地尽力完成。因而在征地拆迁的实际工作中，村级组织承担了大量琐碎而繁杂的具体工作。村委会是村民自治组织，村干部是村民选举出来的，但是在征地拆迁中，却必须当"两面派"，不仅要代表村民向政府和其他利益相关方争取利益，也必须代表政府向村民做好工作。

五、村级组织的人格化载体

村级组织也有自己的利益，也有自我获利的冲动。村干部作为村级组织的人格化载体，自然也必须维护村级组织和村集体的利益。

村两委必须拥有一定资源，才能够保证组织的正常运转，并具有一定的权威，而且一般来说，资源越多其权威越高。在当前越来越多的青壮年村民离开村庄从事非农行业的情况下，尤其如此。在农村税费改革前，村庄需要进行水利建设以及修桥补路等公共建设的时候，村干部还可以利用收取村级提留经费的权力，通过为参加建设的村民记取义工等方式调动村民工作的积极性。税费改革后，村干部没有了收取村级提留的权力，大多数村庄也没有可以利用的集体资源或者资金为参加公共建设的村民支付报酬，缺乏调动村民积极性的必要资源，导致村干部在村民中的威信大大降低。当前大部分青壮年农民由于务工经商而常年不在家中，如果只是让在家的村民参加公共建设却没有任何酬劳，这些村民就会觉得不公平而很难被调动。正如村干部所说，"现在让人做事都必须拿钱出来，只是靠一张嘴是叫不动人的，村干部用自己的一张脸让老百姓做事而不给钱，搞个一两次还可以，时间长了，就会谁都叫不动了。"但是向外出的村民收取费用作为报酬支付给参加劳动的村民，不仅收取难度大，而且，即使被收取费用的村民是自愿的，也为当前的政策所不允许。

地方政府在把征地拆迁的某些任务发包给村级组织的时候，村干部的积极性都很高，这并不仅仅是因为村干部完成任务后可以得到一定的报酬，也跟这些任务完成以后，村集体也会得到一定的收益有关。征地补偿中的土地补偿费归村集体使用，另外村集体还可以因为征地而获得部分土地增值收益，如利用返还的部分土地发展集体经济、修建厂房或者仓库等集体房屋出租、将空置的集体土地出租给企业堆放材料，等等，从而增加集体收入。村集体接受地方政府发包的征地拆迁任务后，所获得的收益将会更多。村集体通过对这些收益的使用，可以调动村民做更多的事情，如加强村庄生活的公共设施建设，为改善基本生产条件投入更多资金。

作为村庄的当家人，村干部除了为村级组织争取一定的资源，以保证村级组织的正常运转、增强村级组织为村民提供服务的能力，还会维护村集体的整体利益。当村民的个体利益与村庄集体利益发生冲突的时候，村干部会更多地维护集体利益。为了防止部分村民在征地补偿中"挖集体墙角"，村干部还会与这部分村民斗智斗勇。在集体与村民之间对征地补偿款进行分配的时候，难免有部分村民认为"分光吃光，身体健康"，要求将本应集体掌握的部分全部分到村民个人，对这种要求，村干部当然不可能满足，而且，村干部还必须为了今后工作的开展而从长远出发，对补偿款进行统筹安排，这些都可能让村干部通过减少对村民的分配来增加集体的份额。

在征地补偿中，村干部还可能为了更多维护村集体利益而在一定程度上减少对村民的补偿。比如，被征收的土地中可能会涉及开荒地。村民开荒的土地并没有被村庄以任何形式分配给村民，肯定不可能在册，如何进行补偿就成为村庄自主决定的事项。我们在调查中发现，不仅各地对开荒地的补偿标准不一样，甚至在同一个乡镇的不同村庄，采取的补偿办法也不尽相同。有的村仅仅将地方政府对开荒地的青苗补偿费发给开荒耕种的村民，有些村对开荒地采用与在册耕地完全一样的补偿标准，还有的村则是除了青苗补偿费，还将其他的征地补偿费按照一定的标准发放给被征地村民，比如，有的村按照每亩1万元的固定标准发放，有的村开始按照在册耕地标准的一半发放，但是后来国家的补偿标准提高后却并不随之上涨，而是仍然按照原来的标准进行补偿。不仅如此，还有许多村庄对开荒地的补偿标准并不固定，而是村干部针对不同的村民采取不同的补偿标准。村干部的这些行为看似非常随意，没有任何规律，但放在村庄结构中却可以看得非常清楚：村干部都是根据不同村民在村庄中的势力大小来按照不同的标准进行补偿的。

第三节 小结：村干部的多元角色纠结

从前面的分析可以看出，村干部在征地拆迁中处于一个结构洞的位置，具有多元角色，既是政府的代理人，也是村庄的当家人，还是拥有自身利益的理性人。这些不同的角色既有一致的方面，也有相互冲突的方面，无法得到完全统一，具有非常大的张力。村干部在征地拆迁中的多元角色相互纠缠，导致了他们利益纠结，能量巨大，也导致了他们与征地拆迁的其他行动主体之间既有相互一致的时候，也有相互冲突的可能。在征地拆迁中，一个成功的村干部必须是"两面派"甚至是"多面派"，才能够在多元角色中取得平衡。

地方政府是土地征收的主体，但是政府工作人员要完成征地拆迁工作，却必须有村干部的协助。作为政府代理人，村干部必须完成地方政府安排的征地任务。征地拆迁中事务繁多，各种冲突不断，处理起来非常棘手，地方政府要调动村干部的积极性，就必须给予他们合理的回报。在征地拆迁中，工作人员都会在权力允许的范围内，为村干部采用比普通村民更高的补偿标准，当村干部在征地时谋取私利被村民上访的时候，只要没有触及红线，乡镇一般也会尽量大事化小，小事化了，尽量为村干部开脱，即使有确凿的证据，也会在处罚的时候尽量采用低标准。

村干部与地方政府之间也存在冲突。作为村庄的当家人，他们也会为了维护村民的利益而与地方政府发生一定的冲突，作为理性人，他们会为自己谋取各种利益，甚至可能违法乱纪。地方政府会对村干部在征地拆迁中的行为做出许多限制，一方面是为了维护自己在征地中的利益，另一方面则是为了防止村干部犯错误。征地拆迁中矛盾频发，地方政府为了规避直接面对村民而带来的政治风险，既想谋利又不想负责，常常会想办法尽力让村干部冲在一线。一位跟笔者关系不错的村干部私下跟我说：在征地的时候，最坏的就是乡镇负责拆迁的工作人员，想尽办法让老百姓少得钱，坏事都是他们干，好处都是他们得，背锅的却都是村干部。而某些乡镇干部却是另一番话：村干部素质低、胆子大，为了在征地拆迁中捞好处，什么事情都敢做。

作为村庄的当家人，村干部都会尽力维护村庄利益，向地方政府和其他村外的利益相关方为村民争取更多的利益。对于村民的合理要求，村干部都会尽力配合，维护他们的合法权益。当村民在利用抢栽抢种等办法谋取更多补偿，在各种补偿项目上要求使用更高的标准的时候，村干部则必须配合。而当村民向施工方敲竹杠时，村干部即使内心不认同，不愿意配合他们的行动，也不会公开站在村民的对立面，而是尽量选择装聋作哑，避免介入其中。

村民是分化的，各自具有不同的利益，村干部的利益与村民并不总是一致。在集体利益面前，村干部既可能为了维护集体利益而与村民发生冲突，也可能为了谋求自己的私利而损害村集体的利益。村干部在主持征地的利益再分配，或者对村民间的矛盾进行调解的时候，即使完全站在公正的角度，也可能因为没有满足部分村民的要求而导致不满。

作为拥有自身利益的理性人，村干部在征地拆迁中必须能够维护自己人、自己家的利益，在分化的村庄社会中，他们虽然能够因此得到部分村民的拥护，但是也会有部分村民因为自己的利益需求没有被满足而产生不满。如果在对征地利益进行的再分配中照顾了部分村民的利益，还会因为令其他村民利益受损而造就一批对立面。如果村干部在征地拆迁中违法乱纪，则背离了他们作为政府代理人和村庄当家人的角色，会被村民举报、被政府处理，甚至负刑事责任。

第四章 "不规矩"的村民

　　宏观的征地制度由国家设计，具体的土地征收由地方政府制定方案并实施，但是征地冲突并不是完全由国家形塑的。农民并没有决定自家土地是否被征收的权力，但是他们在面对国家所制定的征地制度和地方政府所采取的征地方案时，却并非被动的接受者，他们生活在村庄结构中，却不是村庄结构的奴隶。作为具有能动性的社会行动者，村民在征地拆迁中具有表达利益诉求的行动可能性，他们的行动也会对征地制度造成影响，对村庄结构进行改造。

　　面对地方政府的征地拆迁，农户不仅会利用各种法律和政策维护自己合法的土地权益，还会通过各种博弈策略努力让自己获取超过标准的补偿。在征地拆迁中，有些地方的补偿和安置方案是严格根据政府制定的补偿标准来确定的，但是也有很多地方，农民通过谈判对征地补偿方案的形成造成了影响，实际得到的补偿高于当地政府制定的补偿标准。[1]面对村干部在征地拆迁过程中的权力运用，村民也会采取种种行动对村干部进行制约。他们对

---

[1]　汪晖：《中国征地制度改革：理论、事实与政策组合》，浙江大学出版社2013年版，第96页。

村干部运用村庄权力的反制，或者是为了让自己的补偿标准不低于大多数村民，或者是为自己谋取超出普通村民补偿标准的好处。普通村民并非铁板一块，他们的利益各不相同，有时候甚至存在尖锐的对立。村民的内部分化必然带来利益诉求的差异，进而对征地冲突中的农民行动带来重要影响。尤其是在村庄内部分配征地补偿的时候，不同的利益诉求往往导致村民之间的冲突。如果不注意到普通农民存在分化的事实，就很难对农民在征地补偿冲突中的行为有深刻的理解。

本章从行动者的视角对征地拆迁中的农户进行剖析。首先对农民的土地观念和征地态度做出分析，为理解农民在征地中的行为奠定基础，然后分析村民与地方政府、村干部、其他农户等利益主体之间的博弈。通过分析征地补偿中各个行动主体之间的互动，展现村庄内部冲突中不同行为主体的利益诉求和行为的多样性，以及村民间权力关系的复杂性。

第一节　农民的土地观念与征地态度

认知产权和法定产权之间的差异普遍存在，建立在社会认知基础上的法定产权安排的运作成本较低，反之则高[①]。农民对于土地的认知与国家法律规定之间同样存在差异。农民的土地观念决定了他们对待征地的态度，并最终对农民在征地拆迁中选择的行动和策略构成深刻影响。农民之所以在征地拆迁中与各个相关利益主体之间展开激烈的无序利益博弈，与农民对土地权属的认知

---

① 刘世定：《占有、认知与人际关系——对中国乡村制度变迁的经济社会学分析》，华夏出版社 2003 年版，第 60—64 页。

息息相关。准确了解农民的土地观念，才能理解农民在征地拆迁中的行动逻辑，并进而对包括村庄内部冲突在内的各种征地冲突做出深刻理解。

一、农民的土地观念

（一）农民土地观念的变化

农民的土地观念并非一成不变，尤其是随着城市化的进程，农民的土地观念先后发生了两次转变。在历史上，农民一直都认为"土地是农民的命根子"，然而打工潮兴起以后，农民开始发现种地不能发财，农地开始变得可有可无，而城市化的发展再次让农民有了新的土地观念："种地不能发财，但是征地可以"。

在传统的乡土社会，土地就是农民的命根子。拥有土地就等于拥有了职业，通过在作为生产资料的土地上的劳作，就能够满足日常吃穿用等基本生存需求。土地也承担着小农们"力农致富"的梦想，农民主要依靠农业和与农业相关的副业为生，失去土地就意味着失去了赖以谋生的唯一的职业，就很难生存下去。因而费孝通说，农民是粘在土地上的，半身插进了土里 [1]。在传统时代，土地不仅是小农生产和生存的基础，也是最受各个社会阶层青睐的投资对象，不仅农民有了积累后会以投资土地的方式扩大再生产，商人也会把部分利润用于在家乡购买土地。在解放前的广东，华侨较多的地区也是地价较高的地区，就是因为华侨寄回家的钱大都变成了地产，抬升了当地的土地价格 [2]。孙中山先生所提出的

---

[1] 费孝通：《乡土中国：生育制度》，北京大学出版社1998年版，第7页。
[2] 陈翰笙：《解放前的地主与农民——华南农村危机研究》，中国社会科学出版社1984年版，第5、67页。

"耕者有其田"的主张，因为契合农民的土地观念而深受农民的欢迎，中国共产党领导的革命之所以能够成功，一个重要原因就是在农民占绝大多数的旧中国，其实施的土地政策高度满足了农民对土地的需求。

土地集体化消灭了土地私有制，也在相当程度上改变了农民的土地观念。首先，"土地是国家的"观念被广泛接受，不论土改、集体化，还是后来的分田到户，都是国家决定的。其次，工业化和城市化的初步发展以及城乡差距的拉大，虽然让农民认识到了城乡差距、工农差距，让农民渴望摆脱农民身份成为城里人，但是当时对人口流动有着非常严格的限制，农民如果自发离开村庄，根本没有在城市中找到立身之处的可能性，离开土地就几乎没法生存。因为无法摆脱土地的束缚，农民仍然认为土地是农民的命根子。分田到户以后，农民的温饱问题迅速得到解决，土地对于农民而言仍然是一份就业的保障，能够生产足够的粮食以满足温饱之需，平均分配的土地也是集体提供给村社内部每个农民的一份福利。

城市化和工商业化的迅速发展对农民的土地观念带来了巨大冲击。非农就业机会的增多，让农民纷纷挣脱土地的束缚，进入城市和工商业寻求更高的收入机会。现在只有部分 80 岁以上的农民还保持有土地是农民命根子的想法，对于更年轻的农民来说，他们不仅早认识到了，而且现实也早就证明了：现在的土地已经不再是农民谋生的主要途径。在 20 世纪 90 年代末，各地都曾经大量出现农民因为负担过重而将土地抛荒的现象，最近几年，部分地区因为农民外出经商务工而无暇种地，想把承包地流转出去却找不到愿意接手的人，再次出现抛荒现象。对于大多数中青年农民来说，土地早已不是，或者主要不是他们谋生的生产资料了，非农产业才是他们的主业，农业已经成为兼营的副业。许多青年农民甚至从学校毕业后就进入城市谋生，从来没有接触过农活，他们的农民身份仅仅是因为他们的户籍在村庄，而不是因为他们从事的职业。如今的农业不仅比较效益偏低，而且由于人均耕地面积较小无法实现规模效益，与非农产业的收益之间有着差距越来越大的趋势。大多数中青年农民已外出务工经商，努力使自己完全脱离农村，如果自己实现不了，也会以让子女成为完全的城市人作为奋斗目标。对于农民来说，农地正在日益变得可有可无。因为农业比较效益偏低，许多地方再次出现大面积抛荒的现象。2020 年，东南沿海的某地方政府为了解决当地日益严重的抛荒问题，甚至专门成立"耕地抛荒撂荒整治工作督导组"，将抛荒的承包人纳入不良信用记录。[①] 当前征地对农民生活的影响大小，主要并不取决于被征地数量的多少而对农民从事农业生产造成的影响，甚至不是取决于农民是否会因为被征地而完全失去土地，而是取决于农民非农收入的多少，能否依靠非农收入在城市中立足，只有少数主要从事农业的农民才会因为征地而对生活造成较大的影响。

就在偏远的纯农业地区的农民急于脱离土地，撕下身上的农民标签，努力让自己变成"真正的城里人"的时候，城郊农村的农民却突然发现，虽然他们也想摆脱土地的束缚，但是能够为他们摆脱土地提供最大帮助的，恰恰也是这些他们急于摆脱的土地，因为尽管种地不可能致富，但是如果土地被征，却可以让他们马上得到远远高于农业收益的补偿。于是，他们虽然急于摆脱土地、

① 《福州：连续抛荒撂荒耕地 3 年以上　承包人将纳入不良信用记录》，新华网，http://www.fj.xinhuanet.com/shidian/2020-04/18/c_1125873233.htm。

撕下身上的农民标签，同时却又为了摆脱土地的束缚而珍惜起这个标签起来。

（二）当前农民的三重土地观念

经过集体化以来数十年的实践，当前农民形成了由三部分组成的土地观念：土地是自己的，土地是集体的，土地归根到底是国家的。这三重土地观念看似相互矛盾，却是对当前国家土地制度的折射，而且在农民的认知体系里也是一个有机统一的整体。

"土地是自己的"，这一重观念来自分田到户后的实践。历史上土地私有，农民也具有"土地是自己的"的观念，但是这与联产承包责任制后农民的这一观念的内涵却具有根本的区别。历史上土地私有，农民认为土地是自己的，是对所有权的认识。分田到户以后，农民都能够很清楚地认识到，"土地是自己的"仅仅是指自己对土地拥有承包权和使用权。分田到户后，农户开始对承包地和宅基地有了较强的土地权利意识，对土地的重视导致了土地纠纷的大量出现。时至今天为止，农村纠纷中数量最多的仍然是土地纠纷，包括承包权纠纷、田界纠纷、山林纠纷、宅基地纠纷，等等，并且由于土地在农村中的重要性，这些纠纷形成以后，往往难以在短时间内完全化解。

"土地是集体的"，这一重观念的历史比"土地是自己"的观念更久，形成于农村集体化以来的实践。土地为集体所有的观念之所以被农民广为接受，是因为在大集体时代的实践中，农民虽然被牢牢地束缚在土地上而非常不自由，但是集体同时也对农民的生存负有责任，必须保障集体内的每个农民都能够依靠土地获取生存的基本保障。集体的土地权具有非常清晰的排他性，集体与集体之间的土地具有明确的边界。集体对于内部成员能够保证

"社会主义不会饿死人"，正是基于集体对土地的所有。集体时期的土地实践，让农民产生了集体具有保障村民生存的责任的认识。这种认识在分田到户以后得到延续，虽然农民有很强的"土地是自己的"的认识，但是他们也知道，这一认识仅仅是针对土地的承包权，农民同时也承认，集体既然是土地的所有者，就有权为了公平而对土地做出调整。联产承包责任制实施以后，绝大多数村庄都会根据农户家庭人口的增减情况对承包地进行调整，也就是所谓的"三年一小调，五年一大调"。尽管土地频繁调整会导致农民在土地经营的时候缺乏长远预期，但是在实践中却极少遭到农民的反对，就是因为农民认为土地是集体所有，而不是个人的财产，所以集体有权适时在农户间对土地进行调整，而且集体在调整土地的时候，主要是在人口变动较大的农户间调整，尽量做到不调整或者少调整农户当前的土地。尽管调地不可能做到让每个农户都完全一样，但是农民认为，如果长期完全不对耕地进行调整，会导致部分农户拥有明显多于其他村民的土地，而另一部分农户却因为土地过少以至于依靠土地难以满足生活所需，不符合数十年社会主义建设所形成的新的村庄正义。

"土地归根到底是国家的"，这一重观念形成的时间更早。在土地改革中，"乡村中一切地主的土地及公地，由乡村农会接收，连同乡村中其他一切土地，按乡村全部人口，不分男女老幼，统一平均分配"[1]。土改重塑了农民的国家观念，促成了农民在感激和敬畏基础上建立起了对国家的认同[2]。国家通过土改为农民平分了

---

[1] 1947 年 10 月《中国土地法大纲》。

[2] 孙立平：《现代化与社会转型》，北京大学出版社 2005 年版，第 399—405 页。

土地、房屋、财产，这些"都是共产党和毛主席给的"。能够实行土改是基于国家对土地的所有，而后来能够实行农村集体化，以及家庭联产承包责任制的实施，这些与土地相关的制度变迁都是国家决定的，根据就是国家是土地的终极所有者。数十年来，农民已经完全接受了土地不是农民私有的观念，他们认为，由于土地是属于国家的，当国家建设需要改变土地用途的时候，不论是农户个人还是村集体，都没有能力也没有权力反对。同时他们也认为，国家的发展与农民的利益是一致的，国家改变土地用途是为了发展经济，而经济的发展对农民是有利的。

当前的农民对于土地具有三重观念，在认为土地是自己的同时，也认为土地是集体的，甚至认为土地归根到底是国家的，看似矛盾，但在农民的逻辑里却是完全自洽的，也是国家土地制度所塑造出来的。"土地是自己的"仅仅针对承包权，在承包权内，农民伸张自己的权力，与其他村民的土地权力构成清晰的权力界线。认为"土地是集体的""土地归根到底是国家的"，并不仅仅是数十年来社会主义农村土地制度实践所塑造出来的，在很大程度上也是从内心深处对社会主义意识形态的接受。社会主义强调的公平正义和描绘的美好未来，契合农民的生存伦理和对未来大同世界的想象，因而能够非常自然地被农民接受。国家权力对土地的介入甚至是决定固然是农民无法抗拒的，但是，农民接受国家的介入和决定是有条件的：土地归根到底是国家的，也就意味着国家必须对农民承担起相关的责任，如，保障村庄内部公平分配土地资源，以保证每个村民都能够通过土地生存下去，调解村社内部的土地冲突以保障村庄社会有序，并且国家也有义务有责任对土地进行通盘考虑，适当改变部分土地的用途以发展经济，为农民谋取长远利益。

当前农民的三重土地观念深刻影响着村庄土地的日常实践，并进而对征地造成影响：因为"土地归根到底是国家的"，所以农民从前种地要向国家交"皇粮国税"，现在种地则是国家给农民发放各种补贴；因为"土地归根到底是国家的"，所以尽管国家法律规定在农村实施村民自治制度，但是各地所进行的合村并组的决定却都是由政府做出的，而不是农民自己的要求，而且这些决定很少会遭到村民的反对；因为"土地归根到底是国家的"，所以国家为了公共利益可以在有需要的时候征收土地，集体和个人都不能反对。"土地是集体的"，是因为国家无力面对千家万户的农民，所以需要集体来代表国家对土地的使用进行管理，同一个集体内部的成员都有通过使用集体土地获得生存的权力，而非本集体成员没有村庄成员权，无权享有村社内部基于村庄成员权的土地权益及一切派生的相关权益。"土地是自己的"，表明农民对于承包的土地拥有排他的使用权，因为土地是农民从事农业、维持生存的主要生产资料，这种使用权不同于其他商品的使用权，即使是土地所有者的集体也没有权力将其剥夺，如果土地被征收，农民将无法继续以农业作为职业，就必须得到相应的补偿，国家给予的征地补偿必须能够保证农民征地以后维持生计。

二、农民的征地态度

农民对待征地的态度以农民的土地观念为基础。当农民的土地观念因为所面临的环境改变而发生变化的时候，农民对待征地的态度也会随之发生相应的变化。

第四章　"不规矩"的村民

（一）被动配合（计划经济时期）

集体化时期国家对农村土地的征收并非无偿，只是除了房屋补偿和迁居费用，其余的补偿费用全部都发放到大队集体手中，由集体统一组织使用，另外，国家一般还会为被征地村庄提供一定的招工指标。土地征收补偿款增加了大队的集体资金，村民的生产条件和生活质量都会因此得到一定的提升，土地征收以后对农民的主要影响就是集体少耕种一部分土地，生产队仍然负责村民的生产和分配。征地是国家建设需要，反对就是政治错误，大队和生产队干部无论内心是否赞成征地，都必须执行。而对于普通村民来说，"土地是国家的"观念让他们知道，国家需要征地，大队和村民都只能够无条件配合，而"土地是集体的"观念让他们知道，国家会因为征地而给予集体补偿，这些补偿最终会成为集体对村民的福利，集体虽然在征地后土地少了，农民的耕作任务也少了，但是不管土地面积多或者少，集体都有责任实现"社会主义不会饿死人"，保障村民的生产和对村民的分配。因此，大部分农民都是不反对征地的，或者说，他们反对了也没有用，何况是否征地以及征哪些地都不会征求普通村民的意见。不过，在征地的过程中，大队干部尽管只是具有配合征地的角色，他们仍然会为了让村庄得到更多的补偿而向上级力争，至于争取的效果如何，国家会在多大程度上满足村里的要求，则是另外一回事。我们在调查中发现，在计划经济时期征地中，尽管村庄对国家的征地行为毫无反对的余地，但是，被征土地上的房屋等附属物和迁居费必须由用地单位和农户协商补偿，村庄根据自身的情况向国家提的要求，也不会被国家完全忽视。在政治挂帅的大环境下，村庄也不敢向国家提出完全无理的要求，面对村庄反映的问题，国家一般都会组织若干相关部门、用地单位和村庄共同商量解决的办法。

（二）主动迎合（20世纪80年代—21世纪00年代初，初次征地的村庄）

进入20世纪80年代后，随着经济的迅速发展，城市化进程也呈现出加速的趋势，但跟后来相比，速度仍然较慢，征地在大多数地方都不频繁。随着城市化和工商业化的发展进一步加速，各地的征地在进入20世纪90年代后都开始增多，地方政府在征地中侵犯农民权益的行为不仅普遍发生，而且较为严重，然而奇怪的是，我们在调查中发现，这个时期虽然是农民的土地权益在征地中被损害最严重的时候，但是不仅反对征地的农民很少，而且大多数农民是主动迎合征地的。

以元村为例。元村是中部地区的一个城郊村。1998年，为了缓解城市交通压力，市里决定将从市区经过的国道改道至市郊，新修的国道从元村经过，一共占用耕地100亩左右。村民回忆，每亩被征收的耕地仅仅得到青苗补偿费400元，但征地在村里不仅没有遭到任何阻力，还受到包括被征地村民在内的所有村民的欢迎。村干部和村民们认为原因有四：一是在2004年之前，国家在征收村集体土地的时候，均只付给村集体土地费，以及被征地农民青苗补偿费，并没有给予其他补偿的先例，农民并不觉得征地而没有给土地补偿费有何不妥；二是村民觉得土地是国家的，修路是市政工程，是城市发展的需要，农民应该有大局观，找不到反对的理由；三是当时农民负担过重，村民并不愿意多种田。农业税费过高导致土地对农民并不是一种财富，而是一种负担，当时农民普遍不重视土地，甚至还出现了许多村民不堪承受过重的农民负担,将土地抛荒外出打工的现象。许多村民觉得,土地被征收意味着可以少种一点田,是一种解脱。他们根本没有想到,后来的土地会变得如此珍贵;四是村民觉得国道复线修建后,可以让自己出行更方便,有利于发展村里的经济,自己也可以在修建国道后从公路上得到一些做小生意的机会,是能够从中受益的。

从村民的回忆来看,元村村民在这次征地中对征地的基本知识并不了解。在元村调查期间,元村的时任支书和当年被征地的村民均向我强调,当时征地仅仅向村民为每亩耕地支付青苗补偿费400元,并无任何其他补偿。而元村所在镇的干部则说,当年肯定是根据国家有关法律来制定的补偿标准①,只是补偿的时候并没有将补偿的明细标准向村民做详细解释,仅仅是告诉了每亩耕地各种补贴的合计标准,不过他也承认,20年前的补偿费计算是按照偏低的国家标准执行的,老百姓的利益肯定受到了损害。

补偿标准偏低,被征地农民利益受损比较严重,但是元村人却并不反对征地,他们"土地归根结底是国家的"的土地观念起到了重要作用,同时他们也认为征地有利于村庄和自己的经济发展,因而在征地问题上,国家利益与个人利益是一致的,然而更加重要的原因却是,被征地的村民不仅不认为他们的权益受到了侵犯,而且认为他们因为征地而受益了。虽然每亩耕地只得到400

---

① 当时所执行的是1986年开始实施的《中华人民共和国土地管理法》,第四十七条规定,征收耕地的补偿费用包括土地补偿费、安置补助费以及地上附着物和青苗的补偿费。征收耕地的土地补偿费,为该耕地被征收前三年平均年产值的6至10倍。安置补助费标准,为该耕地被征收前三年平均年产值的4至6倍,最高不得超过被征收前三年平均年产值的15倍。土地补偿费和安置补助费的总和不得超过土地被征收前三年平均年产值的30倍。被征收土地上的附着物和青苗的补偿标准,由省、自治区、直辖市规定。

元补偿费，但是纵向与自己历年的农业收入比，这相当于一亩地若干年的收入，而横向与其他农民比，土地被征收后，不仅能够得到征地补偿，以后还可以每年都少交若干税费提留——被征地数量是以标准亩为单位实地测量得来，征地后对在册承包耕地的减少也是以此为依据，但当地村民的在册承包地的数量，却是分田到户的时候根据所谓的"习惯亩"测量的，由于"习惯亩"的弓口都比标准亩大，在测量同一块土地的时候，使用标准亩为单位会比以"习惯亩"为单位数量更多，所以农民被征地后减少的在册承包地数量会比实际更多，农民因而可以少交税费。

由于许多地方政府在征地时不仅通过执行较低的补偿标准侵犯被征地农民的权益，而且拖欠农民征地款的情况也时有发生，导致部分地方开始出现农民为维护自己的合法权益而与地方政府展开的激烈的维权抗争，影响了社会稳定。自 2004 年开始，中央多次发文要求征地款必须直接足额补偿到被征地农民。如国土资源部于 2004 年、2010 年先后发布《关于征地补偿安置制度的指导意见》《关于进一步做好征地管理工作的通知》。其主要内容包括：各地必须每 2 至 3 年对征地补偿标准进行调整，逐步提高征地补偿水平；应支付给被征地农民的安置补偿费，要直接支付给农民个人。

随着中央对地方政府在征地中侵犯农户权益问题的重视，2004 年以后，大多数地方政府在征收农地时都对所执行的补偿标准有所提高，拖欠农民征地补偿费的现象也大大减少，这大大保护了被征地农民的权益。随着城市化和工商业化的进程，沿海农村和城郊村的农民越来越多地完成了从农业向工商业的职业转化，由于人均耕地较少，农业已经很难支持他们完成家庭再生产。此时打工潮也在内地农村兴起,大量的青壮年劳动力发现,种地只能够维持温饱,于是纷纷离开村庄,外出务工经商。农民在非农产业中获得大量就业机会以后,农业收入在各地农民家庭收入结构中的比重都在降低,农地在农户心中的重要程度也随之降低。由于农民对土地的生存依赖弱化,农民对土地越来越不重视。

经济的蓬勃发展导致了更多的征地需求,而中央对被征地农民权益的重视又带来了各地征地补偿标准的提高。不管是城郊村还是纯农业村庄,农民的土地观念都开始进一步转变,他们开始认识到,种地是不可能发财的,但是征地可以。此时的许多村庄,尤其是第一次开始征地的村庄,村民都对征地充满了期待。尽管当时的征地补偿标准是按照农业用途确定,根据土地年产值的若干倍来确定补偿标准,这种方法在现在被认为是对农民权益的侵犯而广受学界批评,但在当时大多数农民却认为,农业收益很低,若干年的农业收益能够因为征地而一次性提前得到,是划算的。除了补偿费相当于若干年农业收入的利益诱惑,另一方面,也是源自农民对于摆脱土地束缚、完成非农化的渴望。

不仅是被征地农民自己对于补偿标准满意,附近尚未征地的村民也都对被征地的村民充满了羡慕。我们在各地调研的时候都发现类似的现象:部分村民看见被征地的农户都得到了"巨额"补偿,自家却因为土地没有被征收而"利益受损",认为这是村干部"优亲厚友"而导致自己受到了不公正对待,于是跑去跟村干部和乡镇工作人员扯皮,个别村民甚至因此上访,要求上级为自己"主持公道"。一位中部地区的村干部对本村第一次征地有如下回忆:"即使是现在,种地一年能够有三四万元的纯收入就已经相当不错了。打工比种地强,但是年收入也就几万元。因此十几年前刚开始征地拆迁的时候，老百姓看到征地少则可以赔十几万，被征地多的甚至可能赔将近百万，都觉得很满足。毕竟很多人一辈子都没有见过那么多钱。有些老百姓不在征地之列，就跑过来找我们扯皮，要求将自家也列入征地对象。我们反复解释这不是福利，但是有些人就是不相信，个别人甚至去政府上访。这种事，当时在我们村发生过，跟我们同时开始征地的附近几个村，也发生过。"

村中于是只剩下部分年纪较大的村民对征地有一定的保留态度。老年人随着体力的下降，已经无法从农业中得到多少收益，他们仍然会做一点力所能及的农活，为依靠土地生活了一辈子的自己提供一定的人生意义，但是只要得到足够的利益补偿，他们也不会反对。毕竟老年人"土地是国家的"观念更强，他们并不反对征地，只是对自己征地以后的生活有所担心，如果有足够的补偿，让他们不仅不用担心未来的生活，还可以为子女留下一定的财产，他们的这个顾虑就会打消。也有极少数老人对征地感到担心，不过他们主要是从国家的角度为农业担忧：征地标准这么高，搞得大家都不愿意种地了，以后吃什么？

（三）欲迎还拒（21 世纪 00 年代中期以来）

征地标准的提高，让初次征地村庄的村民主动迎合征地，然而时间不长，农民对待征地的态度就再次发生转变。随着更多的土地被征收，以及征地补偿标准的提高，农民的土地权利意识也随之增强，征地中的冲突也变多了。征地变得频繁让村民发现几个问题：第一，征地越晚，得到的补偿费越高，较早征地的村民觉得自己吃亏了；第二，征地虽然是国家行为，但是征地补偿却是可以讨价还价的，那些讨价还价能力强的人，甚至一些喜欢胡搅蛮缠的人和"钉子户"都得到了较多补偿，这让其他村民觉得，当初轻易同意征地是非常愚蠢的；第三，部分地方政府通过土地储备机构在地价低的时候从农民手中将土地预征过去，征地以后延迟土地开发，等到土地价格上涨以后再拿出来转让，整个过程往往持续数年，预征的土地也会随之闲置荒芜数年，且土地价格前后相差悬殊。村民们看到地方政府在土地征收后将其闲置，等待价格上涨以后再转让的操作，认为地方政府储备土地的目的就是用老百姓的土地去赚钱，就是"炒地皮"牟利，是将本来应该村民得到的补偿费装到了政府的口袋。地方政府则辩解，土地储备负担有宏观调控职能，农民不懂。不过，农民的指责并非毫无道理，因为设计土地储备制度的初衷是为了盘活国企改制的土地存量资产，为下岗职工解决生计出路，其来源应该以存量国有土地为主，但现在地方政府的储备土地早已变成了以征收农地为主要来源，以土地收益最大化为目的。[1]

最开始征地的时候农民只是发现：种地是不可能发财的，但是征地可以。现在他们则发现了另一些奥秘：土地是国家的，征地是社会经济发展所必须进行的，因而不可抗拒，但是地方政府也会通过征地与民争利，在补偿的过程中，地方政府总是会想尽办法对被征地的农户少支付补偿款，因此，要想让自己在征地补偿中利益最大化，就必须采取各种策略与地方政府及其他的利益相关方进行博弈。

虽然农民都盼望自家的土地被征收，但是在与各利益相关方博弈的时候，农民要得到更多的征地补偿份额，却必须以退为进，

---

[1]　周飞舟、谭明智：《当代中国的中央地方关系》，中国社会科学出版社2014年版，第151页。

表现出不希望自家土地被征收的态度，否则，如果表现出自己对征地补偿费满意，只会让地方政府压低补偿标准。因此，当农民盼望的土地征收真的进入村庄以后，他们却开始强调：土地"是农民的命根子"，对于农民具有无比的重要性，失去土地后他们将难以生存，强调地方政府制定的征地补偿标准太低，导致自己的权益在征地中被侵害，他们并不反对征地本身，只是为了维权而不得不奋起抗争，等等，从而为自己的各种博弈策略构建合法性。

（四）无所谓（城中村）

也有部分村庄的村民对是否征地采取无所谓的态度，这主要是城中村。

城中村都经历过持续多年的征地。村集体在多年的土地经营中积累下较多的集体资产，村集体的公用房屋及厂房出租、经营性土地出租都一直在为集体创造收入，并可以为村民带来分红或者其他福利。村民从土地征收中也已经获得过较多补偿，而且通过在宅基地上修建的多层住房，能够面向在城市中务工经商的外来农民或者刚参加工作的年轻人提供出租，获取不菲的租金，也可以利用村庄中外来人口较多的优越条件在家中做各种小生意，因为一直都能够分享城市化带来的土地红利，村民已经拥有较为稳定的生活保障。不仅是村民的生活已经有了保障，村里可以被征收的土地也剩余不多，村民觉得现在征地已经发不了大财了，因此对征地没有急切的盼望，对征地与否采取无所谓的态度。城中村因为已经与周边的城区融为一体，土地价格都比较高，而且，城中村的村民由于能够从房屋出租等方面获取稳定而且可以持续的收益，普通的征地拆迁补偿标准对他们毫无吸引力。地方政府在城中村征地因此变得更难，一般也不愿意在城中村征地：可以征收的土地规模很小，征地拆迁的成本却很高，在征地谈判时，经验丰富的村民也更难对付。地方政府因此一般都会将征地目标确定在城郊村来获取城市建设的增量土地，而不愿意通过对城中村改造来盘活既有的存量土地。近些年主要因为政策性的棚户区改造等原因，各地对城中村的旧房改造和土地征收才多了起来。棚户区改造的对象除了老旧城区，还有相当数量的城中村，由于征地拆迁成本高昂，且大多采取货币补偿的方式，在各地的棚户区改造后，都会带来周边地块的房价大幅上涨。深圳、广州等地经常出现的村庄在征地后成批出现千万甚至亿万富翁的新闻，大都是发生在城中村改造中。

第二节　与地方政府的博弈

征地的决定由地方政府做出，具体的征地行为也由地方政府实施，基层政府根据相关规定并结合本地实际对每个被征地农户给出具体的补偿标准和安置方案，征地补偿款也来自国家。因此，被征地农民要获得更多的补偿款，与地方政府展开博弈是非常重要的途径。

一、弱者的武器

斯科特在研究中发现，东南亚的底层群体经常使用"弱者的武器"进行日常抵抗，包括磨洋工、装糊涂、假意顺从、小偷小摸、装傻、造谣、放火、暗中破坏，等等。[①] 近些年来，弱者的武

①　詹姆斯·C. 斯科特：《弱者的武器》，译林出版社 2011 年版，第 35 页。

器在国内学术界产生了巨大的影响，在研究中得到了广泛的使用。

我们在研究中发现，农民在征地拆迁中也大量使用"弱者的武器"，不过这些"弱者的武器"跟斯科特意义上的有所区别。东南亚的底层使用弱者的武器对精英进行日常抵抗时，主要是在暗中进行，以避免直接的、象征性对抗权威的危险，但是农民在征地补偿拆迁中使用的"弱者的武器"却完全相反，大多数是主动使用这些武器公开出击，目的是吸引地方政府和村集体的注意，要求作为强者的地方政府对作为弱者的自己让渡利益。

征地拆迁中的农户所使用的弱者的武器，接近董海军所说的"作为武器的弱者身份"①。不过，董海军所讨论的主要是以弱者的身份进行抗争，"抗争"一词的使用，说明他仍然没有摆脱"侵权—维权"的"抗争政治"窠臼，但是征地拆迁中农民使用弱者的武器，可能是抗争政治中维权的武器，更多的却仅仅是作为一种利益博弈的手段——事实上，董海军文中所提到的大多数案例都不是为了维权而抗争，而是利益博弈。

征地拆迁中的弱者的武器，是农民与地方政府或者村干部博弈的时候，为了维护自己的合法权益，或者为了得到更多的利益，主动展示自己的弱者地位，以博取对方的同情，或者方便自己采用一些不太符合明面规则、但是符合弱者身份的手段。我们在第一章中提到的农民抢栽抢种和搭建简易钢棚，尽管不符合相关规定，但是仍然半公开化地进行，就是因为他们认为自己具有弱者的身份，有权使用"弱者的武器"与地方政府胡搅蛮缠。

农民在征地拆迁中使用弱者的武器，主动向对方展示自己的

---

① 董海军：《"作为武器的弱者身份"：农民维权抗争的底层政治》，《社会》2008年第4期。

弱者地位，就是对自己和对方之间的关系进行定调：你是强者，我是弱者。定调的目的是给对方施加道义压力，从道义上对对方的行为做出限制："我是弱者，你是强者，你必须让着我"，因为即使强者是有理的一方，也不能对弱者赶尽杀绝，否则强者仍然会受到谴责。农民通过主动示弱，将地方政府送上道德的高地，其目的是对政府工作人员的手脚进行束缚：农民是弱者，所以他们有使用小动作的特权，可以对规则做出一些有利于自己的小破坏，但是国家是强者，必须始终坚持公平。村民是弱者，可以胡搅蛮缠，但是政府是强者，必须讲道理。

在双方力量悬殊的情况下，如果采用完全公平的规则，就会博弈尚未开始，胜负早已确定，因此对于弱者来说，规则的完全公平反而可能是不合理的。强调自己是弱者，也就让自己拥有了只有弱者才能使用的武器，包括一些不太高尚的手段。因为自己是弱者，所以有权用这些手段，而地方政府作为强者，必须在一定程度上容忍这些手段，为弱者让渡部分利益。因此，弱者身份的建构，也是农民降低其公开出击的风险的一种策略。

在乡村社会中，妇女、老人等弱者在面对村庄中的强者时，常常具有胡搅蛮缠、耍赖等"特权"，他们即使毫无道理，在与强者发生冲突的时候，也可能利用这些"特权"主动出击，甚至能够让占有道理的强者只有招架之功，而无还手之力。尤其是在公众场合，当妇女对男子动手的时候，男子一般只会招架，很少会还手。在乡村社会中，男人打女人不仅是胜之不武[1]，而且不管被打的妇女如何无理，男子都会反而成为没有道理的一方，因

---

[1]　男人打老婆例外。不过近些年农村的家庭暴力越来越少，许多妇女甚至在家庭中开始占据主导地位。

为"好男不跟女斗"。无论如何，胡搅蛮缠和耍赖在乡村社会中都不可能占理，老人和妇女有权使用这些弱者的武器，仅仅是体现了乡村社会对弱者的保护，让他们在实力明显处于弱势的时候，不至于完全没有还手之力。在力量悬殊的情况下，妇女使用耍赖这种弱者的武器甚至有可能获得反胜，但是却要从此在村中承担"泼妇"的污名。因此，一般家庭中的妇女和老人也不会使用胡搅蛮缠、耍赖这一类弱者的武器。其他村民如果跟"泼妇"较真就是自降身份，在村庄舆论中并不会得到好的评价，甚至会在村中成为笑谈。但是，当农民面对的是地方政府的时候，即使是村庄中的强者，也不会因为自己使用弱者的武器而有任何心理负担，在他们看来，地方政府远比自己强大是一个无法改变的事实，既然强弱对比如此悬殊，自己使用弱者的武器也就理所当然。

下面这个案例，生动展示了一个妇女利用自己身份的"特权"，使用弱者的武器对村支书进行攻击，支书却无法还手的场景。

12月，黄村召开村民大会。妇女杨某于会议开始前在会堂门口找到村支书，与其就补偿款问题大吵，并在拉扯的过程中将支书绊倒。由于晚上刚下过大雨，支书倒地后浑身泥泞，狼狈不堪。杨某接着踹了两脚后，本来还要继续上去动手，却被在场的村民拉开。五大三粗的支书如果还手，杨某当然不是对手，但是支书仍然选择了忍让。书记没有还手，并不仅仅因为他面对的是一个妇女，还有一个原因是，他虽然搞得很没有面子，但是摔得并不重，不构成还手的条件。

　　弱者的身份只能够降低农民主动出击的风险，而不是表示他们可以为所欲为，对于这些缺乏合法性的行为，政府的容忍是有一定限度的，当农民的行为超过这个限度，就可能被政府打击。农民在使用弱者的武器的时候，他们也必须考虑不能做得太过分，因此他们尽管有时候也会显得特别强硬，但是这些貌似强硬的手段，一般都是在确定不会招来严重打击的算计之后才会使用。那些尺度拿捏不准的农户，不论是因为太胆小、"太听政府的话"而令自己的利益受损，还是因为太胆大而被打击，都可能会成为村民们嘲笑的对象。农民在征地拆迁中使用的部分弱者的武器，比如抢栽抢种、搭建简易钢棚、"种房子"等，仅仅以套取国家补偿为唯一目的，农民完全无法为其找到任何建构合法性的理由，以这些手段进行公开出击具有一定风险，在现实中，国家也的确可能对这些行为采取强硬措施。但是无理的农民却常常能够找到破解打击的办法，那就是形成普遍的参与，让行动变得具有一定的规模，甚至全村的村民都参与进去。地方政府的强拆行为虽然合法，却或者因为行政成本太高而无法持续执行，或者因为维稳风险太大而不得不放弃，农民因而能够降低甚至规避被打击的风险。

　　农民在征地拆迁补偿中对弱者的武器的使用，显示了农民底层政治的高度复杂性。传统的村庄社会中固然是讲实力的，因此宗族势力才会显得重要，但是村庄中也有一定的保护弱者的机制，所谓强弱并不是绝对的，即使是弱者，也有利用弱者的武器反制强者甚至占据一定优势的可能。在征地拆迁中，农民使用弱者的武器与地方政府进行博弈，正是他们在村庄场域中对传统社会规范的延展使用。

在下一节"对村干部的反制"中，我们将对农民在征地拆迁中如何运用"弱者的武器"做出更为具体的分析。

二、法律的武器

现在的村民都会习惯性的声称自己不懂法律，但是他们绝不是对现代法律一无所知的法盲。比如，在各地的村庄，即使反对给外嫁女与其他村民相同待遇的村民，也不会公开反对男女平等的理念，而说这些外嫁女是想"钻法律的空子"，他们更强调的是这些外嫁女"动机不纯"。

大多数村民更愿意以"不懂法"作为自己的武器。村民声称自己不懂法律，是法盲，往往是为自己的行为辩护。因为对于普通民众来说，只要按照法律的精神行事，一般就不会触犯法律，并不需要懂得那么多具体的法律条文。事实上也没有人可以完全精通所有的法律，在大陆法系国家，面对浩如烟海的法律条文，只有法律专业人士才可能掌握详细而具体的法律知识，甚至对于律师或者法律研究者等专业人员来说，一般也只是对自己从事或者研究的某个法律领域比较熟悉，而对其他法律领域则往往不敢随便发言。

近些年来，大多数村庄都会有村民在征地的过程中自费购买相关法律书籍，或者通过网络自学相关法律知识。不过，由于相关法律规定较多，在分析某一具体问题的时候，往往需要将若干法律法规结合起来综合考虑，仅仅通过自学，很难找出地方政府和村集体在征地过程中行为的不符合相关法律之处。因此尽管许多村民有自学法律来维护自己合法权益的想法，也曾经购买相关书籍自学，但是真正能够运用法律武器维护自身合法权益的案例并不多见，少数利用法律成功维权的村民，一般也是聘请律师来为自己服务。

也有极个别的被征地拆迁农户完全靠着自学，掌握并运用法律知识成功维权。

2014 年，元村因为市政建设而需要被征地 240 亩。正在入户做村民工作的时候，邻村的王某听人说，根据湖北省的相关规定，征地补偿标准每 5 年调整一次，但此次征地所执行的标准仍是 5 年前的 2009 年制定的，于是要求执行新标准。工作人员坚称没有新标准，王某则坚信，既然调整补偿标准的时间已到，就肯定不能再执行老标准。工作人员多次跟王某做工作都没有做通，便找来区政府的最新文件，以证明所执行的标准具有合法性。王某与拆迁工作人员就补偿标准产生争执的新闻很快传入元村，元村的征地拆迁也因此陷入僵局，不过在工作人员出示了区政府最新文件后，村民们都在拆迁合同上签了字。王某却没有被工作人员手中的区政府最新文件说服，他与工作人员反复沟通却没有效果，便数次到市里上访，但相关部门看到区政府刚出台的文件后，都没有支持他。王某于是一纸诉状将区政府告上了法庭。法院经过审理发现，省里的新补偿标准已经出台，于是判决区政府败诉，并责令在全区范围内执行新标准，已经按照老标准补偿过的，则补足与新标准之间的差额。元村此次被征收的土地不多，村民们也一共补领了 240 余万元的补偿差额。

王某在征地前几年刚从四川迁入。他之所以如此努力地钻研法律法规，很大程度上是因为他迁入时间很短，社会资本不多，在征地补偿中可以援引的手段较少，但是他很精明，也有一定文化，所以花了较多的时间去钻研法律法规。世居本村的村民中，具有一定文化知识、头脑也较为灵活的人，碰到问题后一般首先想到的是采用动用社会资本等其他方法，反而不会想到去钻研法律法规，他们根本想不到地方政府竟然会不依法办事，而那些处于村庄底层的村民更是不会想到使用法律的武器维权，他们受自身知识结构所限，缺乏自己钻研法律并发现地方政府的政策中不符合相关法律法规之处的能力。

村民不仅会利用法律手段来保护自己的合法权益，个别村民还会用法律手段来保护自己的不合法行动，依法为自己的不合法行为"维权"，即使他们所面对的是强大的政府，也同样如此。

2011年，中部地区某城郊村有村民得到"内部消息"：村庄即将因为城市的发展迎来征地拆迁。消息传开后不久，就有村民开始"种房子"，随即引来其他村民效仿，最终全村都成了大工地。由于"种房子"的太多，附近的泥瓦匠不久就变得严重紧缺，他们的工资也不断上涨。该村的异动引起了地方政府的注意，城管部门很快就开始组织人力入村对"种"的房子进行集中拆除，没想到当天就有村民打市长热线，反映城管部门没有执法权，由城管部门组织的"拆违"行动不合法。城管部门当晚就被批评，并被要求用耐心细致的办法对村民做思想工作，即使拆除违章建筑，也必须由具有执法权力的相关部门通过合法的程序来执行。此后，城管部门的领导更是因为投诉的村民要求追责而被处分，甚至影响到了参与行动的城管部门所有人的年终奖金。城管部门在被举报的第二天就不得不停止拆违，只是派人在村里阻止村民继续施工。然而"种房子"的村民不久就又发现了新的漏洞：城管人员不可能24小时待在村里，而是每天都跟坐班一样，上班时间进村，下班时间回家。于是村民们和泥瓦匠都白天停工休息，等到城管人员下班后就马上开工。城管人员第二天上班的时候发现，一个晚上过去，村民的违章建筑又长高了不少，感到很无奈：每天白天派那么多人阻止村民施工，人手就已经很紧张了，不可能晚上继续派人盯守。尽管城管部门对他们因为工作而被投诉并且被批评感到很委屈，并且一度影响了工作的积极性，但是如果他们阻止"种房子"的工作没有效果，同样会影响到对他们工作的考核，只好强打精神，继续想办法。后来城管部门想到，晚上"种房子"必须要照明，而且建筑施工必须用水，就跟电力公司和供水公司联系，每天晚上下班以后对该村停电停水。没想到村里只安静了几天，市长热线就又接到了村民投诉，反映电力公司和供水公司每天晚上非法断水断电，极大地影响了村民的正常生活。电力公司和供水公司不得不马上恢复供水供电，相关领导也在地方电视台上公开向社会做出检讨。从此，该市再也没有发生过为了阻止"种房子"而停水停电的事了。地方政府也从此事中吸取教训，在以后的拆违行动中都非常注意执法手续和程序的完整性，而且每次都是组织多个部门联合执法。由于能够在"种房子"的苗头刚出现的时候就进行干预，效果也好了很多，不至于到"种房子"成为风气之后再来强力拆违，很容易因为参与违建的村民太多而难度太大，甚至有激起群体性事件的风险。

在这个案例中，村民每次举报都非常精准，直指相关部门的程序不合法之处，因此尽管"种房子"本身并不符合相关规定，他们却敢于运用法律的武器维护自己的不合法行为，并且每次在与地方政府的博弈中都能够取得成功，实现以弱胜强。村民是如何掌握相关法律知识的，我们已经不得而知，但是"种房子"的村民每次都能够迅速且精准地找到政府拆违中的程序不合法之处，背后应该有专业的法律人士为他们出主意，因为法律条文众多，要迅速从法律条文找到政府行动中的程序违规之处，仅凭村民自学法律知识是几乎不可能做到的。

不过，村民如何获取相关法律知识已经不再重要，重要的是，这些村民为了继续实施不合法的"种房子"行为，而公开运用法律知识来"维权"，已经说明了他们不再相信地方政府具有绝对的权威了，而"维权"的成功，更是进一步降低了政府的权威。个别村民每次工具性地利用法律来维权的行为都能够成功，不仅让周边若干村的村民多了茶余饭后的谈资，也让他们看清楚了地方政府的外强中干。

也有村民请律师维权最终却反遭损失。某村民本来已经于2017年底签订补偿协议，补偿费总计180万元。进入2018年后，他却开始反悔，要求补偿总额至少要达到200万元。他找到村里和镇里，村干部表示补偿费不讲总额，而是根据相关标准逐项据实计算并总计得出的，镇干部表示完全补偿金额完全根据标准计算，不可能提高。半年后，他通过在市区找的律师状告镇政府，结果败诉，后来又先后找到省城和北京的律师，直到2021年上半年，他仍在准备状告省政府的征收标准不合理。据他自己讲，为了打官司，他两年间已经花了大约十万元。这个村民将近五十岁，与妻子离异多年，村民都认为他脑子不是太好使，觉得他之所以坚持打官司，是受到了想赚钱的律师的怂恿。尽管村民和村干部都劝他不再打官司了，但是他一直表示要"维权到底"。

三、"表演式抗争"

征地拆迁曾经是"表演式抗争"的高发领域。"表演式抗争"的特点在于"通过戏剧性的表演将自己的利益诉求以一种离奇、揪心、震撼的形式表现出来，表演式抗争的策略是保持自身的利益点与新闻媒体的兴奋点之间的一致性"。[①]

在征地拆迁中，钉子户是进行表演式抗争的重要群体。钉子户所掌握的政治、经济、社会等方面的资源都非常有限，当他们发现常规的谈判手段无法达到自己的心理预期，就开始表演式抗争，通过使用简单的道具，表演出自焚、跳楼、拉横幅等让人震撼的"剧目"，表达自己的利益诉求。

表演式抗争的重要目的是吸引媒体介入报道，借助媒体的力量向地方政府施压。为了达到这一目的，"表演者"都会让"剧目"以强烈的戏剧性抓住新闻媒体的兴奋点：弱者的合法权益受到强大的地方政府的侵犯，从而为"剧目"构建合法性、制造戏剧性。如，在重庆杨家坪拆迁事件中，杨某坚守孤房，带上宪法和各种有效证件，在房子上挂上"公民的合法的私有财产不受侵犯""国家尊重和保护人权"等横幅，并对着众多记者挥舞国旗，

---

① 黄振辉：《表演式抗争：景观、挑战与发生机理——基于珠江三角洲典型案例研究》，《开放时代》2011年第2期。

高呼"与楼共存亡"。这一幕吸引了大量的媒体前往报道。

2010 年前后，重庆杨家坪拆迁事件、成都唐福珍事件、宜黄事件、云南晋宁县征地事件等都曾经在全国范围内引起广泛关注。这曾经一度让地方政府、媒体、农户三者的关系深度纠缠。地方政府希望媒体能够"正确报道"征地事件并"引导舆论"，越来越多地被征地农民希望利用媒体为自己表达并争取利益，而媒体则希望借助征地这一热点问题，通过深度挖掘并报道其中的典型案例，引发公众对相关问题的关注，在扩大自身影响力的同时，也促进相关问题的解决，推动社会进步。在宜黄事件中，媒体不再满足于动员和联络，他们还以抗争专家的角色对钉子户进行专业指导，让事态在"自焚"事件以后仍然高潮迭起。

征地拆迁中表演式抗争的"剧目"经过持续创新，在 2010 年前后达到前所未有的"高度"，当自焚、跳楼等最极端化的"剧目"出现后，"创新"难以为继，雷同的"剧目"让受众出现"审美疲劳"，很难吸引新闻媒体跟进，而地方政府的应对策略也日渐成熟，钉子户进行表演式抗争的动力大大减弱。此后随着智能手机的日益普及，绝大多数民众都开始使用网络，"表演者"也开始开辟新的"战场"，将相关文字、图片、视频上传到网络。现在表演式抗争在网上也很难引起"围观"，但是地方政府仍然对被上传到网络上的相关信息很警惕，担心一不小心酿成舆情。

钉子户通过策略性的抗争表演，营造出社会不稳定的氛围，其目的是向地方政府表达自己的利益诉求，通过"极限施压"，实现"漫天要价，就地还钱"。这些农户以夸张的方式进行"表演式抗争"来吸引注意，但过强的表演性却往往会掩盖其背后的真实利益诉求，难以起到表达利益的作用。地方政府很容易仅仅看到表演式抗争中过于夸张的表演和不切实际的过高要求，却无法领会其真正的利益诉求，从而陷于难以抉择的困境：如果满足他们狮子大开口的要求，将会带来更多人的效仿，征地补偿的开支也可能大大超过预算，不仅对本次征地造成不良影响，更会波及到以后的征地拆迁，地方政府的威信也会因此大大降低；如果不同意他们的要求，他们所采取的极端措施没有得到适当的回应，很可能因为无法下台而假戏真做，导致悲剧的发生，变成真正的社会不稳定事件，影响恶劣，引发巨大的舆情。

四、其他武器

农户在征地拆迁中与地方政府博弈还会使用一些其他武器，其中最主要的是上访和当钉子户。征地拆迁中的钉子户一般都是针对地方政府。这主要是因为农户具体的征地补偿标准主要由地方政府的工作人员确定，而征地拆迁工作不能完成的后果也主要是由作为征地主体的地方政府来承担，因此，钉子户不论是为了维护合法权益，还是为了谋取超额补偿，一般都不会把村干部作为主要的针对对象。地方政府治理钉子户常见的办法有三种，第一种办法是暗中给补贴，满足其不合理的要求。第二种办法是从其他方面找"钉子户"的软肋，并对其进行敲打，迫使其就范。第三种则是"找关系"。所谓找关系，一般是让村干部分析钉子户的社会关系，在钉子户的亲戚朋友中寻找比较有威望的人来做工作，如果钉子户的家人或者亲戚中有公务员或者教师等"吃财政饭"的，甚至可能责令他们暂时停职，直到做通工作为止。在第一章"农地征收中的无序利益博弈"中，我们已经就农户以当"钉子户"为武器做过分析，在前面我们又就钉子户的"表演式抗

争"进行了进一步的讨论，这里不再赘述。至于上访的武器，我
们则将在下一节"对村干部的反制"中，主要结合村民对村干部
的上访进行分析。

第三节　对村干部的反制

村干部在征地拆迁中拥有相当多的权力，具有多重角色，他
们不仅是全村人利益的保护者，也具有政府代理人、村级组织的
人格化载体、自己人和自家人利益的谋求者等多元角色。被征地
农民作为主动的行动者，其获得更多的征地收益的行为很可能会
被村干部阻止，而村民则会对村干部妨碍自己获取更多利益的各
种行为进行反制。农村集体土地征地拆迁涉及的利益主体众多，
各个利益主体之间均可能因为征地引发冲突，在不同利益主体的
冲突中，发生在农户和村委会之间的冲突数量是最多的。①

一、弱者的武器

如前所述，普通农户在政府面前是弱者，然而强弱关系并
不是固定不变的，普通农户的弱者身份，在某些时候反而会被
他们运用来制造"弱者的武器"，并转化为博弈的优势。农户与
村干部进行博弈的时候，也常常运用弱者的武器对村干部进行
反制。

---

① 有研究者对在全国范围内获取的 68 起农地征收的冲突案例进行分析后
发现，有 27 起为农民和村组干部间的冲突，占比高达 39.7%。参见谭
树魁：《中国土地冲突的概念、特征与触发因素研究》，《中国土地科学》
2008 年第 4 期。

（一）"拖"的武器

普通农户在同村干部和地方政府的工作人员就征地拆迁补偿问题进行博弈的时候，"拖"大概是最有力的武器之一。如果征地拆迁时间过长，不仅会加大征地成本，而且会影响工程进度，因此上级政府都会对某个征地拆迁项目的完成时间做出规定。不仅如此，地方政府还受到人手不足的制约，这让时间劣势变得更加突出。征地拆迁不是常规工作，地方政府用于征地拆迁的工作人员只能从各部门临时抽调而来，地方政府虽然都会让村干部参与到征地拆迁之中，却仍然面临人手短缺的问题。政府的时间劣势恰恰是农户与政府博弈的优势，因为农户有的是时间。在征地拆迁中，尤其是在房屋拆迁中，只有被拆迁户签字以后，拆迁补偿和安置方案才能生效，地方政府因此必须就补偿标准、安置方式等与每个被拆迁的农户展开谈判、协商。即使地方政府人手足够，农民也可以在谈判的时候坚持不签字，用"拖"的办法让时间变得更加紧张。农户都知道，现在的地方政府因为害怕舆情和引起群体性事件，一般不会动用强拆的手段，而自己不过是拖着不答应，并没有什么过火的行为，让政府更加找不到强拆的理由，只要自己不同意，即使讲不出任何理由，政府也拿他们没辙。发现拆迁工作人员要上门，农户就马上跑出去避而不见，甚至即使人在家里，也闭门不理工作人员的敲门声，装作家里没人；工作人员打电话就假装没看见不接听；好不容易被工作人员找到了，躲不过但也找不到有力的理由的农户就保持沉默，只要工作人员给出的补偿标准达不到自己的心理价位，就不管如何做工作都不给答复。农户可以利用自己的时间优势不断跟政府耗下去，政府却耗不起。农户拖的时间越长，政府的压力就越大，农户于是看准时机要求提高补偿标准。

（二）"扯"的武器

这里的"扯"是方言，本意是"说"的意思，与东扯西拉、瞎扯、胡扯等词语里的"扯"字的含义基本一样，含有明显的贬义，指的是农户在征地补偿的谈判中，利用一些看似有理其实并不能站住脚的理由，不断与工作人员或者村干部纠缠，要求得到更多的补偿。

喜欢"扯"的村民能够把各种补偿项目都作为"扯"的主题，不论是房子的新旧程度、建筑材料的差别、门窗地板的不同、装潢档次的高低，还是青苗和树苗等地上附着物的品种和规格等其他方面，都能够找出种种理由，要求按照比实际更高的标准进行补偿。

擅长"扯"的农户通常都比不会"扯"的农户能够得到更多的补偿。在林木等地上附着物的补偿上，会"扯"的农户的理由如果得不到认可，就会提出，如果不给更高的补偿，就在以后的房屋等价值更高的项目的补偿问题上拒不合作，不断与征收工作人员纠缠。在某些村庄，会"扯"的农户 1 亩地最后的补偿甚至可以比不会"扯"的农户高出万元以上。精养鱼池的补偿标准非常明确：每亩开挖费 2000 元，鱼苗损失费 800 元，本来没有任何可以变通的余地，但不同的人得到的补偿仍然不一样。"会扯"的人为了得到更多的补偿，会找出附属设施成本较高等各种理由，虽然大家都知道这些人的鱼池并无特别之处，所拿出的理由都站不住脚，但是征收工作人员禁不住拆迁户不断地软磨硬泡，最后仍然给出了比标准更高的补偿。

随着地方政府征地拆迁经验的日益丰富，许多补偿标准都被固定下来，拆迁工作人员的自主空间比以往小了很多，拆迁户可以"扯"的内容越来越少。目前农户能够扯的对象主要包括：院子内种的树，水井，特别豪华的装修，以及房屋因为出租等而被定性为经营性质，等等。农户"扯"成功的难度因此大大增加，比如，装修的补偿都有统一标准，目前对于那些特别豪华的装修，虽然可以突破统一标准给予补偿，但是前提是必须经过第三方评估，许多地方还规定，第三方评估后还必须经过主管副区长或者副县长签字同意才能补偿。第三方评估被引进后，农户"扯"的时候不再是仅仅面对负责具体补偿计算的村干部和拆迁工作人员，由于环节更多，进一步加大了农户通过"扯"来谋取更高补偿的难度。某村有两个农户在房屋拆迁时不断与拆迁专班工作人员和村干部"扯"，坚持自己的补偿被算少了，工作人员无数次做工作都做不通，最后只好建议请第三方进行评估，评估费由政府负责支出。第三方评估的结果，一户跟工作人员计算的差不多，这一户只好无话可说，而对另一户计算的金额却比工作人员算得更少，这个农户只好找村干部和工作人员赔笑脸，要求还是按照拆迁专班的评估结果计算。工作人员心里暗自得意，却装出只能够按照第三方的标准执行的样子，逼得这个农户不断过来说好话，最后才终于松口，答应按照最初的评估进行补偿。

（三）哭的武器

采用哭的武器的村民一般年龄都比较大。往往是进了村办公室以后，一张嘴就流泪，然后一边哭一边诉苦。常见的理由是自己有病，年纪大了挣不了钱，儿子没有工作，孙子还小，等等。面对这种村民，村里也没有特别的办法，只能够陪着听他们诉苦，讲道理开导他们。这种村民都是村庄中真正最为弱势的群体，当他们找到乡镇负责村民征地拆迁的工作人员时，使用哭的武器可能博取同情，却未必能够为他们赢得较多的好处，甚至还会引起反感。一次我们在一个村调查征地拆迁时，一个老汉走进村办公室后，就对着镇里的一个工作人员痛哭流涕，一边讲述自己家庭的困难，一边要求给予更高的补偿标准。这个工作人员是大学刚毕业的小伙子，听后很不耐烦："补偿都是有标准的，你哭也没有用，只有这么多！"听了这番话，老汉开始嚎啕大哭。村主任只好马上过去把老汉单独带到自己的办公室，经过长时间的耐心工作，老汉的情绪才逐渐平复下来。后来在计算补偿金额的时候，村干部虽然为老汉尽力争取将补偿额度适当提高了一点，但是补偿数量实际上并没有增加多少。

（四）笑的武器

笑的武器指的是村民用满脸堆笑的办法，与工作人员不停地死磨硬缠。使用这种办法的村民一般年龄都在 50 岁以上。在跟工作人员谈补偿的时候，不论家中的门窗、地板、装修，还是其他项目，都要求按照比实际更高的标准进行补偿，工作人员不答应，就不断说好话，反复提要求。

工作人员尽管觉得很烦，但是伸手不打笑脸人，也不好发脾气。对于金额较小的要求，工作人员都会睁一只眼闭一只眼。比如一米自来水管的补偿价格只有五六十元，因为价格低，工作人员一般都不会丈量，而是让村民自己报数，虽然知道村民都会多报一点，但工作人员都只是目测以后大致估算一下，只要不是特别离谱就不会计较。如果村民所要求的金额稍大一点，工作人员往往也会满足，只是不会马上同意，而是必须要让村民多争取几个来回。但是如果村民提出的要求金额过大，则只有在村民的理由比较充分的前提下，工作人员才可能同意，因为超常规的大额赔款是审计的重点，如果理由不足，往往会在审计的时候给村干部和乡镇工作人员带来麻烦。

笑的武器跟"扯"的武器都是死缠硬磨，但是也有一定区别。喜欢"扯"的村民，讲起道理来都是一套套的，擅长"为没有道理的事情找到充分的理由"。大多数村民表达能力没有那么强，想得到更高的补偿又找不到多少有力的道理，只好采用卑微的态度，使用笑的武器不断纠缠，希望通过好的态度来软化工作人员。当然，这两种武器也可能被同时使用。

（五）"扮狠人"的武器

有些普通村民因为对补偿标准不满，就在跟政府工作人员谈判的时候说狠话，发脾气，希望以强硬的语气和架势把工作人员镇住。经常有村民在村办公室跟政府工作人员谈判的时候拍桌子，甚至把办公室的茶杯摔碎，把会议桌砸坏。如果政府工作人员说话也冲一点，往往就会谈崩。眼看村民跟政府工作人员谈崩了，村干部马上过去唱红脸，把村民拉开，劝他们先回家冷静。第二天村干部就登门做工作，一方面承认该村民的要求有一定道理，同时批评他昨天没有讲方法，说话语气过了点以至于谈崩了，这样把政府工作人员得罪了，可能会被穿小鞋，最终导致利益受损；另一方面则表示，村里将代表村民与负责拆迁的工作人员斡旋，让政府在补偿额度上做出一定的让步。这些村民并不是村里真正的狠人，他们讲狠或者是因为觉得自己的补偿力度比其他人低了许多，或者仅仅是把讲狠作为博弈的策略，当看到村干部上门为自己找台阶下，并且自己的利益诉求也得到了满足，一般都会借坡下驴。毕竟继续闹下去就会把关系彻底搞僵，村干部将无法作为中间人为之回旋，他们的利益诉求将无法得到保障。实际上，这些村民通过"扮狠人"得到的好处并不会多，村里为他们做出的让步一般都是非常有限的，比如，农户家安装的本来是木门，补偿标准为每扇200元，改用400元标准的套装门计算后，即使农户家里有10扇门，总的补偿金额也只是多了2000元。金额不大，却让农户把心里的气出了，这样事情才好解决。相反，如果都是丁是丁卯是卯地完全按照规则来，问题就可能变得无解。

（六）以自杀为武器

在农村，绝大多数自杀都是因为家庭内部冲突引起，而跟家庭外的人发生冲突的时候，即使受到非常不公的待遇时，即使是弱者，也极少会自杀，而是会通过找干部调解、上访等方法去寻求解决。可以说，只要家庭中还有温暖，农民就能够看到生活的希望，就很难发生真正的自杀。农民与家庭以外的人发生冲突时的自杀，大部分都是一时冲动或者一种用于威胁的博弈策略，不过，即使是作为策略，也只有当村民在博弈中处于非常不利的地位的时候才会采用，来为自己争取更为有利的结果。

目前大多数农民都认为征地拆迁是一次难得的发财机会，即使不满意，也主要是觉得补偿标准还不够高，更难真的产生自杀的念头。地方政府工作人员和村干部也都知道，征地拆迁中的自杀不仅数量极少，而且主要是一种表演性质的博弈手段，但是每当有这类事情发生，他们却一般都会认真对待，担心刺激对方会导致假戏真做，最后将自己置于极端不利的位置。宜黄事件之所以闹大，很重要的一个原因就是，当被拆迁户威胁要自焚的时候，工作人员没有用正确的方式给予积极的回应，导致本来打算以自杀作为博弈手段的村民感觉无法下台，最后点燃了打火机，导致了悲剧的发生。

　　张某是一个年近40的寡妇，独自抚养未成年且患有先天性疾病的儿子。2012年，她家的房屋面临征地拆迁，她本以为这是一次能够让她摆脱经济拮据的机会，而且还可以为儿子未来的生活打下基础。她的目标价位是100万元，没想到拆迁工作组计算出的价格只有40万过一点。几次协商不成，张某去村委会办公室向村干部们哭诉她生活的不易，提出她家必须按照不低于100万的标准补偿。村主任指出，村里知道她生活困难，所以已经把她定为低保了，但是房屋征收的补偿必须有根据，她家补偿款是根据相关标准计算的，不可能更高。不管村主任怎么做工作，张某都坚持100万不松口，说如果低于100万她就没法活下去了。村主任做了半天工作都没有说通，很生气：40多万绝对可以让居住条件比老房子改善不少，哪有条件变好了以后反而活不下去的？说罢就掉头不再理她。没想到不久就闻到一阵农药味。几个村干部迅速把张某送到医院并抢救过来。事后，张某的哥哥在村里不管见到谁，都会控诉村干部把孤儿寡母"逼得走投无路"喝了药的"恶行"。虽然村民都明白张某喝药的真正原因，但是此事仍然对村干部造成了很大的压力，毕竟张某是在村办公室喝的药。张某100万的补偿要求肯定不可能满足，但是她在村办公室喝了农药，总得有所安抚，村干部后来只好想办法从其他方面为张某解决一点小问题。

　　在这个案例里，张某在征地补偿中狮子大开口，将自己的生活困难和征地补偿挂钩，其背后的逻辑是：国家不能对生活有困难的群众坐视不理，同时征地也是国家行为，征地补偿款由国家发放，既然国家能够让被征地比较多的村民变得有钱，为什么不趁着征地的机会为自己多赔一点钱，让自己彻底摆脱贫困？张某的这个逻辑当然经不起推敲，但是她对国家的认识却在农民中具有一定的代表性：作为一个全能型国家，必须对人民的所有的事情承担责任。因此村庄中常常会出现这样一种现象，当村民要求国家为自己解决问题的时候，经常会将两个完全没有关系的事情放到一起，要求国家通过某个毫无关联的途径为自己解决眼前的困难。

2015 年，王某因房屋被拆迁得到 50 余万元补偿款，没几天就被他在赌桌上全部输光。此后他几次去找村干部和包村的镇干部，表示补偿款全部输光了，还欠下几万元的赌债，老婆也跟他离婚了，现在生活无着落，每天晚上都是在村里四处找村民借宿，要求村里为他提供一个栖身之处，或者利用精准扶贫的政策将他确定为贫困户，为他提供救助。村中并无集体房屋，原有的村办公室也因为此次征地被拆迁了尚未重建，目前办公也是在临时租用的民房，并无房屋可以给王某解决临时住所。所有贫困户都必须经过村内的讨论并公示，然后经过上级审核才能最后确定，王某刚取得拆迁补偿不久就被确定为贫困户，不论是在村里的讨论还是上级的审核中，都没有通过的可能。村里和乡镇自然不愿意也不可能将因为赌博致贫的他确定为贫困户，每次都将其拒绝。2016 年春节前，王某拿着农药跟村干部说，他每天在村里都是东家睡客厅西家睡沙发，年关将至，也不可能在别人家过年，但是现在天寒地冻，在外面也活不下去，如果这一次还是得不到救助，他就只好去镇政府喝药。王某身强力壮，在附近打工解决吃饭穿衣并不存在问题，这也是村里始终不愿意为他解决问题的原因之一。不过，王某在春节期间无处居住也是实情，村干部担心他真想不开了做傻事，只好答应想办法。村干部和包村干部几经商议，最后想到某施工单位在工程结束后，在村里还有一栋施工的活动板房没有来得及拆除，就让王某搬进去暂住。活动板房虽然保暖性能很差，但是毕竟可以遮风避雨。春节后施工单位准备将活动板房拆走，重新面临无处可住的王某再次找到村里要求救助，村里只好将活动板房买下。

王某在村里的日子本来还过得去，得到征地补偿款后却因为赌博导致家庭破裂，无处栖身。该乡镇以前也有个别村民因为赌博而输光家底，但是那些人都不曾找村里或者政府要求解决生活困难问题，而是悄悄地独自去外地打工，很少回家。王某所在的乡镇本来是一个纯农业乡镇，大多数村集体都是空壳村，集体收入很少，即使村民到村里无理取闹，村里也没有为他们解决问题的能力。这一次某大型工业项目在该镇落户而进行的征地，才让部分村集体有了收入。王某正是看到了这个背景，知道村里具有为他解决一定困难的能力，所以才以自杀为武器要求村里为他解决问题。而对于村干部来说，王某在村里已经成了人尽皆知的"烂人"，很可能做出危害社会稳定的事情，如果他真的走了极端，村干部仍然会因为人命关天而承受道义上的压力。

二、"狠人"的武器

"讲狠"的村民分为两种。前面讲的是扮演"狠人"的弱者，还有一种"讲狠"的村民则是村庄中真正的"狠人"：混混、无赖。这些人平时在村民面前是强者，在政府面前是弱者，然而征地拆迁开始以后，也会充分展示自己的"优势"，以"狠人"的角色来为自己谋取超出常规的补偿。

> 2012 年，周家村开始征地拆迁。工作人员对张某家的房屋调查登记的时候，张某指着房子边堆着一圈砖头的空地对测量人员说，那是我家停拖拉机的车库，你们给我登记一下。测量人员说，什么都没有，怎么登？张某说，那你们今天就先回去，等我建好了，再打电话通知你们来。工作人员在去张某家之前，就已经听说张某平时在村里就以霸道闻名，于是就按照张某的要求，将那一圈砖头登记成了车库。后来在测量张家的土地面积、清点树木的数量时，张某也是不达要求就决不罢休，最后全部都按照他的要求登记。

村庄是一个熟人社会，大家都知道谁是"狠人"，以及狠的程度如何。张某之所以能够成功，就在于他一直以来与村民打交道时所积累的"威名"。对于大多数村民来说，即使拿出强硬的姿态，也因为参与征地拆迁的村干部熟知每个村民的为人而很难把人唬住。一旦有"狠人"因为"讲狠"而获得较高标准的补偿，就会引来其他"狠人"的效仿。个别平时不狠的村民也可能拿出强硬的态度，他们也知道"扮演狠人"不可能达到"狠人"的效果，他们只是担心，如果表现太软弱会导致利益受损过于严重。当平时不强硬的村民拿出一副拼命三郎的架势，虽然不可能为他执行高的补偿标准，但也不会把他们的补偿标准压得太低，村干部也担心兔子逼急了会咬人。"扮狠人"的村民见到自己的利益基本得到保证，也不再按照最开始的狮子大开口继续纠缠下去。当然平时就特别软弱的村民，则不可能扮演"狠人"，因为村干部根本不会吃他们这一套。

也有一些混混将目光对准征地拆迁带来的生意。随着市场经济的深入，乡村混混越来越多地表现出逐利的特征，主要活动场域也从乡村转向城市 ①，然而，看到征地拆迁中利益巨大，一些混混又开始被吸引返乡。征地拆迁必然带来建筑及相关行业的发展，对砂石的需求量比较大，砂石生意不仅有市场，而且对技术没什么要求，因此成为混混"经商"时最理想的选择，以至一度在许多征地拆迁村庄都出现"砂石霸"。经常是若干混混联合起来，以暴力为后盾，垄断一个地区的砂石生意，强行以高价销售砂石，获取暴利。

以混混为代表的"狠人"并不是一个整体，在征地拆迁中的角色不完全相同，村民对他们的态度也有不同。有些混混是被征地拆迁公司雇佣来吓唬村民的，一般来自村外，本村村民会希望本村的混混能够帮自己出头，避免遭到外村混混的欺负。而对于本村的混混，如果是自己的亲戚朋友，会希望他们能够保护自己的利益，如果跟他们没有深交，则可能因为自身利益被侵犯而不满，而当混混在征地拆迁中侵占村庄公共利益的时候，普通村民

---

① 陈涛：《乡村混混的历史转向》，《青年研究》2011 年第 6 期。

虽然也会不满，但是很少会出头指责。

最近几年，征地拆迁中利用"讲狠"的方式来博取远超补偿标准的农户越来越少。一方面，随着地方政府经验的丰富以及更多现代技术的运用，工作人员在征地补偿中的操作空间越来越小，获取超常规补偿变得困难。比如，目前宅基地和承包地的面积测量都交给专业测量公司，通过卫星图与激光现场测量相结合的方式，而且必须留下相关的影像资料，而不像过去全部依靠人工用皮尺测量，这样测量中的误差变小了，工作人员的自由裁量权也就变小了。现代技术的运用让"狠人"明白，在这些项目上他们不管怎么讲狠，工作人员也没办法为他们开大的口子。另一方面，最近几年大力开展的扫黑除恶活动，也对农村中的"狠人"构成了巨大的威慑，真正的"狠人"已经不敢用"讲狠"的方式出头，一般的村民则更不敢用装"狠人"的办法牟取过高的利益。现在要无赖"讲狠"，极有可能被工作人员借机上报派出所后被整治，不仅达不到目的，反而吃上哑巴亏。部分地区曾经猖獗一时的砂石霸，也都已经被打击，公开以暴力获取商业机会甚至垄断市场的，已经难以发现。

三、关系的武器

如果村民在外"有关系"，即使自身在村庄中并不强势，也可以通过这些关系保护他们的利益。能够保护他们利益的"关系"有很多种类，比如兄弟姐妹或者子女在外工作且具有一定的行政职务，有亲戚在邻村做了支书或者在乡镇工作，与邻村有名的混混结成了亲家，等等。有了这些关系，村庄里的人就至少不会侵犯其利益。

第四章 "不规矩"的村民

　　在征地拆迁的时候，许多村民都会把这些关系充分发挥，为自己谋取更多的好处。如果村民的关系在村庄中很少被村民知道，比如外村或者在城里长大的表弟在外当了领导，这个时候就要想办法向村干部和乡镇干部展示关系。在外工作的亲戚或者家人如果只是普通的行政人员，则会想办法通过同事、同学、朋友等途径与乡镇干部攀上关系，如果某亲戚与某官员交情不错，也会托亲戚代自己打招呼。一些村民在外工作的家人或者亲戚，在征地拆迁期间会适时回家，将村干部甚至镇干部请到家中小聚。村干部和镇干部平时很少有跟他们吃饭的机会，基层干部能够被请去参加他们的家庭聚餐就是一件有面子的事，说明没有把他们当外人，即使席间没有直接谈及补偿的问题，基层干部也知道，领导在家人或者亲戚即将被征地拆迁的时候回村，并请他们去参加家庭聚会的目的：在征地拆迁的时候，如果严格执行补偿标准就是不给面子。而在征地拆迁的关键时刻，一些村民的"关系"还会"碰巧"回到村里，比如在测量土地面积的时候"碰巧"回家，虽然在碰到正在工作的村干部和乡镇干部的时候，只是点头打了一个招呼，测量人员却不敢马虎。在关键时刻回村的目的是提醒村干部和其他工作人员，也说明这些关系的力度还不够强，仍然担心乡村干部不买账或者忘记了。真正强大的关系这个时候肯定是不需要在村里露面的，村干部看到那些村民就自然会知道必须提供照顾，如果村民的"关系"与村和乡镇不是直接关系，甚至会有其他人代为提醒。有些村民在市里或者县里区里"有关系"，征地开始后，就希望利用这些关系，在补偿的时候能够提高标准，但是这些"关系"可能位居比较重要的位置，却未必跟村里有直接的关系，一般也不会亲自出马找村干部，而是通过乡镇干部等跟村干部打招呼。对于这些村民，村干部只要能够照顾的，当然就会尽力照顾，反正补偿费也不是村里出。

四、上访的武器

我们在调查中发现，所有曾经征地或者正在征地的村庄，无一例外地都发生过村民向上级举报村干部经济问题的事情，而且是自征地拆迁以后每年都有，不同村庄的区别仅仅是村干部被举报的数量多少不一样，搞得村干部们很是头疼。

许多村干部征地中问题的暴露都是因为村民上访举报。普通村民针对村干部的上访或者举报成功率并不高。虽然在村干部问题不严重的时候，乡镇的确更倾向于小事化了，但是这并不一定是因为村干部得到了乡镇的庇护，而是因为普通村民所知道的大多只是表面现象，而没有掌握关键的证据。因此，许多村干部尽管在征地中的确有问题，而且经常被举报，却因为查无实据，在村民们多年持续上访以后才能够落实。举报成功率最高的大多是因为村干部内部的派系斗争或者其他矛盾引起，因为掌握证据，往往一查就准。

也有些针对村干部的举报纯属捕风捉影。即使是查无实据，也会让村干部因为被上级查账而愤怒一段时间。部分村民举报是因为村干部没有在征地补偿中支持自己的过高要求，还有一些村民举报是因为村干部得罪过自己，他们虽然没有抓到村干部的把柄，却依然写信举报，主要目的就是让村干部感到难受，从而出一口气。

某些村民上访，是因为对政策的理解有误。

第四章　"不规矩"的村民

2019 年，苏村某村民在房屋被征收后找到村支书，反映宅基地所占用的土地没有发放安置补助费，要求村里补上。村支书指出，安置补助费只针对耕地，因为村民在耕地被征收后无法继续从事农业生产，所以需要对劳力进行安置，但是宅基地被征收后不补偿安置补助费，因为房屋的用途是居住，不是用来生产的。该村民并不认同村支书的说法，并回家拿来一本征地拆迁的法律解释书籍，认为根据上面的解释，宅基地也应该发放安置补助费。村支书看过书以后，认为该村民对书上的解释理解有误。这个村民坚信自己的理解没有错误，多次找村支书理论却没有效果，就写信到市里的相关部门反映问题。相关部门认为该农户的要求并不合理，但仍然经过层层转办，最后街办让村里就信中反映的问题写出自查报告。村支书很清楚写信的村民是谁，却也无可奈何。

这些村民上访，或者是出于对政策的理解有误，或者是因为对相关情况的不了解，相信了以讹传讹的信息，但是这些上访仍然会让村干部的行为有所收敛，从而对村干部造成一定的制约。

征地拆迁中村民的上访即使仅仅针对上级，也会对村干部造成压力，因为这会造成对村干部的"误伤"。部分村民的上访不是针对村干部，而是针对上级的征地操作，比如征地的部分补偿标准没有完全按照文件执行。这些上访对村庄的整体利益有利，但村干部碍于干部身份却不能参与其中。因为村里如果出现上访，尤其是越级上访，不仅会导致村干部被地方政府批评，而且会影响到他们的年终考核，被扣发奖金。部分村干部一方面希望老百姓去闹一下，从而让问题得到解决，却又不希望自己因此受到牵连，于是就跟村民出主意：如果上去告状，不要写信，也不要去信访部门，要去就去分管领导的办公室当面反映情况。村干部这么做的原因是，直接找主管领导不仅解决问题更迅速，而且不会被统计为上访，乡镇和村都不会因此被问责，而信访部门不仅不能迅速解决问题，而且最终还是要责成下面解决，不仅如此，上访还会影响地方政府的年终考核，让他们解决问题的积极性更低。

也有些上访是纯粹的诬告。引起的原因包括个人历史恩怨、村庄派系斗争，甚至仅仅是为了从征地拆迁中谋取私利。

2014 年上半年，杨店村传来即将征地的消息。11 月，该村又迎来了村两委换届选举，根据上级要求，本次选举要求村支书村主任一肩挑。选举筹备工作刚启动，镇里就接到了一封针对村支部书记兼村主任周某的举报信，举报者为该村副支书兼副主任杨某。举报信中列举了周某贪污补贴款等三大问题，提出周某不适合担任本届村两委换届的候选人。镇里很快派人到村里调查此事，并宣布因为周某被举报，在事实尚未查明之前，建议周暂时不参加本届换届选举。镇里经过一段时间调查后得出结论：举报信中的问题均属子虚乌有，杨某纯属为了破坏选举而诬告。不仅如此，杨某的举报也引来了时任村支书周某的反击，周某在被调查的同时也反映了杨某的若干问题，最后，杨某拖欠村橘场承包费等若干问题被查实。杨某在镇里对他进行诫勉谈话后退出选举。周某因为举报没有参加前期的竞选，而是全力支持原治调主任与杨某竞争。周某如果再次参选，就是与他此前全力支持的治调主任竞争，于是他从此不再竞选干部,因为治调主任在本次选举中当选村支书兼村主任,只有四十出头,正当年,而他已经五十多岁。

杨某此次举报周某,是因为征地的消息已经传开,根据当地媒体报道,该项目投资总额高达数百亿元,其中有大量的工程项目。周杨二人手下都有工程队,谁能当选村支书兼村主任,谁就可以在工程中获得更大的优势。副主任兼副支书虽然在杨店村是二把手,但是在与项目方谈判的时候,这一身份与村支书兼村主任相比却不可同日而语,因此他决定此次不再竞选副主任,而是一心竞选村支书兼村主任,但是他与周某竞选却没有多少把握,所以才出此下策。没想到举报不成,还彻底结束了自己的村干部生涯。

五、法律的武器

许多村庄在征地拆迁开始以后,村里都会为村干部们买来普及征地相关法律知识的书籍。村干部在工作中采用的方法一般都是权宜性的,什么方法好用就采用什么方法,不论是村庄习俗,还是法律,或者村庄中的人际关系,都可能在处理各种村庄事务时用到,并不会对那种方法有特别的喜好。村里让每个村干部都学习征地的法律知识,主要目的并不是想让村干部们在征地的过程中严格按照法律办事,也不是让村干部们学习如何规避法律风险,而是因为目前的征地拆迁中,很多村都有村民买来相关的法律书籍自学,或者到网上搜索相关的法律知识,在跟乡镇负责征地的工作人员和村干部就征地问题进行谈判的时候,常常会引用法律规定为自己据理力争。如果村干部不学习一点法律知识,就无法做这些村民的工作。

对于绝大多数村民来说，使用法律的武器只是一个比较靠后的选项，这很大程度上是因为他们法律知识的缺乏，对于征地相关的法律更是基本不了解。许多村的村干部在征地开始的时候学习征地相关的法律知识，主要还是为了对付以法律为武器维护自己权益的少数村民。少数以法律为武器与村干部理论的村民，对法律武器的运用一般也是权宜性的，法律对自己更有用的时候才会使用法律，如果法律对自己不利则会闭口不提，而在引用法律时，则是哪一条法律条文对自己更有用就用哪一条法律，甚至，会经常故意曲解性地引用相关法律条文。如果村干部不熟悉相关的法律规定，就会显得非常被动。

我们在某村调查期间，曾碰到一次村干部因为征地而组织的村民小组会议，会上多次有村民拿出手机，从上面找到相关法律解释与村干部展开争论。村支书则过一会儿就拿出征地普法的书籍，找到对应的条文进行反驳，然后把相关部分画上记号，让村民们传阅。在整个过程中，凡是涉及法律规定的，几乎都是只有村支书一个人在那里舌战群儒，引经据典找依据，其他几个村干部则是碰到法律问题就偃旗息鼓。等到会议结束，村支书已是声音沙哑，他专门将几个村干部留下来，拍着桌子一顿痛骂："早就知道有老百姓在自学法律，所以才给你们每个人都买了法律书，让你们学习，可是你们就是不学！面对老百姓，一句话都说不出来，全部都靠我一个人！"后来支书告诉我，其实老百姓网上搜的所谓法律知识，有很多根本就是错误的，或者早就已经失效了的法律条文，还有一些所谓的法律知识则是一些老百姓闲聊的时候道听途说得来，也是不可靠的。现在很多老百姓对法律半懂不懂，却喜欢引用网上的所谓的法律知识，如果当干部的不学习一点法律知识，工作就完全开展不下去。

法律毕竟是一门专门的知识，农民通过自学掌握的法律和政策常常具有相当的局限。第一个局限是，保护征地权益所需要运用的法律和政策既有跟征地直接相关的，也有一些只是间接相关，间接相关的法律知识很难掌握，因而他们只能够引用一些直接相关的法律知识。第二个局限是，农民因为所受教育有限，在解读相关法律条文时常常出现理解性错误。我们在调查的时候，就曾发现有被征地村民拿着普法书籍去上访，多次被有关部门告知他对相关法律条文的理解出现了错误，却始终以为是"官官相卫"。

农民运用法律的武器维护自己征地中的权益，并不只有自学一条途径，为了弥补自己专业性不足的问题，也有个别农民聘请律师与村干部谈判，当谈判不能取得预期效果的时候，则上法院起诉。征地拆迁中因为利益集中，而且金额较大，也吸引了很多律师从事相关法律工作。当前搜索引擎常常使用竞价排名的方式优先推送广告，在网站上只要搜索征地相关的法律，都会马上出现若干以征地纠纷为主要业务的律师的广告，这也说明在征地拆迁中的冲突较多，已经有相当数量的律师以征地问题为自己的主业。在网络因为手机而日益普及的今天，农民寻找征地的法律援助，除了传统的去乡镇法律事务所和所在城市的律师事务所，在网络上也可以非常方便地找到相关的律师，某些专门做征地法律服务的律师，甚至通过网络而在全国各地承接代理相关法律业务。

被征地农民聘请律师来为自己提供法律武器，一般将地方政府作为维权对象，但是也有少数以村委会为对象的，常见的类型有，外嫁女因为不被村规民约承认具有参与征地补偿分配的资格而对村委会发起诉讼；村民小组与村委会之间因为土地补偿费应该用于小组还是村庄的公益事业所产生的冲突；等等。

六、选举的武器

当前农村实行村民自治制度，要成为村干部必须经过选举。对于普通村民来说，选举是他们支持或者反对村干部的重要武器。

在传统的村庄中，主要的选举动员资源是血缘和地缘。这两种资源都具有不可更改的特点，弟兄、堂兄弟以及宗族等各种血缘关系都是先赋的，邻里等地缘关系也是难以变动的，因而血缘和地缘是传统村落中村民可资利用的最为重要的资源。村民大都具有较强的"自己人"观念，更倾向于投票给自己在血缘和地缘上关系更近的村民，血缘和地缘成为村庄选举中成本低廉但效果最好的动员资源。

在没有征地或者没有征地预期的纯农业村庄，村干部与普通村民耕种的土地规模相近，经济收入差别也不大。村干部虽然代表村集体掌握集体资源的再分配权力，但是由于村集体资源基本上已经分配完毕，许多村甚至还有收取农业税时期欠下的巨额债务没有还清，村干部的职位因此很难吸引村庄的一流精英。在这类村庄，不论是普通村民，还是村庄精英，都纷纷外出务工经商。村庄选举虽然存在竞争，但是一般都不激烈。

然而一旦开始征地拆迁，甚至只是有可能征地拆迁，村庄选举就开始变得激烈异常。如前所述，村干部在征地拆迁中处于结构洞的位置，对乡镇和村民都有重要作用，不仅如此，集体在征地拆迁得到的土地补偿费，以及征地后对集体土地的经营，还将导致集体资金和集体资源剧增。这让村干部的职位变得炙手可热。在任的村干部当然希望利用在职的优势取得连任，把握难得的征地拆迁的机会，为自己谋取巨额的征地利益，而非村干部的村庄精英也想着借选举的机会上台，以在征地拆迁中取得更大的利益。

竞选者不可能对每一个农户都施加足够的影响，也没有时间和精力去争取每一个农户，因此，村庄精英要想赢得选举，不管是在任还是在野，都需要搭建自己的竞选团队。竞选团队的成员必须在村庄或者小组内具有一定的人脉，能够对一定的农户具有影响。竞选者要想竞选成功，就必须争取更多具有较大影响的村民加入自己的竞选团队，但是具有一定影响的村民是每个竞选者都想要争取的，竞选者需要挑选自己的团队成员，而具有一定影响的村民也会考虑哪个参选者获胜的可能性更大，尤其是村主任的参选者。因为只有自己支持的参选者当选，才能够在征地拆迁中让自己实现利益最大化。

中间选民是竞选各方争取的重点，如果竞选者只是派人上门做工作，他们就会哪一边都不得罪，对各方都承诺必投，而竞选双方为了争取选票而大宴全村村民的时候，村民也是每一方的宴请都会参加，因为如果不做承诺或者不参加宴请，就表明绝对不会为他投票，很可能就将其得罪。然而面对贿选，村民的行动策略却并不相同。虽然现在的村庄选举都实行秘密划票，但是村民只要收了贿选者的钱物，一般都会因为"拿人的手软，吃人的嘴短"而信守承诺，如果双方都给了钱物，则是根据钱物的多少来做决定。

在村庄分层中处于不同位置的村民在选举中具有不同的表现。位于村庄最底层的村民也是政治效能感最低的群体。他们认为，自己无论在投票中做出什么样的选择，都无法参与村庄权力的分配和再分配，无论谁当选他们都得不到好处，他们是否投票和为谁投票都没有区别。不过，他们虽然对谁当村干部不感兴趣，但是对竞选者为选票开出的价格却很感兴趣，因为候选人给的钱却是有差别的，"既然选谁都一样，为什么不用选票赚几个钱呢?"他们在投票中的选择就如同拍卖，谁给的钱多就把选票"卖"谁。征地村庄在选举中的贿选，本质上是竞选者为分配征地红利而提前支付的成本，最底层的村民很难在今后的征地补偿中参与分利，但是他们通过出卖自己手中的选票，却提前享受了征地补偿在村庄中的再分配，尽管这一部分的份额极其有限。

如果村干部没有满足某个村民在征地补偿中的要求，在选举的时候，这个村民就会使用选举的武器，不把选票投给他，即使他当初向村干部提的是完全无理的要求。如果选举之后即将征地，很多中间选民也会借机提出在征地中照顾自己利益的要求。

常见的竞选手段包括登门拜访、请客吃饭、送香烟等小礼物。临近正式选举投票的时候，也是村中最热闹的时候。登门拜访和送小礼物是秘密活动，一般在晚上，但是请客吃饭却是公开进行，大张旗鼓，集镇上即使是平时生意很差的餐馆，此时也是全天座无虚席，村里每一个农户都会被相互对立的竞选团队邀请赴宴，每个农户家里都有几天不用开伙。选举结束以后，村民更是成群结队地到每个当选者家中祝贺。村民不仅会去自己投票的当选者家里，如果自己没有投票的候选人当选了，更是必须登门表示自己投票了。不论是否投票，只要登门祝贺，都会被当选者请到餐馆觥筹交错。

参与竞选的村民在付出了巨大的成本并赢得选举之后，保持或者获得了村庄权力，当然会想办法将权力变现，让付出的成本获得回报。在对征地带来的村集体资源、资金、资产等进行再分配的时候，他们不仅要照顾自己的利益，那些在竞选中为他立下汗马功劳的村庄精英，在征地拆迁中获取的利益也会比普通村民更多。

选举结束可能只是村庄政治斗争变得更加激烈的开端。败选者投入了较大的成本却没有任何收获，并不甘心失败，他们努力收集当选者的各种"罪证"，以写信或者其他方式向上级告状，力图将对方彻底"扳倒"。当选者则以利诱等各种手段对败选者的支持者进行分化瓦解，甚至通过为败选者争取更多征地补偿的办法来为其"报销竞选经费"。不过，败选者的目的是扳倒当选者，让自己取而代之，这些手段并不一定能够产生效果，他们常常会找出各种理由，对村里的一切工作进行反对，并且鼓动其他村民加入反对的行列。败选者的终极手法就是组织罢免村干部。这将是下面要讨论的内容。

七、罢免的武器

罢免村干部的现象非常少见，从已有的村干部罢免案来看，发生过征地拆迁的村庄占有较高的比例，尤其是在过去多年中曾经持续多次征地的村庄。

尽管《村组法》规定，村民可以罢免自己不满意的村干部，但在《村组法》试行的十年间，罢免村干部的情况几乎没有发生过，1998年《村组法》正式实行以后，罢免村干部的情况也很少见，以至于出现这样一种现象：那些罢免村干部的案例，几乎都会被媒体报道。

罢免村干部的情况很少发生，我们当然可以解释为村民对自己选出来的干部满意度较高，但发生的频率如此之低，却与《村组法》为罢免村干部设置了相当苛刻的条件有关。首先，罢免村干部很难启动。根据《村组法》，只有全村 1/5 以上选民签字同意提出罢免村委会干部的议案，罢免才能启动。村庄的范围不大，村民一般都不愿意公开与村干部发生冲突，在现任村干部的民愤不是特别大的情况下，村民即使对村干部不满，也很少会签名同意罢免村干部。其次，罢免村干部很难通过。《村组法》规定，只需要参加选举的选民超过全体选民的一半，候选人得票数超过参加会议选民的一半，即可当选。由于一些村多次选举仍无法选出村干部，为了解决这一问题，2000 年以后，许多省甚至不得不规定，如果经过两次选举仍没有人得票过半，在第三次选举时，只要得票超过 1/3 即可以简单多数当选。而罢免村委会干部时，投票同意罢免现任村干部的票数却必须超过全村选民数的一半，比选举村干部的难度要大出许多。

罢免村干部的情况尽管很少，但从这些有限的资料中，我们仍然可以发现一些共同的特点。第一个特点是，被罢免者基本上都包括村主任，或者仅仅针对村主任；第二个特点是，成功罢免村干部的案例尽管在纯农业村庄也出现过，但大多发生在沿海富裕村庄，或者发生过征地拆迁的村庄。在这些村庄，村集体都因为征地拆迁而获得巨额征地款，土地的快速增值也让集体资产迅速增值，集体还因为公共土地和集体房屋的出租等土地经营掌握了更多的集体资源。比如，温州就曾经发生过多起村干部罢免案。我们认为，这种现象的出现与这些村庄的村庄权力结构不稳具有直接关系。

《村组法》为罢免村干部设置了相当苛刻的条件，但仍有许多征地拆迁地村庄能够成功的提起并罢免村主任，似乎说明这些村庄的村民应该有着较强的自组织能力，但罢免村主任的案例在全国其他地方还很少的时候，却在这类村庄中多次出现，又说明在这些地区的村庄内部，权力结构难以达成平衡。这似乎是一个悖论：既然自组织能力强，为什么无法选出自己满意的村干部，选出以后为什么又无法监督他们呢？

在血缘和地缘仍然强有力的村庄，很难出现这种悖论。我们在江西等宗族比较发达的地区调查时发现，宗族仍是当地村庄政治中一个非常重要的力量，在选举中，同一个宗族的村民，大多会不假思索地为本宗族的候选人投上一票，在日常生活中，也不可能看到为了一己之利而与外宗族的人联合起来，与本宗族的其他人争斗的事情。他们的这些行为完全来自身体无意识：同一个宗族，理应如此，还需要理由吗？

然而，征地拆迁的村庄的情况与此很不相同。比如，我们在工商业发展较快并经历过征地拆迁的温州农村调查时发现，当地的宗族在从前也比较发达，此时却并没有出现实质性的恢复。这些村庄的宗族虽然也恢复了许多形式的东西，比如清明集体祭祖、修族谱、整修祠堂等，但宗族对内部的凝聚力已经很小了，龙舟竞渡不再事关宗族荣誉，在派系斗争中，宗族也不再是可以依赖的可靠资源。在日常生活中，"同姓也不一定就关系好，现在主要是看立场，立场站对了就是朋友"，宗族不再是衡量村民间关系亲疏的一个指标，利益才是最重要的。在宗族仍然发达的村庄，不论可以得到多少金钱，村民都不会将手中的选票卖给他姓村民，为本宗族的人投票来自身体无意识，是不需要理由的。在宗族村庄，本宗族的选票是不需要收买的，而外宗族的选票则是无法收买的。因而，在征地拆迁的村庄竞选村干部，必须拿出不菲的竞选资金，可以被我们看作宗族已经式微的一个标志。

在宗族村庄，派系结构比较稳定，因为血缘是不可改变的，每一个人自出生便已经决定了他所属的宗族，在村庄派系斗争中，他只能从属于他所在的宗族。在某些情况下，宗族型派系也会出于博弈的需要而合纵连横，但这种合作是宗族间的合作，宗族派系的内部仍然是稳定的。

在征地拆迁的村庄，村庄的社会结构被破坏，原有的社会规范的约束力大大降低，以至于宗族无法将同姓村民联结起来集体行动，于是，经济利益便开始在村庄派系中扮演主要角色。

宗族内部尽管也有矛盾，但"兄弟阋于墙，而外出御其辱"，内部的冲突并不会破坏宗族对外作为一个整体出现。我们在江西农村调查时，当地老百姓的一句话非常形象地说明了这一点：宗族"对内从来没有团结的时候，对外从来没有不团结的时候"。主要以利益为纽带连接起来的村庄派系却很难维持内部成员的长期不发生变化：要长期维系一个派系内部的稳定，仅仅靠利益是远远不够的，因为利益本身就是易于变化的，当共同的利益不复存在，该派系就面临分化组合的危险。

血缘不可改变，利益却易于流变，在各类村庄派系的稳定程度上，宗族型派系与利益型派系分别位于最强与最弱的两个极端。在以宗族型派系为主的村庄，宗族内部的稳定性强，可能会出现各个宗族间势均力敌而选举不出村主任的事情，但却极少发生罢免村主任的案例。在宗族村庄中，没有宗族的支持而当选村主任是一件不可想象的事情，而一旦当选，村主任的行为也能够受到本宗族的约束，因为宗族村庄中有着强大的村庄舆论，村主任很难为了私利而做出侵害自己所在宗族利益的事情——这样做的结果将会导致他在村庄中无法立足，只要仍然能够得到本宗族的支持，其他宗族就不会对村主任发起罢免——能够当选村主任本身就已经说明了该宗族在村庄中的实力。

而在以利益型村庄派系为主的村庄，情况有所不同。由于经济利益是联结村庄派系的纽带，当共同的利益不复存在的时候，派系很可能就会发生分化组合。不过，仅仅是普通的派系间的分化组合，还不至于导致对村主任发起罢免，能够引起村民强烈要求罢免村主任的，肯定是村主任做了特别出格的事情，尤其是在经济方面。问题恰恰在于，这一类村庄中的村主任很容易在经济方面犯错误。

在征地拆迁的村庄调查时，普遍可以听到这样的说法，如果不花费若干万元的竞选资金，就很难当选村主任。各地不同的只是因为经济发展程度不同而在金额大小上有所差异。竞选村主任究竟要花费多少资金，其实是不可能调查清楚的，因为只有竞选者本人才清楚在竞选中究竟花费几何，但他们肯定不会公布这些数据。不过，具体的数据并不重要，重要的是他们的确为此花费了不少金钱，因为大家至少都看见了这样的事：竞选者为了拉选票而大宴宾客，或者为每个农户发小礼品。

为了竞选村主任而投入大量资金拉票有两种可能，一种可能是希望通过当村主任而获得面子上的满足，另一种可能则是将其作为一种投资。

在征地拆迁的村庄，当然也会有为了面子而竞选村主任的人，但肯定不多，因为在这一类村庄的社会正在急剧转型，村落空间结构被彻底破坏，村庄社会结构被改变，原有社会规范的约束力大大降低，货币已经成了衡量一个人地位的最重要的尺度。而对于将竞选村主任看作一种投资的人，必然会有在任期内不仅能够收回投资，而且可以获得相应收益的预期，只是如此巨大的竞选资金，已经远远超过了主任任期内的工资，即使是收回成本，也必须在土地或者其他项目上动脑筋，于是村主任通过种种方法中饱私囊的事情便频频出现。

在竞选村主任之时，竞选者可以通过宴请或者施以其他利益而聚集起一个派系来。靠利益组织起来的派系，还得靠利益来维系。当共同的利益不复存在，如何将派系维系下去就开始成为一个问题。只要骨干成员觉得自己没有得到应有的回报，便可能反目为仇，派系便开始分裂。为了壮大自己所在派系的实力，通过许以利益的办法分化瓦解其他派系也是极其常见的。因而，利益型派系中的成员经常变化。

一旦村主任的经济问题因为内部分赃不均而暴露，或者被其他派系抓到把柄，就会马上被传得满村皆知。决定普通村民支持或反对一个人的，在宗族型派系中是基于血缘的考虑，因而不会轻易地反对自己当初支持的那个人，但在利益型派系中，却是出于利益的考量，因而利益型派系中的普通村民只要发现谁让自己的利益受损，或者仅仅是无法继续得到好处，就会马上反对他，即使他曾经投过他的票。当初因为被宴请或得到了其他小恩小惠，普通村民决定了手中选票的投向，但是，普通村民既然可以因为得到了小小的利益而投票支持某个人，就会在发现这个人令自己的利益受损后投票反对他：村主任的反对派将其化公为私的行为披露出来后，他们都毫不犹豫地站在了反对村主任的行列。

在征地拆迁村庄，利益型派系是村庄中的主要派系类型，因而村主任罢免案在这些村发生的频率较高也就不足为怪了。

第四节　农户间的纷争

征地拆迁中因为补偿费而产生的村庄内部冲突，并不仅仅是围绕村庄权力和如何制定分利规则展开，也在个体的农户之间产生。我们在调查中发现，近些年来的征地拆迁中，随着补偿标准的不断提高，越来越多的邻里甚至家人之间因为补偿费的分配而发生冲突，甚至反目成仇。这些村民间的个体冲突，不仅数量很多，而且表现形式多样。农户冲突的最大特点就是"乱"，很多很小的利益都可能导致冲突，很难找到比较一致的规律。

一、原居民与外来户

"外来户"是俗称，指在村中居住，但不是在村庄中土生土长的村民。外来户分为几种，第一种，在村中没有户口，但是拥有其他村民私下转让的房屋，有的还耕种有从本村村民手中流转来的土地。第二种，在外村出生，将户口迁入本村的时间不长，也在村中拥有法律承认的房产和承包地，他们在村内出生的子女往往也被视为外来户。第三种，就是长期在村中的打工者。在征地拆迁补偿中，涉及的"外来户"只有前两种。

在村中落户的"外来户"，大多数都是看中了村庄较为优越的地理位置，以及未来的发展前景，希望能够分享村庄发展的红利。征地为村庄带来巨额利益，外来户当然也希望能够参与征地补偿的分配。外来户参与分配会摊薄原居民的份额，所以经常有原居民为了把外来户排除在分配之外，采取种种办法对外来户参与分配设置障碍。"外来户"在村庄中总是处于相对弱势，"外来户"与原居民在征地中的冲突，基本上都是原居民侵犯"外来户"利益引发。

"外来户"与原居民间在征地补偿中的冲突，可以分为两种不同的类型。

第一种类型是，原居民看到部分"外来户"没有落户，不是本集体经济组织的成员，从村民手中转让的房屋和承包的耕地都不具备合法手续，就采取威逼利诱的方式，强迫"外来户"跟自己达成交易，从"外来户"手中买下房屋或者耕地。

案例一：2007 年，文某在村干部的见证下，将房子和耕地以 10 万元的价格，转让给了一户在附近打工的四川人。当时办理土地经营权证不必拥有本村户口，村干部见四川人诚心准备过来定居，很快就为他办妥了耕地的过户手续。村里规定落户必须缴纳的"落户费"，他也很快缴纳，只是当地的户籍管理非常严格，派出所的落户手续始终没有办下来。

2009 年，文某得知村里有可能征地，便想收回房屋和耕地。四川人不同意，他便多次请村干部出面做工作，但都被拒绝：交易系双方自愿，村干部还到场做了证人。文某提出加价 2 万元回购，但四川人的目的是落户，而且搬家的费用就超过了 2 万元，当然不可能答应。文某于是采用各种手段进行恐吓威胁，最终以 12 万元的价格回购。

如愿逼走四川人九年后的 2018 年，文某家部分耕地被征收，得到补偿款 20 万元，房屋被拆迁，得到补偿款 30 万元，并且得到了 204 平方米的安置房。文某还有 10 亩地没有被征收，按照当前的标准，如果被征收可以得到超过 30 万元的补偿。

案例二：自从附近的村庄开始征地拆迁，伍支书就公开在村中放话，如果有人卖房子，就要卖给他。某村民将房子卖给了外村人，伍支书得知后，要求外村人将房子转卖给自己。外村人不同意，不久大门就被人泼满了粪水。外村人不得不同意退出。不过，这笔房子的买卖在表面上并无问题，外村人不是本集体经济组织成员，并不是该房屋的合法购买方，伍支书在购买时还在原交易价格的基础上加价2万元，并且通过相关部门将房屋过户到了自己名下，从表面上看，这完全是一笔完全"合法"并且"公平"的交易。

在这两个案例有一些共同的特点。首先，敢于强买强卖的一方不仅都是村庄中的原村民，而且都是在村中具有一定势力的狠人，文某是个混混，伍某甚至是村里的支书，而被强迫交易的一方，则均为"外来户"；其次，强买强卖的一方，所针对的"外来户"都没有取得本村的户籍，也就是非本集体经济组织的成员，不是房屋和耕地的合法购买方，他们所取得的房屋和土地都是经过私下转让得来。事实上，在村庄中，村民将房屋私下"卖"给"外来户"的情况并不少见，他们在交易之前也都知道，"外来户"不是本集体经济组织成员，无法办理过户手续，这些房屋买卖并无法律效力，只能私下交易，但是他们转卖以后很少会反悔；第三，文某和伍支书为了达到购买"外来户"房屋和土地的目的，都采取了强买强卖的手段，但是他们在交易的时候，均在原交易价格的基础上稍微加价，以掩饰其强买强卖的事实。伍支书是村里的"狠人"，敢于在村里放话"卖房就要卖给我"，但当村民将房子卖给了"外来户"的时候，他仍然没有去找本村村民的麻烦，而是去骚扰外来户，并且在"外来户"将房屋转让给他的时候，出价仍然比原交易价格稍高，他更为看重的是房子价格在未来因为城市化而提升的空间。

没有落户的"外来户"，从村民手中买的房屋和耕地不可能有合法手续，村民们在认真钻研过法律以后，常常利用这一点不给予他们安置补偿费，而仅仅支付房屋补偿和青苗补偿，相关土地的安置补偿费则由其他村民平分。"外来户"虽然不服，但是村民往往做好充分准备，带着有相关的普法书籍上门，说明他们完全是在依法办事。"外来户"只好自认倒霉。也有部分村庄将所有补偿费均支付给私下转让耕地与房屋的本村农户，任由房屋的买卖双方自行协商解决。

> 案例三：20世纪90年代，4组的某农户把房子和土地卖给了一个在附近打工的四川人。这户四川人一直想在村里落户，却始终没有成功。2015年4组的土地被征收，其房子和青苗的补偿都给了四川人，但其土地上相应的劳力安置费，则被4组的村民平分。四川人在此买房并居住已将近10年，当然心有不甘，但是他没有在村里落户，而且当初买房只有私下签订的协议，并没有经过正式的转让手续，既没有房屋所有权证，也没有土地承包经营权证，即使起诉，法律也不会支持。

也有部分"外来户"虽然没有把户口迁入村庄，却在村中修建有住房、流转有一定的土地，并利用从前相关部门管理混乱的机会，为房屋和土地办下相关证件。征地拆迁开始后，村民迅速发现了土地的价值，而征地中乡镇和村干部对相关法律知识的讲解和运用，也让他们掌握了一定的法律知识，当他们知道这些"外来户"虽然手中有相关部门办理的证件，但是证件的获取并不能满足相关法律规定的时候，就会开始"依法维权"，以到上级举报作为要挟，迫使"外来户"支付大额资金来保住房屋和土地。

案例四：粟店村2组有一块公用的薪柴林。2015年，2组村民在村里对林权证的公示信息中发现，这块薪柴林中的一部分的林权证被发给了外村人。村民在找村干部扯皮的时候才知道，这块山林于20世纪90年代被时任村干部卖出，买方是市里某单位的一个干部，他在这块山林上为母亲建了房子，并且在周边开垦出菜园和橘园，共占地超过20亩，时任村干部帮助他办理房屋产权证和林权证。

2组村民搞清楚情况后，就开始上门找这个干部谈判，要求其对村民做出补偿。干部并不愿意，因为他有相关部门颁发的证件，但是村民很快找到了他的软肋：首先，山林是2组的，但是买卖却没有经过2组；其次，房产证和林权证只能发给本集体经济组织成员，干部的母亲户籍是否在本村不知道，但是不在2组却是可以确定的，因此即使办理下来了也不合法；再次，房屋所占面积远远超出农村宅基地的相关规定标准。如果干部不同意对2组村民做出补偿，村民就向有关部门举报。如果被举报，超过占地面积标准部分的房子肯定会被强拆，不仅房子和装修会损失，而且整体结构也将完全破坏，相当于整个房子基本没有用了。干部不得不同意做出补偿，经过数次谈判，最后双方签订协议，干部补偿村民25万元，村民永不追究此事。

一般来说，没有落户的外来户在村民们面前处于完全的弱势地位，在村干部面前更是如此。不过也有一些外来户因为在外面有着非常强大的社会关系网络，跟村干部打交道的时候却比较强势。

案例五：2008 年，外村人李某欲买下村主任丁某的 10 亩耕地，用作开办工厂。农业用地转为非农业用地必须经过征地手续，将土地性质变为国有，李某的项目达不到土地征收的要求，无法办理土地转让手续，于是通过"以租代征"的方式从丁主任手中取得土地，价格为 20 万元。

2019 年，这块土地以 28 万元的价格被征收，土地的补偿款以丁主任的名义发放到村。征地后，李某找到丁主任要求领取补偿款，丁主任提出，征地价格比当年转让价格多出 8 万元，希望两人平分，被李某拒绝。

李某于是写信到区里的相关部门，实名举报丁主任，理由有二：一是该地块面积为 9.5 亩，但却按照 10 亩卖给了他，构成欺诈；二是土地卖给李某后，又在征地的时候得到了征地补偿款，构成贪污。李某同时找到担任省里某部门领导的亲戚，向其反映丁主任的"贪污"问题，其亲戚给市里相关领导打电话，希望能够查清事实。街办在接到上级电话和信访部门要求调查此事的通知后很紧张，要求丁主任迅速写出自查报告，并将补偿款马上转给李某。

丁主任并不担心。该地块是私下转让，他拥有土地承包经营权证，是合法的征地补偿对象，李某必须经过他才能拿到补偿款。丁主任为了防止李某告他贪污补偿款，早就留有后手，补偿款至今仍在村里的账上，他并没有领取，贪污的事情也就无从说起。至于面积的问题，是由于转让时没有丈量，直接从习惯亩面积换算成了标准亩面积导致的误差，而且当时双方对此均无异议，也不存在欺诈。

调查证明丁主任并未贪污，李某要拿到征地补偿还剩下两个途径，一是打官司，二是与丁主任协商。土地转让没有办理合法手续，李某不是合法的补偿对象，而且按照相关法律，耕地租用后只能作为农业用地，李某却将其硬化作为经营用地，永久性地改变了土地性质，底气不足的李某没有选择走法律途径。李某和丁主任都不愿意找对方协商，街办很着急，几次让丁主任请李某请饭，坐下来协商。丁主任每次都一口答应，却从来没有照办。

"外来户"与原居民间在征地补偿中的第二种冲突类型，是已经在村庄中落户，并且在村中拥有合法房屋和承包土地的"外来户"，是否可以跟村庄原居民一样拥有完整的村庄成员权。即，"外来户"是否享有征地补偿的分配资格，如果有资格，是否应该享有与原居民相同的分配资格。关于这个问题，将在后面做进一步的讨论。

二、土地置换纠纷

农民私下置换土地在各地都比较寻常，并且常常为省事而不及时将土地过户。在土地不值钱的时候大家都不觉得有什么问题，一旦涉及拆迁却可能成为矛盾的激发点。

20 世纪 90 年代初，老罗用自家铁龙冲的一块 0.25 亩的水田，换来老李的旱地修猪舍。当时农业税负担较重，老李不愿意为铁龙冲这块地上交税费，提出与罗家协商达成口头协议，土地置换后不过户。老罗考虑到土地面积较小，要交的农业税数额有限，就答应了。此后，这块地一直由老李耕种并上交农业税，直到取消农业税。

2017 年，铁龙冲的土地即将被征收。老李认为这块地自己已经耕种了二十多年，补偿款应全部归自己，于是给在外打工的老罗电话，要求迅速补办置换土地登记上册的手续。老李打电话时态度生硬，老罗非常不满，他提出，这块地一直登记在自己名下，他也享有土地补偿的分配权，补偿款至少两家各分一半。两家争执不下。后来小组长认为，村民都知道李家已经耕种了二十多年，就将补偿款全部划给了李家。老罗认为，小组长明知土地在自己账上，却在处理的时候偏袒老李，就是因为老李的堂弟是村支书，而自己年轻时曾与村支书闹过矛盾，这是村支书在借机报复。老罗远在上海打工，几次打电话给小组长和村干部，但均没有回应，于是准备回家闹一场，却被在外工作的女儿劝阻：这块地面积太小，回来闹一场要花不少路费，请假回家也会耽误若干天打工，代价并不算小，但即使最后赢了也只能得到几千块钱，还把关系完全搞坏了，不值得。

不同村庄的处置方式不同，常见的是承包方和使用方一人一半，像这种全部划给其中一方的也有，博弈结果取决于双方在村庄的话语权。

第四章 "不规矩"的村民

在农村常常有村民间的土地使用权和房屋不办理手续而进行私下交易的行为。部分农民不办理手续，是因为买方不是本村人。根据法律规定，只有本村人才是房屋的合法买家，土地虽然能够流转给外村人，但不能将承包权买断，私下"买地"者并不能得到承包权。本案例中没有办理相关手续则是另外一种原因：虽然是合乎规定的转让或者置换，能够办理相关手续，但是却因为觉得麻烦而没有去办理。因为都是同一个村的人，很多村民在交易或者置换的时候，甚至连文字都不曾留下，只是口头约定。尽管没有办理相关手续，但是村民之间很少有毁约的情况，即使是房屋转让给外村人的时候。

不过，在征地的时候，这些从来不曾有过争议的私下转让，却可能引起纠纷。私下置换的土地在征地时引起冲突，都有一个共同特点，就是当初没有立下文字依据，而具体又有两种表现。第一种是，只有其中一方的土地被征收，被征土地最初的主人反悔。第二种是，双方的土地因为耕种是否便利、稻田与旱田的区别等原因，两块田地之间的面积并不相同，作为农业用地进行置换的时候大家都觉得是公平的，但是征地的时候，所得到的补偿费却不尽相同，得到补偿费较少的农户反悔。

在传统的农业社会，没有耕地就无法生存，房屋只有作为耕地的附属物才会有人愿意接手。村民私下将房屋转让给外村人的，基本上都是将耕地与房屋一起打包转让，因为价值较大，都会签有文字协议，即使是征地拆迁让土地和房屋的补偿费都大幅提高，转让者也很少敢于反悔。不过，因为转让不可能办理合法手续，许多村庄会因此只把房屋的征地补偿和宅基地上的青苗费付给购房者，其余部分则由本村村民平分，还有些村庄则是将房屋及土地的所有补偿款全部付给转让房屋及土地的本村人，然后任由买卖双方自行商定分配。

三、地界冲突

土地是农民最为重要的生产资料。在从前的村庄纠纷中，地界纠纷是一种重要类型。近些年来，田界冲突在大多数村庄都变得越来越少。这一方面是因为，导致田界冲突的原因大多发生在多年前，由于历任干部都没能找到双方满意的解决方案，最后双方不得不搁置争议，维持现状。另一方面则是因为，随着城市化和市场经济的发展，大部分青壮年农民已经离开乡村，在大多数农户的家庭收入结构中，非农收入已经成为主要收入来源，农民对土地的重视程度也越来越低，遇到一些小的问题时，双方也就容易相互谅解，新的田界纠纷很难产生，而那些历史遗留的田界纠纷，也因为双方都外出务工经商而不再顾得上了。

就在大多数村庄的田界冲突迅速减少的时候，在被征地村庄和有可能被征地村庄，田界纠纷却呈现突然增加的态势。其中部分是一直没有得到妥善解决的历史遗留问题再次爆发，还有一些则是新近出现。

毛某和崔某关系很好，两家有两块地相邻，其中崔某的地位于上方。毛某在征地即将开始的时候提议，由他在田埂上栽满树以获取补偿，补偿款由两家平分。没想到补偿的时候，此前同意平分的崔某却要求得到六成，理由是按照老规矩，对于田埂的处理办法是"上田下坎"，也就是田埂属于位于上方的田块的主人[①]。崔某的要求得到了跟他关系更好的村干部的支持，毛某不想因为1000多元钱伤了感情，就同意了。但是两家人的关系却再也回不到从前了。

与田界相比，山林和荒地间的界线更难确定。山林和荒地内一般都不会有非常清晰的自然界线，分田到户的时候，一般用树木或者打桩的方式确定边界。几十年以后，原有的树木或者长大变形，或者被砍伐，或者自然死亡，木桩更是因为腐朽而不复存在，界线不再清晰。在20世纪80年代初，薪柴还是农户做饭的主要能源，后来随着煤炭、液化气等进入农村，农民较少甚至不再砍柴，许多农户甚至已经多年不曾去过自留山，自己都已经无法清晰辨别自家山林的边界。这些薪柴林或者荒地作为农业用地的利用价值不大，甚至已经多年没有利用过了，如果要让边界变得清晰，必须花费很高的成本，并不划算，所以农户一般也不会追求边界清晰，而是相互都只掌握大致的界线。然而征地补偿时却必须界线明确才能够补偿到户，一些农户常常因为产权不够清晰，或者希望多占一点对方的土地，与其他农户发生冲突。

在征地丈量的时候，经常有村民通过小动作为自己谋求更多的征地面积。丈量土地面积的时候，个别村干部和乡镇工作人员会故意为村民多丈量面积，以帮助他们套取征地补偿，为了杜绝这种现象，近几年大多数地方都已经转变成通过第三方土地测量公司丈量。如果仅仅是土地测量公司丈量，而村干部不去参加，

①　当地习俗，对田埂的归属采取"上田下坎"的办法，即田埂上方的田块主人拥有对田埂的处理权，其目的是避免下方田块的主人不断侵占田埂，对上方的耕地造成影响。

村民的小动作仍然可能得逞。由于土地测量公司不熟悉村庄的具体情况，如果村民将公用地或者其他村民的土地谎报成自家的，测量公司很难发现。虽然丈量的责任方是土地测量公司，但是丈量结果出现争议后，矛盾仍然必须由村干部来解决。

> 某村在土地征收的时候，村主任将已经被征收的土地重复丈量套用征地补偿资金，后来被处理，另有一户农户将相邻地块也丈量成了自家的，后来相邻地块的主人找到他理论的时候，他却以测量公司的错误作为理由来推责，此事闹到村支书那里后，村支书头疼不已。这两件事发生后，支书在每一块被征收土地丈量的时候，都会亲自到场监督。

即使负责任的村干部在测量时到场监督，村民无法把其他村民的土地丈量成自家的，某些村民仍然会动心思，要求工作人员把机耕道、田埂都丈量为自家的。工作人员不答应，村民就缠着不放。即使村干部阻止，这些村民也不觉得理亏，反而理直气壮地发脾气：“国家赔钱，我占公家的便宜，又不要你出！”村干部不想跟这些不讲理的村民纠缠，此时一般都会偷偷让工作人员答应，然后在测量的时候从田埂的中间测量，并且告诉哪些属于机耕道，不能丈量为农户的耕地。如前所述，许多村庄的耕地并不是按照标准亩丈量，而是隐藏着许多村庄土地秘密，自家具体的地块按照标准亩计算的精确面积是多少，农户往往自己也不清楚，当测量公司告诉他们，已经按照他们的要求丈量以后，他们还自以为得逞，觉得自己占了便宜，暗自高兴不已。某些农户谎称相邻地块是自己的并成功骗取补偿款以后，常常数年以后才被实际承包土地的农户发现。有经验的村干部会在征地之时就把这个漏洞堵上,他们不仅自己亲自到场监督,而且即使被测量耕地相邻的地块没有被征收,也会将承包相邻地块的所有农户都叫到现场,通过农户间的相互监督,避免在未来发生纠纷。

四、邻里冲突

利益有交集才可能发生冲突,邻里之间因为每天都要频繁发生接触,发生摩擦的可能性也就比较大。邻里矛盾的产生原因很多,其中相当一部分是因为房屋而起。在征地之中的邻里冲突,大多都是因为历史原因产生的房屋界线争议。

张氏堂兄弟二人均生于20世纪60年代,他们的父亲宅基地相邻。二人成家后分别将老房子拆除并建房,其中弟弟建房时,占用了交界处原本属于哥哥的约100平方米的土地。100平方米如果用作农地,效益非常有限,哥哥家的宅基地也足够,因此哥哥并没提出异议。2018年二人的宅基地即将被征收时,兄弟二人却因为这块地争执不下。村主任过去调解时,两弟兄都不说话,只是两个媳妇在那里吵得不可开交。嫂子提出,根据分家协议,那块地是分给老父亲的,因此只能算作自己的,而弟媳则认为,房子已经建成30多年,哥哥从来不曾提出异议,房产证也办下来多少年了,因此毫无争议。经过长时间的工作,双方仍然都不愿意让步。为了避免让这个问题将成为死结,村主任向哥哥提出:30多年前,弟弟建房的时候他并未阻止,现在弟弟办有房产证,必须算数,但是对历史也必须尊重,因此这100平方米不能够算作任何一方的,只能由集体给他2000元作为平衡。考虑到100平方米土地被征收的补偿大约是4000元，能够得到一半也算可以了，哥哥便接受了这个方案。事情被平息了，但是补给哥哥的2000元无法在征地费用中开支，最后只好找了个名目从集体的账上支出。两兄弟的关系也因此难以修复到从前。

五、争夺产权不明晰的土地

农户被征收的土地越多，可以得到的补偿就越多。当前村庄都进行过土地确权，其中大部分土地作为承包土地被确权到户，少部分被确权到村集体、小组集体，并且国家规定土地承包经营权长期不变，农户不可能再通过从村庄分地增加家庭承包土地的面积。但村庄仍有少量产权不明晰的土地，一些希望增加自家被征地土地面积的村民，便在这些土地上做起了文章。

产权不明晰的土地中，一部分是未明确到户的共有土地。比如主要用于灌溉的堰塘。这些堰塘的面积少则数亩，多则数十亩，由受益农户共同拥有、共同管理。堰塘在用作农业灌溉的时候，其产权是否明晰到户并不影响使用，受益农户也不会提出确权的要求，但是该堰塘一旦有可能被征收，就有可能导致村民之间因为瓜分堰塘而产生纠纷。

公用灌溉堰塘的分配之所以困难，是因为可以衍生出无数的分配方案，如，按照灌溉的耕地面积分就可以继续分为，按现有各户的受益耕地面积分，按照分田到户时各户的受益面积分等若干方式，而按照人口分，又可以根据现有人口分，分田到户的人口分，综合考虑现有人口与分田到户的人口分。以上只是大致列举，在实际的分配中，还会结合该堰塘的实际，细化为更多的可能。

　　黄村4组刚开始零星征地的时候，一口由8户共同使用的堰塘被征收后，村民间无法就分配方案达成一致。其中1户觉得自家在这8户中势力最小，在当时的分配方案讨论中处于弱势，就让家里80多岁的老太太坐在推土机前阻止施工，声称要想继续施工，除非等到分配方案确定下来。施工方觉得很委屈，补偿款已经到村，你们几户自己分不下去，跟我们有什么关系？怎么来阻止我们施工了？做工作老太太不听，施工方就让几个年轻小伙子把老太太从推土机前抬走了，老太太的儿子和媳妇听说，马上赶到现场，也坐在推土机前阻止施工，同样被施工方抬走。整个过程中，施工方没有出现打人的现象，但是这一家三口当天仍然都住进了医院，声称遭到了施工方殴打。同时老太太嫁到外村的女儿也赶回村里，反复找村干部和施工方"要说法"，最后，施工方到医院赔礼道歉，将医药费结算，并赔了一定的"误工费"，才把此事了结。这8户因为补偿款分配问题久拖不决，曾找到书记要求村里出面"主持公道"，为大家定一个分配方案。支书一口拒绝，让他们继续自己协商。支书告诉我，这口堰塘后面的关系错综复杂，有几户因为历史恩怨而借着这口堰塘发生过很多争斗。如果村里出面，不管提什么方案都会有人不同意，介入此事只会让问题更加复杂，不如让他们自己继续协商。就在征地前一年，还有两个有积怨的农户因为灌溉放水而打架，后来双双住进医院，比着做CT等各种检查，并都要求支书处理"肇事者"。放水现场没有第三方，仅凭双方的一面之词无法判断是非曲直，而且

伤势都不重，支书建议双方各自出院，费用自理，相互不再追
究，但是双方都不干。双方后来看到住院费都达到数千元了，
但让对方出住院费却没有什么可能，只好各自出院。这一次制
定分配方案也是无比困难，各种陈年旧账都被村民翻了出来，
每个农户都要求制定对自己更加有利的方案，最后历时数月，
才最终确定下来。

产权不明晰的土地中还有一部分是因为产权主体不明确。比
如废弃的宅基地。按照相关法律规定，一个农户只能拥有一个宅
基地。如果户口迁出或者在新批准的宅基地上建房，原宅基地则
自动退出。宅基地一般建于坡地、荒地等生产条件比较差的地方，
而且单个废弃宅基地面积有限，复垦后的农业生产价值并不大，
因此，部分废弃宅基地没有被复垦成耕地，也没有确权到户，只
是被附近的农户利用起来种菜或者栽树。该地块可能被征收以后，
土地价值被放大，废弃宅基地的原主人和现在的利用者常常就谁
是被补偿者展开争夺。

村中产权不明晰的土地，在征地开始后常常会引来混混抢占。
比如，部分邻里之间有争议的土地，这些土地虽经村干部多次调解
却一直没有得到解决，但混混抢占以后双方却都不敢有异议。当然
混混敢于抢占，不仅是看到这些村民在村中势力较小、性格比较软
弱，而且双方都没有绝对的证据能够证明争议土地属于自己。

在苏南、浙北和华南等地区的一些村庄，农民在非农产业充
分发展以后从农业中退出，将承包地交给村里，再由集体统一发
包给种植大户。大户为了规模经营以及农业基础设施建设等需要，
都会对土地进行一定程度的改造，多年后耕地总面积没有发生增

减，但农户承包地的具体位置和范围却因为土地原貌被改变而难以确定。一旦遇到征地，特别是只征收其中部分土地的时候，由于产权不明晰，常常导致村民之间为了争夺补偿款而发生矛盾。

六、"多数人的暴政"

村庄中某个问题难以达成协议时，常常以投票的方式进行决策。大多数情况下，村民都会认为投票是一种民主的方式而接受结果。不过，投票的方式并非只有优点，由于不是通过达成共识来解决分歧，得票少的一方失败后并不一定会服气。在村庄中，投票还经常会被人多势众的一方利用，通过这种"民主"的方式向其他村民展示实力，以民主之名行"多数人的暴政"之实。传统村庄中秩序的维持很大程度上是通过以暴力为后盾所达成的平衡，对于因为己方人数少而令利益受到损害的村民来说，采用投票的方式，只不过从传统的村庄中主要比拳头的强弱，变成了现在的比票数的多寡。

村民不仅在面对村庄中的弱者会使用投票这一武器，甚至在面对村庄中的精英时，也会用投票的办法来"吃大户"。普通村民"吃大户"，因为使用了"民主"的方法而理直气壮、心安理得，而大户则有苦难言、忍气吞声。

20世纪90年代农民负担重，村民对土地并不重视，当时4组将一块40亩的土地承包给某村民办橘园。征地开始以后，村里本来以为，承包者会要求获得土地的安置补助费。按照22200元/亩的标准，这块橘园的安置补助费有90余万元，村民肯定不想把这笔钱给承包者，这很可能导致承包者与村民较为激烈的冲突。村里曾经设想过多种应对方案，没想到最后村里完全没有出面，此事就得到了解决。4组村民在开会讨论此事的时候表示：土地是集体的，橘园的性质应该算是企业，劳力安置费怎么能够由一家独得呢？如果这样，书记承包的茶场有200多亩，如果被征收，他该得多少钱？橘园的承包者是全村有名的一个老板，生意做得不算小，但是当他面对的是全组村民的反对的时候，仍然没有和村民纠缠。

村民提出承包者的橘园应该跟茶场一样作为企业，虽然有一定理由，但并不十分充分。因为茶场在开办的时候就被明确作为村办企业，这在村里一直都有共识，但这个橘园此前不论是口头上还是承包合同上，都从来没有说明是作为组办企业，而且承包者对橘园的树种进行过更新改造，并扩大了种植面积。村干部对村民很了解，知道村民"不患寡而患不均"，都有"吃大户"的心理，看见安置补偿费很高后肯定会想尽办法不给承包者，也以为承包者有理由拒绝村民的要求。村里没想到，预计中的冲突并没有发生。承包者没有跟村民纠缠，主要原因是他不愿意因为这件事跟村民闹僵。一般的村民面对上百万的补偿费，肯定不会善罢甘休，但是承包者是村里有名的经济成功人士，所住别墅的成本就高达200万余元，不需要通过这笔钱来实现经济上的跃升，反而更容易妥协。另一个原因则是，即使没有安置补助费，承包者仍然可以因为橘园的面积较大而比一般的村民得到的补偿更多。该村对橘子树的补偿标准为每棵320元，每亩按照80棵计算，这样每亩补偿标准为2.5万元，40亩橘树的补偿费总额已经达到了100万元，由于对橘树的补偿力度远远超过市场价，承包者获利的金额不算少。不过,最重要的是,小组内这种事情如果产生争议,肯定要经过投票表决,而承包者知道,大多数村民都想着"吃大户",他肯定会得票较少:因为所从事的行业的原因,村里在他手下做事的村民并不多。投票以后,他虽然有要求上级介入等救济手段,仍然有较大的获胜的可能,但是这样不仅耗时长久,而且不论胜负,最后都会跟村民彻底撕破脸皮。

七、其他方式

农户间在征地拆迁中的争斗还有一些其他的方式。如,外嫁女与其他村民,在前面已经讨论比较充分,这里不再赘述。

第五节 家庭内部冲突

农户是乡村治理的基本单位,农村土地承包采取家庭承包方式,农村宅基地的获得、农民住房的建造也是以家庭为单位,因此国家对征地拆迁补偿的计算和发放也是以农户为对象。围绕征地补偿款在村庄内的分配,农户间展开激烈博弈,当农户间的分配尘埃落定,并不意味着村庄内部冲突的终结,在许多农户的家庭内部,仍然可能就征地补偿款的使用,以及如何在家庭成员之间分配等问题而冲突不断,这些冲突可能自征地开始就已经被引发,并且在征地结束以后一直延续,严重者甚至导致家庭成员不相往来或者家庭的解体。

一、夫妻冲突

征地拆迁开始以后,村庄中常常会出现离婚数量突然上升的现象。征地补偿款的到来，至少可以让农户的经济条件在短时间内大为改观，因此征地本身并不可能导致夫妻关系产生裂痕。因为征地补偿款而闹得满城风雨甚至离婚，说明他们的感情基础并不牢固，夫妻间早在征地拆迁之前就已经出现了感情不和的问题，征地补偿的到来，只不过是让夫妻间原本隐藏着的各种矛盾浮出了水面。在这些现象的背后，深层次的原因则是社会急速转型所引起的婚恋家庭观念的变化。

2015 年，杨村的土地因为工业园区的建设而开始被征收。征地对村民的求偶和婚姻观念带来了巨大的冲击。在先于杨村征地的若干邻村，单身男青年的身价在征地以后都普遍大幅提高，杨村也重复了这个过程。征地拆迁的消息刚刚传入，杨村还没有对象的年轻人就已经开始在婚恋市场上走俏，找对象不仅更容易了，而且比征地前"高了不止一个档次"。婚姻市场上自信心大幅提升的另一个表现是，杨村青年的离婚率在征地开始后大幅上升，村民听到村里年轻人离婚的消息已经不再感到惊讶。从前小两口吵架，村民总是"劝和不劝离"，他们信奉"宁拆十座庙，不拆一桩婚"，而现在一些村民甚至是父母在听到小两口闹矛盾后，给出的建议却是："过不下去就（离婚）算了，（离婚后）又不是找不到。"

杨梅是独女，丈夫是独子，结婚时与丈夫商议采取"两头走"的方式，也就是既不算嫁娶，也不算招婿，双方家庭在婚后同等重要。征地以后，杨梅夫妻俩因为孩子的问题矛盾逐渐增多。杨梅婚后生有一子，随夫姓，但孩子主要是杨梅的父母带，小两口也是住在杨家的时候居多，杨家为小两口及小孩的开支也就相应更多。男方所在村没有被征地，觉得杨梅家因为征地拆迁发了财，多开支一点理所当然。杨家却认为，小孩跟男方姓，就应该男方负担更多，但男方不仅家庭经济条件差，女婿也只是一个普通打工者，对家庭的贡献太少。争吵最后导致离婚，杨梅取得儿子的抚养权，并将儿子改成杨姓。由于婚姻采取"两头走"的方式，双方的财产分割较为简单。

农村婚姻的缔结讲究门当户对，其中家庭经济条件是一个非常重要的方面。在介绍婚姻对象的时候，对对方的家庭经济条件的考察从来都是重要内容。一旦婚姻结成，双方的家庭经济条件仍然有可能成为夫妻争吵的原因，但是很少导致严重后果。从杨梅离婚的案例来看，引发小两口矛盾的其实是很小的事情：杨梅父母为小家庭所做的开支更大。小孩的姓氏并不是问题，因为即使在计划生育最严格的时候，也符合生育二孩的政策，杨梅完全可以通过生育二胎解决小孩的姓氏问题。杨家对婚姻的不满意，实际上是觉得征地后两家不再门当户对。在当前的农村婚姻市场上，女方普遍比男方更有优势，征地村庄中的青年因为家庭经济条件的急速提升，在婚姻市场上普遍比未征地村庄更受欢迎，而被征地家庭的女孩子，即使有过婚史并带有小孩，也不会存在再婚困难的问题。

二、弟兄冲突

即使在传统村落社会，弟兄之间发生冲突的机会也非常多，这主要是因为弟兄之间必然有因为分家导致的财产分割、赡养老人等诸多问题，弟兄之间血缘最为亲近，相互之间的互助合作远比跟普通村民更多，相互往来更多，既可能让关系更加亲近，也可能导致更多摩擦，至于具体原因则往往是诸多因素纠缠在一起综合作用的结果，很难分清是非对错，以至于清官难断家务事。

在征地拆迁中，弟兄之间也会因为比其他村民有着更多的往来而导致产生冲突的可能性更多。

> 彭老大于 2000 年前后在县城买地建房后，迁出了云台村，并将 2 亩耕地无偿转让过户给弟弟彭老八。几年后彭老八外出务工，土地被抛荒。2017 年这块地被征收，彭老八得到 7 万元补偿款。兄嫂江六妹认为，这块地是老大给老八的，土地补偿款应该由两家分，被彭老八拒绝。不久，彭老大去世，江六妹以无钱操办丧事为由，向老八借三万元。彭老八觉得嫂子借钱是假，绕着弯子分补偿款是真，因为三万元差不多就是补偿款的一半，于是再次拒绝。2019 年上半年，彭老八给孙子办生日宴，嫂子一家没有赴宴，向村民昭示两家决裂。

土地转让时就已经过户，法律来看，这块土地权属清晰，征地补偿款与彭老大没有任何关系。但是该村村民认为，这块地是老大给老八的，现在老大不在人世了，老八应该分一部分补偿款给嫂子。理由是，当初老大外出较早，在县城买房立足以后，将耕地无偿转让给当时生活相对困难一点的老八，是对弟弟一家的照顾，但是现在老大去世，老八因为这块地发了点小财，却忘记了哥哥当年对自家的照顾，忘记了这块地是怎么来的，嫂子现在因为哥哥的去世而生活质量下降，但老八没有体会嫂子现在的困难。

同在村中的弟兄之间，也可能因为征地拆迁的补偿费分割产生冲突，甚至在征地拆迁仅仅有可能的时候就开始未雨绸缪，开始争夺。

村中两弟兄于 20 世纪 80 年代分家，老宅子包括房前屋后一共占地 2 亩多，被分给老大，弟弟则在老宅子旁边建了新房。后来哥哥离开老宅另找了一处宅基地建房。老房子因为年久失修而垮塌后，弟弟将其开垦为耕地，被村里登记为弟弟的承包地并收取税费。本来一直相安无事，没想到 2014 年附近开始征地，老大看到被征收的耕地每亩地可以得到 1.7 万元补偿，就要求会计修改土地的权属，将其登记在自己名下。会计表示，只有双方同时到场才能办手续。土地已经登记在弟弟的名下二十余年，在即将征地变现的时候改变权属，就是将未来的征地补偿转手让出，弟弟当然不同意，于是此事就放下了。

2018 年 4 月，因为集体股份权能改革需要，上级要求各村做土地清查，将宅基地、耕地、园圃、道路、山林、水面、四荒地全部丈量。看见丈量土地，两弟兄又就那块土地的归属闹到了会计那里。会计并不愿意在此时介入，因为他对两弟兄都非常了解，知道他们都很难听进去别人的意见，他不论怎样处理都会有一方不满意，并跟他纠缠不休，不如等到征地的时候再来想办法一次性解决，于是跟他们说，现在集体也不收税费提留了，要扯你们自己扯清楚了再过来。

征地尚未开始，两个亲兄弟就开始你争我夺，村民们说"连外人都不如"。这两弟兄间的冲突也并不是始于村中有了征地的预期，而是长期矛盾的积累，当土地价值很小的时候，双方都不会在意，但是征地拆迁的临近，却让他们发现土地的价值即将剧增，迅速成为双方争夺的对象。

三、养老冲突

如果家中有几个成年儿子，就会涉及养老问题。清官难断家务事。即使在传统的村落社会，弟兄们一般也会在分家时请来中人，就分家养老的具体问题达成协议后，父母及每个弟兄各保留一份文字的分家养老协议。这一方面说明，在传统的农村家庭中，分家养老也是容易产生纠纷的，因此不得不留下文字凭据，以防有人反悔，另一方面也可以看出，一旦协议达成并形成文字，对每一个弟兄都是具有约束力的。因此，从前村落中的养老纠纷，大多发生在协议达成之前。

在栗店村，当前较为常见的养老方式是，子女分别负担父母的养老送终。尽管都会签订养老协议，老人在生活能够自理时仍然会单独居住在老房子里，儿子们的新房则一般建在老房子旁边。有劳动能力的老人除了家务活，还会尽量做点力所能及的工作，或者去橘园帮点忙，或者打一点对体力要求不高的临工。

为了节约土地，当前征地拆迁村庄修建安置小区时，一般只有单元楼的形式才能获得批准。不过，因为引进的产业特殊，要求附近不得有高层建筑，栗店村的安置房采用了两层别墅的形式，总面积均为200平方米，并且可以加建100平方米的地下室。考虑到别墅占地面积较大，为了节约耕地，分房规则要求老人必须跟着子女居住，而不能单独分房。村里近些年来很少养老纠纷，这一次却因为这种分房规则，在 146 户被安置的农户中产生了 2 起养老纠纷，共涉及 6 户。

李老太 70 多岁，有雷大和雷二两个儿子，一个女儿嫁在本村。根据 2000 年签订的养老协议，两兄弟分别负责赡养二老。两兄弟的房子距离老宅都只有几十米之遥，老两口分家后仍住在老宅子里。十年前雷老汉因病去世，由雷大料理后事，此后李老太仍然独自生活。

雷二是泥瓦匠，在征地刚开始时因为安全事故差点截肢，伤愈之后提出，自己残疾后无法打工，要求两兄弟共同赡养母亲。李老太生活尚能自理，手头也有一点积蓄，所谓共同赡养，主要就是平摊大病费用。雷大对此很不满，因为根据养老协议，他只有赡养父亲的义务，但是他仍然接受了。这次纠纷很快过去。

因为分房规则不允许老人单独分房，两个儿子就李老太的居住问题再起纠纷。雷大认为，根据养老协议母亲由弟弟赡养，雷二则表示，自己残疾后无力负担。李老太的女儿多次调解，无果，不得不请村干部出面。村支书调解时建议，李老太根据赡养协议跟雷二住。雷二则提出母亲在两兄弟家轮流住。李老太的女儿反对：这跟几家共养一头牛有什么区别？雷二又提出送养老院。女儿听后提出让母亲跟她住，却被李老太反对：我有两个儿子，却跟着女儿住，不好看。几经协商，最后决定让老人进养老院，费用由三个子女平摊。新的赡养协议刚拟好，两兄弟又因为小事发生口角，雷大没签字就离开调解现场。

村民都不认为雷二无力赡养母亲。他受伤前因为有瓦工手艺，收入还过得去，受伤后的经济条件也没有那么差，征地后更不会差钱。村民们认为，他不愿意赡养母亲的真正的原因是，雷父在分家十年后去世，负责赡养父亲的哥哥在养老方面付出较少，而他负责赡养母亲，要付出更多。雷二轻微残疾以后更觉得"不公平"，他认为，既然哥哥的经济条件比自己更好，由弟兄共同赡养母亲才理所当然。

事实上，李老太至今并未给雷二带来多少养老负担。李老太手中尚有一点积蓄，日常开销和小病都是自己掏钱，偶有大病，在雷二的要求下，也是两兄弟平摊。李老太的状态代表了当地农村养老的普遍状态：老人只要还有劳动能力，就会尽力挣钱，无法挣钱以后也会在家里做做家务。农村子女养老的主要负担包括三个方面：大病医药费，生活无法自理以后的照料，以及料理后事。

村民普遍认为，李老太的遭遇非常罕见，说明主要是雷二个人的问题，根源则是老两口年轻时对子女过于溺爱。不过村民的说法并不能解释，李老太的女儿为什么对老人非常孝顺，也不能解释只有赡养父亲义务的雷大，为什么仍然与弟弟平摊母亲的医疗费用。

我们更为关心的是，村庄社会舆论都认为雷二不对，为什么没有对他构成压力，他反而一直觉得自己是有道理的。在传统的乡土社会里，村庄可以通过舆论机制对村庄规范的破坏者进行制约，但在处于激烈的社会转型之中的征地村庄，乡村社会的秩序开始衰微，无法对雷二这种敢于不承认村庄中地方性规范的人做出有效应对。村庄中的唾沫星子仍在，却再也淹不死人了，村庄舆论无法构成压力传导给村庄规范的破坏者。

在传统的村庄社会，如果村庄舆论不起作用，家族等非正式组织和精英就会出面调解，但在这里却只有村干部这种体制性的权威进行调解。村干部虽然也熟悉村庄规范,但却没有要求村民执行村庄规范的强制权力。村支书在调解的时候,首先提议根据分家协议执行,但是当雷二并不愿意执行的时候,他也没有更多的手段。

雷二不愿意执行分家协议,除了经济因素,也有不愿意因为母亲的到来让自己的居住变得局促的考虑:雷二已经有了两个孙子,而安置房却只有四间卧室,如果母亲过来同住,孙子稍大一点以后将没有独立的卧室。村民认为,这个理由也是站不住脚的,"那么多家庭都能给老人住的地方,他为什么就不行?"

安置小区共 147 户,只产生了 2 起养老纠纷,从这一点来看,村民认为雷二过于自私当然没有错。不过我们的调查也发现,四世同堂的家庭搬进新居以后,普遍觉得居住局促、生活不便,说明安置房的卧室太少的确是一个值得重视的问题。进入新世纪以来,各地农村都发生了急剧社会转型。随着非农收入在家庭收入结构中的比重不断上升,农民开始从土地的束缚中摆脱出来,农村的公共空间不断萎缩,不仅是年轻村民的私人空间不断增长,老人也开始注重自己的私密空间。越来越多的老人单独生活和居住,给年轻人和老人都留下足够的私人空间。在大多数村庄,父母与年轻人共同生活容易产生矛盾已经成为共识,父母不与已婚子女共同生活也已成为常态。栗店村的安置房,地上两层都只各有两间卧室,虽然有面积较大的地下室,却由于地处南方比较潮湿,只适合堆放杂物。分房规则要求老人必须与子女同住,安置房里虽然住房不成问题,住惯了大房子的村民却会觉得非常逼仄。老人与年轻人的生活习惯不同,住进安置房后,几代人都要对自己的习惯做出调整。村里征地之后很多人年轻人去城里买房,主要是因为征地后有了钱，但安置房让他们觉得拥挤也是一个原因。

当地其他村庄的安置房采用单元楼的形式，根据拆迁户的房子面积和人口决定安置房的面积。被拆迁户要的房子如果超出原房屋的面积，则按市场价补足差额，如果比原房屋面积小，则可以按市场价领取差额。单元楼的房子面积都会比被拆迁的农房小很多，被拆迁户一般都可以得到大小不等的几套房子，常常是大户型由子女居住，老人则住进小户型。由于老人与子女都有住房，拆迁后很少会因为住房问题引起养老纠纷。

安置房的分配规则不同，对家庭养老冲突具有不同的影响。如果栗店村在建设安置小区的时候，适当预留部分面积较小的公寓房，以供年纪较大的村民租用或者购买，这几起养老纠纷出现的可能性就会小很多。从这个角度来说，这似乎只是一个单纯的技术问题。

栗店村的数起养老纠纷虽然是由技术问题引起，但是背后却有着深刻的社会根源。所谓技术问题，不过是能否对村庄社会变迁做出正确的回应而已。

第五章　村庄内部冲突的机制分析

在前面的分析中我们已经发现，征地补偿中村庄内部冲突的大部分是村民为了博取更多补偿份额而导致的利益博弈，而不是因为侵权导致的维权冲突，并且呈现出无序博弈的特点。我们还从行动者的角度，分别对国家和地方政府、村干部、村民等导致村庄内部冲突的主要行动主体进行了分析。从这些分析中我们可以知道，征地拆迁中之所以村庄内部冲突频发，是多种因素共同作用的结果，既包括国家制定的与征地相关的各种制度，以及地方政府所采取的具体征地政策和策略，也包括村庄内部的村干部和村民等各种行动主体的博弈策略。

在本章我们将对村庄内部冲突的发生机制进行总体分析。首先从村庄基本结构、国家征收土地的目标、村民对征地的期待等三个方面出发，分析内部冲突所受到的主要影响，然后概括出村庄内部冲突的四个影响因素：政策不契合实际，社会不规则，成员不认同，村庄无权威，并分别进行分析。

第一节　村庄的基本结构

中国仍处于快速城市化的进程之中，大部分青壮年农民已经摆脱土地的束缚，走出祖荫，从相对封闭的村庄进入城市谋生，目前非农就业已经成为青壮年的主要就业方式，非农收入已经成为大多数农户的主要家庭收入来源。村庄社会在城市化和工商业化的冲击下发生急速变迁，征地村庄正处于从村落社会向城市的转化之中，所受到的冲击尤为剧烈，村落空间结构在极短的时间内被完全改变，原有的生产生活方式都无法继续，村庄社会结构也因此面临解体。

一、经济分化、职业分化、原子化

经过数十年的社会主义实践，各地村庄内部的经济分化都不大。联产承包责任制实行的时候，每个村庄的土地都是根据人口均分的，分田到户以后，绝大多数村庄都会根据家庭人口的变动情况，定期或不定期对承包地进行调整。直到 20 世纪 90 年代，大多数村民都在家从事农业，农户基本上都从事大田作物的生产。同一个村庄的农户间农业生产条件区别很小，人均耕地面积基本一样，所有农户不仅从事着相同的职业，所种植的作物品种和农作物的结构也基本相同，虽然不同农户因为种田技术的差别等原因而在收入上有所区别，但是并不会导致差异过大，因而村庄内部的经济分化很小。村民间经济上的差别，主要跟家庭人口结构的周期性变化有关，在家庭中老人和未成年人多而劳力较少的时候，往往是经济最困难的时候，而当小孩长大成人，劳动力多了以后，家中经济就会相对比较宽裕。

在传统的乡土社会，农民都会在农闲季节兼营与农业相关的副业，如今随着城市化的发展，越来越多的农民开始涉足非农产业，外出务工经商。从 2015 年开始，工资性收入在农民收入结构中超过经营性收入，成为农民人均收入的第一大来源[1]，如果考虑到经营性收入包括第一产业、第二产业、第三产业，农业成为农民"副业"的发生时间还要早许多。非农产业成为村民的主要收入来源后，村民的经济开始出现分化。部分农户从事的工作是纯粹的体力活，收入较低；另一部分农户从事泥瓦匠等具有技术要求的工作，收入更高；还有少部分农户办厂经商，资金投入大，经营风险高，收入也相应较高，甚至在收入上与普通村民拉开巨大差异成为新富群体。职业分化导致农户间的经济分化逐渐加大。外出务工经商的农户如此，在村农户之间的分化也开始出现。在家种地的村民多为中老年人，尽管现在有了市场化的农机服务和各种先进农业技术，老年人可以比从前耕种更多的农田，但是他们的经营规模仍然因为体力的限制而比较小，而在家的中年农民，一方面会从外出务工经商的农户手中流转土地耕种，同时也会在农闲时在附近打零工，或者从事其他副业。在村农户因为社会资本不同、种地能力有别、投资胆略差异，导致了不同的农民经过流转后经营的土地规模差异，再加上从事兼业的不同，在村的农户之间经济分化也在逐渐加大。

农业生产主要以家庭为单位开展，但是很少有农户能够具有独自解决灌溉、排水等问题的自然条件，中国所处的季风气候也使得年度之间降雨非常不均衡，为了解决水利等农业生产方面的需要，农户必须频繁合作。在生活方面，婚丧嫁娶、修建房屋等也是农户单凭一己之力所无法完成的。然而随着农民大量进入非

---

[1]　姜长云、李俊茹、王一杰、赵炜科：《近年来我国农民收入增长的特点、问题与未来选择》，《南京农业大学学报（社会科学版）》2021年第3期。

农领域带来的职业分化，农民在生产生活等各方面的合作需求都在迅速减少。农业技术的不断进步和农业机械被广泛运用，减少了农业生产需要的人力和时间，大量农业剩余劳动力可以离开家乡从事非农产业，交通的迅速发展，也让农民外出务工经商更加方便，这些不仅减少了农民间的合作需求，而且进一步推动了农民的职业分化。为了服务外出农民工的农业生产需要，部分农民通过购买拖拉机、旋耕机、收割机等农业机械为外出农民工提供市场化的服务，即使是在乡村从事农业生产，职业分化也进一步出现。当农民工外出的地点距离家乡不是太远，他们完全可以在父母或者亲朋的帮助下进行田间的日常管理，而在农忙季节到来时，他们先通过电话或者 QQ、微信等各种即时通信工具与市场化农业服务的提供者联系好，然后乘坐现代交通工具回到家里，通过雇佣劳动力和农业机器在最短的时间里迅速完成农忙。随着市场化服务越来越普遍，没有购买相关农机的在家农民，在耕种和收割等环节则基本上是通过购买市场化服务解决。不仅农业生产如此，在诸如婚丧嫁娶等农村生活方面，也出现了越来越多的市场化服务提供者。新的农业服务职业的出现，解决了农民外出务工经商后因为人口减少带来的合作难题。在房屋修建方面，不仅是各地都已经由市场化的建房代替了农民合作建房，而且随着城市化的发展，以在城市中有房作为结婚条件之一的年轻人越来越多，在村庄中建房的村民在各地都大为减少。

总的来说，当前村庄中的经济分化已经出现，但是在大多数村庄，这种经济上的分化并不特别突出：由于导致经济分化的因素主要出现在村外，经济条件远比普通农户好的最上层的富人阶层基本上都已经搬离农村，工作地点及生活的区域都远离村庄。

能够在城市中获得比较稳定收入的农民，也将在城市中定居作为自己的人生目标，很少回到村庄。仍然在村的农户间经济虽有一定分化，但差距不大，经济相对较差的农户仍有经过努力而赶上的可能。

被征地村庄大多位于城郊或者交通便利的地方，不论是在生产还是生活中，市场化代替农户合作的程度都比纯农业村庄更高。由于距离城市较近，他们不必远离村庄就能够找到更多的非农就业机会，大量务工经商的村民可以每天在村庄和工作地点之间很方便地早出晚归。在城郊村，农业虽然已经变成了农户的副业，但是大多数村民都不会完全放弃农业，而是仍然耕种只供自家所需的口粮田，以减少城镇化进程中的货币压力。由于即使继续从事农业生产也仅仅是耕种口粮田，所以他们花费在农业上的时间很少，除了日常的田间管理是利用下班后和休假的时间完成，农业生产的其他环节，如耕种、收获、出售、打药等，都通过市场化的方式雇佣机器或者人员解决，而不再是农户之间相互合作。

在被征地村庄，村民间的经济分化和职业分化更加突出。被征地村庄大多或者邻近城市，或者交通便利，地理位置相对于纯农业村庄更加优越，进入城市非常方便，在村庄附近甚至村庄内部得到非农就业的机会也远比偏远地区村庄多。从事职业的不同，导致村民间的收入差距开始扩大，打工及务农为主的村民与经商的村民之间，经济分化更是突出。不过经济分化并没有在村庄中带来村民间激烈的竞争，因为对于大部分村民来说，他们经济上与其他村民拉开差距的基本上都是因为所从事的非农产业，而当他们与普通村民拉开差距以后，也会通过这些收入在城市中过上稳定的生活，他们努力拼搏的目的是脱离村庄，而不是为了与其他村民在村庄中展开人生竞争。

职业分化之后，村庄内部的合作需求大大降低，而村民在进入非农行业以后，由于所从事的工作分散在不同产业、不同的地点，他们因为职业而需要合作的机会比从事农业生产的时候大大减少。而从事相同行业的村民，有少数村民因为同行竞争而关系紧张，更多的村民虽然会因此联系更加紧密，但是他们与其他村民之间的交往却更少了，也在事实上对从前村庄中极端重要的血缘和地缘构成了切割。不论是从事农业还是非农产业，也不论是在生产或者生活中，村民间的联系都日益松散，原子化的趋势越来越明显。跟纯农业村庄相比，被征地村庄居住在村里的村民人数虽多，但是相互之间的有机联系却越来越少。

二、人口流动

进入 21 世纪以来，中国的城市化和工商业化进入快速发展阶段，国内出现了规模空前的人口流动，其中最主要的流动方向是以打工潮为代表的乡村人口向城市流动。村庄从相对封闭变得越来越开放。

征地大多是因为城市化和工商业化的发展所需，村民所属村庄与城市的空间距离一般都不远，地理空间的邻近使得他们在工作的城市与农村之间往返比较容易。被征地村庄与地理位置较为偏僻的村庄的人口流动因而具有一定差异。在这些村庄，也有部分村民务工经商的地点远离家乡，但是由于附近的城市和工厂能够提供比较多的工作机会，村民就近非农就业的比例远比其他村庄高。

经济的迅速增长，让小汽车也随着道路交通和汽车工业的发展而不断进入普通家庭，拥有小汽车的农村家庭也越来越多。被征地村庄由于交通便利或者距离城市较近，许多村民每天开车进入城市上班。一些在工厂工作的农民尽管收入不高，但得益于工作地点与村庄距离较近，也购买了价格比较低的国产车或者二手车作为上下班的通勤工具。

大多数村庄由于附近的工作机会有限，青壮年村民只能够在远离家乡的地方得到务工经商机会，很少回家。而被征地村庄大都交通方便或者距离城市较近，务工经商的村民中有相当一部分人可以每天早出晚归，实际上是每天都在城市和村庄间流动。他们虽然每天回家，但家的主要功能已经跟宾馆一样，主要成了休息的地方。他们或许与其他村民经常见面，却少了实质性的交往，他们已经很少介入村庄生活，跟村庄的有机联系越来越少。在这些村庄，有了一定年纪的村民经常在城乡之间流动的比例也比普通村庄更高，他们很容易在城市或者村庄周边找到看门、保安、保洁之类的轻体力的工作，这些工作的工资不高，但是他们由于可以每天回家而不必租房，同等工资不仅可以比普通村庄的村民有更多的结余，而且所带来的满足感也更高。

对于进入城市中打工并努力实现自己以及后代的城市梦的村民，由于城市生活的成本较高，他们在进入城市的时候，或者无力购房而必须赁房而居，或者虽然已经购房，但多为小户型或者是老旧小区的二手房，往往无力将在农村生活的父母也接到城市中共同生活。因而当前在中国"以代际分工为基础的半工半耕"劳动力再生产模式①普遍存在。被征地村庄同样普遍存在"半工半耕"，但是由于地理位置大都比较便利，半工半耕模式在这些村

---

① 夏柱智、贺雪峰:《半工半耕与中国渐进城镇化模式》,《中国社会科学》2017 年第 12 期。

庄与其他村庄存在一定差别。在被征地村庄，许多村民的半工半耕不是通过代际分工完成的，而是自己在以非农就业为主的同时，兼营农业作为副业。一些已经在城市中稳定下来的村民，所工作生活的城市距离农村的老家不远，仍然保留了村中的承包地，每当农忙季节到来，就会全家回到乡下并雇请机器和人工，完成相应的农活。还有部分村民，或者在城市中尚未完全扎根，或者已经在城市中有了稳定的工作，但是收入不算高，他们的非农收入在家庭收入结构中已经占据绝大部分，但是城市生活中的货币压力仍然很大，为了减少货币开支，他们仍然在农村保留少量耕地，种植口粮田，并且在家中种菜。与普通村庄相比，被征地村庄的大多数村民虽然也出现了大规模的人口流动，但是流动半径很小，而且在村庄和城市之间往返的频率非常高。

在传统的村庄社会，村民之间因为生产生活的需要必须频繁合作，具有共同的利益，村庄内部有共同的社会规范并可以有力地约束村民的行为。大规模的跨越城乡的人口流动开始以后，村庄开始变成一个流动性的社会，大部分村民主要在村外工作生活，主要交往活动范围和社会关系不在村庄，主要的利益关系也不在村庄，与村庄社会中的多数村民相互联系变得很少甚至完全中断了。

村民间的交往受到社会结构的制约，在一个稳定的社会中，违反社会规则的越轨者必将受到相应的惩罚，然而，城市化背景下的人口流动，让大量的村民将主要的工作地点和生活的地点都转移到了村庄之外，村庄社会结构越来越难以对他们构成制约。部分村民发现，即使有越轨行为也很难受到惩罚，即使被惩罚，自己也可以通过逃离村庄的办法将其化解。

村庄本是一个熟人社会，大家相互熟悉，彼此了解，然而村庄中职业分化和经济分层的出现，却对村庄社会中最重要的地缘和血缘进行了切割，而村庄人口流动的加速，进一步削弱了血缘关系和地缘关系对村民的重要性。在被征地村庄，虽然住在村里的人口比例远比一般村庄高，但是由于每天早出晚归去上班，身体的在场并不能阻止彼此间关系变得生疏。村民在村庄内的大多数社会关系已经无法被利用，虽然经常可以见面，表面的关系仍然得以继续维持，却变得仅仅只是点头之交。血缘和地缘的弱化，最终对村民间的互动构成影响，曾经彼此熟悉的人之间也变得不再相了解：虽然对其他村民的过去了如指掌，却对他们的现在不甚了解，无法通过他们的过去对现在的行为做出准确的预测，成了"熟悉的陌生人"。

在征地拆迁村庄，随着人口流动的速度变快、规模加大，村民不断摆脱土地的束缚，走出乡土社会中封闭的人际关系网络，血缘关系和地缘关系对村民的重要性不断下降，主要以血缘和地缘为基础的乡村社会关系日益弱化。乡土社会中的传统伦理秩序不断瓦解，村民走出祖荫，以个体的形式进入城市化的进程。在大多数情况下，村民间因为交往更少，相互间的利益交集也因此变少，相互不再构成竞争关系，关系反而显得比从前更加和谐了。但是征地的到来，却让村民间突然因为巨额的补偿款而相互产生利益纠葛，本来已经暂时"和谐"的关系重新紧张起来。个人在摆脱了传统伦理束缚后，往往极端功利化地伸张个人权利，却拒绝履行应尽的义务，成为"无公德的个人"①。在过去的村庄中，也存在个别"刁民"试图通过破坏村庄社会规则以谋利的行为，但

① 阎云翔：《私人生活的变革——一个中国村庄里的爱情、家庭与亲密关系（1949—1999）》，上海人民出版社2006年版，第5、6页。

是在村庄结构性力量的有效约束下，这些越轨行为会很快受到惩罚，然而，如今村庄结构性力量却越来越难以发挥作用，个别"刁民"谋利的成功迅速在村庄中引起示范效应，于是，更多的村民变成"刁民"。

三、集体无权威

"权威的概念揭示了社会结构的一个基本要素，即在一个集体中一般都有一些符合一定章法的角色系统，它使处于这种地位的人有权让处于其他地位的人服从自己，而且后者也认为这样做是合法的。"[①] 在村落中，村集体的权威很大程度上建立在为村民的土地耕作和村庄生活提供服务的基础之上。集体的权威构成了村社内部村民间关系能够良性发展的重要保障，一旦集体失去权威，村庄的秩序就不容易维持，村民间的冲突就很难得到及时有效的调解。被征地村庄的选举常常是"乱象丛生"，贿选等问题层出不穷，竞选异常激烈，很重要的一个原因就是征地开始以后，村庄权力结构已经变得极端脆弱，村庄中各种权威都无法取得村民普遍而稳定的尊重与认可。

在被征地拆迁村庄，集体无权威主要是三个原因共同作用的结果。以下分别论述。

集体无权威的第一个原因是，集体的权力弱化，导致集体为村民提供各种服务的能力下降，不利于集体权威的建立。

---

① 莫里斯·迪韦尔热：《政治社会学——政治学要素》，东方出版社 2007 年版，第 108 页。

　　集体的权威与集体的权力息息相关，然而，现在集体的权力却在不断弱化。首先，集体的土地权力在弱化。土地是农业最重要的生产资料，集体是我国法律规定的农村土地的所有者，因而，集体的权力很大程度上跟集体的土地权力有关。尽管法律一直规定农村土地是集体所有，但是改革开放以来的各类土地政策法规，基本上都是在不断弱化集体组织的调整土地的权力。为了提高农民的种田积极性，避免农民耕作的短期行为，当前的法律规定在承包期内不得调整土地，而土地的承包期则在不断延长，导致集体作为农村土地的所有者，已经丧失了在今后相当长的一段时间内调整耕地的权力。原本公用的集体土地也已经逐渐被承包出去，其他各种集体资源也或者被拍卖，或者在承包到期后无法收回。其次，集体提供村庄公共品的能力在下降。集体的权威也跟集体为村庄提供公共品的能力有关。在农业生产和农村生活中，有许多农户个体无法解决，或者解决的效果不好，或者解决起来不经济的事务，这些公共品在过去主要通过集体为农户提供。农村税费改革前，农民负担所包括的除了各种农业税费，还包括"三提五统"，即村级三项提留和五项乡统筹。其中村提留由村集体凭借地权向农户收取，包括三项：公积金、公益金和管理费，主要用于服务农业生产、农村公益事业以及日常管理。三提五统的收取虽然加重了农民负担，但是同时也让村干部得以通过为村民提供各种服务而增强威信。税费改革后，三提五统被废除，在大多数集体没有经济来源的情况下，国家加大对"三农"的投入，实施了大量的惠农政策。惠农投资多用项目制的办法，资金的使用并不经过村庄，工程的实施也是村外的工程队经过招标而来，并不由集体组织实施。许多项目需要经过竞争性的争取，村庄获取项目的多少很大程度上取决于村干部的能力，那些能力强的村干部因为能够为村庄争取更多的项目而威信大增，但是大部分村庄的村干部却因为在普惠性的项目之外很难争取到项目导致威信下降，而那些普惠性的项目建设又无需村庄经手，这进一步削弱了集体的权威。

集体无权威的第二个原因是，村干部群体的工作能力下降。

村干部的个人能力越强，处理问题的结果越能服众，就越有利于增强集体的权威。从前村干部都是由村庄中最有能力的人担任，然而现在村干部的职位却很难吸引到村庄中最有能力的群体，这导致现在的村干部的个人能力与从前的村干部相比下降了，并进一步影响到了集体的权威。

在分田到户后相当长的时间里，村干部都一直是村庄中最有权威的群体。他们的权威不仅来自国家制度安排赋予的身份，也来自他们自身所具有的能力。由于大规模的外出务工经商尚未出现，村民基本上都在村中从事农业生产，村干部在当时是村庄中最有权威的群体，村庄中最有能力的村民也大都愿意出任村干部。当市场经济兴起，城市化和工商业化的迅猛发展提供了越来越多的非农就业机会，与做村干部相比，经济上的成功和稳定地进入城市生活对村庄中能人的吸引力变得更大，在许多村庄开始出现"一流人才办厂经商，二流甚至三流人才当村干部"的现象。这些村庄的村干部也是具有一定能力的村民，也拥有国家制度安排所赋予的身份和村民选举的授权，但是他们所具有的权威与从前的村干部相比却削弱了，因为村民都知道，他们的能力并不是村庄中最强的，而且，许多人做村干部主要是因为可以获取一定的工资，跟外出打工相比，不必离开家乡还可以得到一定的收入。集体权威也因此比从前下降了。

　　集体无权威的第三个原因是，村民对集体权威的不服从。

　　乡土社会是礼治社会，礼并不是靠外在的权力来推行，而是从教化中养成了个人的敬畏之感，使人服膺，人服礼是主动的[①]。集体权威的实现，也需要村民认可自身的角色，服从集体的决定，听从集体的指挥。因此，集体无权威并不仅仅是集体自身所导致的，村民不愿意服从集体的权威，也是集体权威下降的重要原因。

　　在从前的乡村社会里，村干部如果能够熟知并熟练地运用既有的村庄社会规则，可以让他们在对这些规则的维护中展现自己的能力，有利于他们在村庄中建立威信。然而在被征地村庄，村干部即使熟练运用村庄社会规则，也不一定会带来村民的服从。一方面，非农就业已经成为大多数青壮年农民主要的甚至是唯一的收入来源，无论是在生产还是生活中，农户对村干部的依赖都越来越少，部分农户觉得，不服从村干部的权威对自己也没有多少影响。另一方面，征地拆迁村庄处于激烈的社会转型之中，既有的村庄社会规则受到各种外来的价值观的冲击，当接受了"更加先进的理念"的村民不愿意再遵守既有的村庄社会规则的时候，村干部却无法对他们做出惩罚，无法维护村庄既有的社会规则，

[①]　费孝通：《乡土中国：生育制度》，北京大学出版社1999年版，第49、51页。

这进一步让村民对当前村干部的权威有了更加准确的认识。

集体权威弱化导致征地拆迁中的冲突更加容易发生，当村民间在征地拆迁中因为利益博弈而产生纷争的时候，集体因为权威不足而很难进行及时有效的调解，而村民与村集体间的冲突，化解起来更是困难。

第二节　国家征收土地的目标

征地补偿中村庄内部冲突的发生，并不仅仅与征地事件导致的村庄结构发生剧烈变化有关。客观存在的制度始终是一种被建构的客观性，不了解这一制度产生的历史进程和制度建构者的主观意图，就不能充分理解该制度的内在逻辑。[①] 征地制度服务于国家征收土地的目标，理解国家征收土地的目标，可以帮助我们理解部分征地冲突是如何产生的。中央是土地等征地相关制度以及规则的制定者，地方政府是土地征收的主体。中央和地方在征收土地的目标方面并不完全一致，甚至有一定的冲突，这些冲突也会最终被传导至村庄，并对村庄内部冲突产生一定影响。

一、中央的土地征收目标

中央通过相关的制度设计和规则制定，希望在征收土地的过程中能够实现以下目标：

第一，调动地方政府发展经济社会的积极性。中国人多地少的国情导致农业比较效益低下，要发展经济就必须加速城市化进

---

① 彼得·伯格、托马斯·卢克曼：《现实的社会建构：知识社会学论纲》，北京大学出版社 2019 年版，第 76—79 页。

程，将农民从农业中转移出来。因此，中央希望通过实施土地财政，调动地方政府通过征地谋发展的积极性。事实证明，中国土地资源极度稀缺，却能够在资本不足的情况下实现工业化和城市化的高速发展，土地产权制度和管理制度起到了重要作用[①]。

第二，节约用地。城市化和工商业的发展必须征收土地，但是土地却不可能无限供给，为了保证粮食安全，还必须确保十八亿亩耕地的红线不被突破，在征地的过程中，必须尽量节约使用土地。因此，《土地管理法》第46条规定，征收永久基本农田、非永久基本农田的耕地超过三十五公顷、其他土地超过七十公顷，都必须由国务院批准，征收其他土地则必须由省级人民政府批准。

第三，限制地方政府以地谋利的行为，并保护农民权益，维护社会稳定。征地所带来的地利在地方政府和村庄之间的分配是一场零和博弈，地方政府和村庄所得到的份额大小此涨则彼消，地方政府不可避免地会存在通过减少对农民的分配来谋利的冲动，如果不加节制，很可能会因为地方政府的牟利行为侵害农民利益而导致社会不稳。为此，中央一方面以各种制度来对地方政府的权力加以限制，另一方面对民意表达的渠道进行畅通。

地方政府是征地的主体，是征地行为的实施者，中央希望通过征地达到的几个目标，必须转化为相应的激励或者约束地方政府的指标和纪律才能够落到实处。然而，中央希望通过征收土地达到的诸多目标，虽然有跟地方政府完全一致的部分，如，发展地方社会经济，但是也有一些目标之间却存在一定的张力：首先是调动地方政府积极性和保护农民利益的矛盾，其次是城市化和

---

① 刘守英：《以地谋发展模式的风险与改革》，《国际经济评论》2012年第2期。

工商业化必须征收更多农地，这与保证粮食安全必须节约用地之间有一定冲突。地方政府的征地行为必然要受到相关指标和纪律的约束，中央征地的诸目标的内在冲突因此会被传递给地方政府，并最终在地方政府的征地目标中表现出来。

二、地方政府的土地征收目标

地方政府希望通过征地行为达到以下目标：

第一个目标是发展地方经济社会，实现社会效益最大化。中国农业人口众多而人均耕地面积很少，只有将农业剩余劳动力转移出来才能够进一步发展经济社会，这就不可避免地需要征收土地来满足各类企业的用地需求，通过城市化和工商业化大力发展第二第三产业，创造更多的非农就业机会。在与其他地方政府的"锦标赛"竞争中，财力有限的地方政府希望以更低的价格征收土地，从而以低价土地增加本地招商引资的砝码。

第二个目标是经营土地财政，实现自身利益最大化。面对软预算约束，地方政府产生了"以地生财"的谋利行为，在土地征收与开发的过程中获取巨大的土地升值收益。土地出让金以及土地抵押融资是城市建设的重要资金来源，地方政府的运转和本地的发展也离不开土地财政。

第三个目标是维护社会稳定，实现自身风险最小化。维护社会稳定、确保一方安宁是地方政府主政一方的必然要求。社会稳定也是上级考核的重要内容，属于"一票否决"的考核事项，可以导致相关领导和责任人被降职、免职、撤职等后果。然而，征地拆迁利益巨大，冲突频发，村民经常与包括地方政府在内的各相关利益主体展开激烈的利益博弈，地方政府必须保证征地拆迁中的社会稳定，以实现自身风险最小化。

显然，受中央征地诸目标的内在冲突的影响，地方政府的这些目标之间同样存在张力。地方政府通过征地可以为城市化扩张和工业化提供土地，为当地提供更多的就业机会，通过经营土地财政可以有更多的资金用于支持城市化发展，也可以为地方财政提供更充裕的资金，但是征地拆迁中，如何在地方政府和农民之间分配农地向建设用地转化而产生的土地增值，却很容易引发冲突。

三、国家征地目标影响村庄内部冲突的机制

前面已经分析，尽管农地征收中的村庄内部冲突发生在村庄内的行动者之间，但是，中央和地方政府的征地目标之间存在冲突，并且最终会被传导至村庄，对村庄内部冲突产生一定影响。下面对国家征地目标如何影响村庄内部冲突的机制做出剖析。

（一）内部冲突的逻辑起点：农民地权意识的觉醒（国家—行政—村庄的三方互动）

征地是国家行为，土地征收的主体是县一级人民政府，征地中的村庄内部冲突也是源于国家的征地行为。中国并不存在完全意义上的土地市场，出于保护农业用地的目的，城市发展以及交通、工业用地都需要经过国家的统一规划。可以说，征地补偿中的村庄内部冲突，最初是由国家征地的相关制度和具体的征地政策所引发的。

征地过程中社会冲突最初发生的逻辑过程如下：地方政府为了在征地中获取更多的利益，对被征地农民采取了较低的征地补偿标准——土地权益被地方政府严重侵犯的部分农民开始抗争，

恶性事件、群体性事件出现——中央严厉限制地方政府在征地中对农民的侵权行为，要求地方政府维护社会稳定，保护农民的土地权益——地方政府不得不严格执行国家相关法律和政策，提高征地补偿的标准——农民发现，土地被征收后可以一次性将被征收土地数十年的农业收益变现，与从事农业相比，土地被征收是"划算的"，于是，更多村民与地方政府博弈，地方政府被迫进一步让渡部分利益。

以上从国家、行政、村庄间三方互动的角度，对征地中社会冲突在最初阶段的发生过程进行了简单的勾勒。其背后的逻辑是，地方政府在几个相互冲突的征地目标中，因为过于注重其他目标而对农民的土地权益造成了侵害，导致中央介入，保护农民的权益。中央对农民个体权益的保护，激发了农民个体意识的觉醒；对农民土地权益的保护，则唤醒了农民的土地权益意识。

（二）从村庄对外冲突到村庄内部冲突的转化（行政—村干—村民的三方互动）

上面主要分析的是农民的个体意识和地权意识是如何觉醒的，虽然没有涉及内部冲突，但是内部冲突之所以发生，却是以农民地权意识的觉醒为逻辑起点的。农民的个体意识以及土地权益意识觉醒之初，虽然只是针对地方政府的侵权行为进行反抗，以维护自己的土地权益，然而，个体意识和地权意识的发展，却必然会强化农户对自己与其他农户之间土地权益边界的认识，最终发展出村庄内部冲突。

首先，农民在地方政府让渡部分利益后发现，在征地拆迁中可以通过博弈获取更多的利益，于是与地方政府的博弈升级，冲突增加。

接着，村干部与村民之间的冲突出现。地方政府为了解决征地中人手不够的问题，从征地开始就引入了村干部参与征地工作，村干部在征地中所扮演的国家代理人的角色，与村民的利益存在一定的冲突，导致村干部与村民之间产生一定的紧张。

然后，基层政府因为在征地时直接面对农民而经常产生冲突，甚至导致群体性事件和越级上访等社会不稳的事件，导致国家对基层政府的批评，为了从冲突中脱身，地方政府采取种种办法，其中，村委会包干制成功地将政府与村民间的官民冲突，转化为了村干部与村民间的村庄内部冲突。

第三节　农民对征地的期待

作为行动者，农民在征地拆迁中的所有行为都服务于他们对于征地的期待。农民对征地的期望主要包括三方面：第一是对利益的期待，主要是希望一揽子解决城市化成本；第二是对公正的期待，就是避免"相对剥夺感"，简单点说，就是自己的征地拆迁标准不能够比其他村民低；第三是对逐利的期待：满足"相对获得感"，简言之，就是希望补偿标准高于规定，或者高于其他村民。以下逐一分析。

一、对利益的期待：一揽子解决城市化成本

村庄内部冲突的性质是利益博弈，村民在博弈的过程中都有自己的目标，然而村民的目标很难通过征地补偿实现，村民的博利行为很难彻底缓解，因为村民对征地的利益期待是：为自己一揽子解决城市化成本。

　　当前即使在偏远农村，青壮年劳动力也基本上都已经外出务工经商。第一代农民工外出务工，主要是因为小规模农业有限的收入难以满足家庭日益增长的现金需要，希望通过打工补贴家用，减少房屋修建、子女教育、婚丧嫁娶等方面的货币压力。而大部分新一代农民工外出务工的目的是个人发展，希望通过打拼能够在城市中完成购房、子女教育等需要，并最终成为城里人。他们外出务工的动机，已经完成了从补贴农村家用到脱离农村、在城市中立足的转变，这种转变导致了农民对乡土不再依赖，对村庄不再认同。许多新一代农民工学校毕业后一直在城市中打工，从小就没有接触过农活，他们的农民工身份与他们的职业没有任何关系，更是没有回到农村的想法。

　　城市化的迅速发展为农民转变为市民提供了前所未有的机会，但是农民的城市化之路仍然面临重重困难。农民现在进入城市后很容易寻找到工作机会，但是受到教育程度不高、知识技能不足等限制，大多数人的收入都不高，即使没有了落户城市的种种限制，要满足购房、子女教育等在城市中立足的各种要求，往往是拿出全家数代人的积蓄后仍有较大的货币缺口。即使满足进入城市的经济条件，能够解决住房等问题，还不足以让农民认为自己已经成为"真正的城里人"。目前在农村从事农业虽然不足以致富，但是只要有承包地就足以维持生活，而要在城市中立足，必须拥有稳定而持续的收入。大多数农民在城市中很容易找到工作，但是这些工作大多对技能要求不高，收入也不高，可替代性较强，为了应对进入城市后的种种不确定，他们必须尽可能地积攒更多的现金，以备不时之需。

　　几乎所有青壮年农民都有完全摆脱村庄的束缚、成为城里人的梦想，他们的父母也会倾尽全力相助，但是实现这些梦想却要克服种种困难，尤其是购房等刚需所带来的巨大的经济压力。征地的到来让他们发现，他们距离实现成为城市人的梦想，将因为征地补偿款而无比接近甚至是完全实现，因此他们都会努力抓住一切机会，在征地这个"一锤子买卖"中为自己博取更多的利益。

农民对征地的利益期待是：为自己一揽子解决城市化的成本，换句话说，农户希望征地拆迁补偿款能够让自己彻底脱离农村。既然目标是脱离农村，农村既有的社会关系就变得不再重要，除非是能够为他们在城市中的就业以及生活等方面带来帮助的那些社会关系。他们与其他村民间的关系被重塑，从前在村庄中，弟兄等血缘关系和邻里等地缘关系都是村民在村庄中最重要的社会资本，而现在，最重要的社会资本已经变成了对自己在城市生活有帮助的村民，而血缘和地缘关系的重要性大大下降。因此，正是这个共同期待，也说明农民在征地的过程中必然产生分化：进城是以农户个体为单位的。

为了实现一揽子解决城市化成本这个很难完全被满足的征地的利益期待，农民想尽一切办法让自己在征地中的获利最大化。他们向地方政府、施工方、开发商等村外的利益相关者采取各种策略进行利益博弈，他们即使觉得征地所能得到的补偿标准已经不低了，仍然会采取抢栽抢种等各种办法，在每一个征地拆迁的补偿项目中，向地方政府探寻最高补偿标准的极限；当他们面对施工方的时候，甚至可能利用自己的弱者身份实施游走在法律边缘的"敲竹杠"的行为；对于需要在村内分配的各种补偿款，他们也会与村集体、其他村民等利益主体展开激烈的博弈，甚至，在家庭成员之间也可能因为突然到来的巨额家庭财富的分配问题而导致分裂。

二、对公正的期待：避免相对剥夺感（被动的行动者）

学术界对征地的主流研究认为，农民对补偿金额不满意的主要原因是征地补偿标准太低，但是我们发现在征地拆迁中，征地所引发的社会冲突，不论是发生在农民与地方政府之间，还是发生在农民与其他利益相关方之间，大多数农民对补偿金额感到不满意的主要原因，都不是认为政府制定的补偿标准低，而是觉得负责征地拆迁的工作人员针对自己采用的补偿标准不公平。

很少有农民能够判断政府制定的征地标准是否过低，绝大多数农民甚至根本不会去了解具体的征地标准。农民在征地中产生的不公平感主要是根据比较得来，这些比较主要从两方面开展。一是纵向上跟自己历年通过土地进行农业生产所获取的收益相比，如果征地补偿所得高于同一块土地上进行农业生产的收益，农民则认为以失去土地为代价换来征地补偿是值得的，甚至是划算的。在 20 世纪 90 年代末和 21 世纪初，许多初次经历征地的村庄的补偿标准，尽管现在看来对失地农民权益的侵犯很严重，但是在当时很多农民却不仅没有感觉，还对征地很欢迎，其原因正在于此。农民的另一个比较则是从横向上跟其他被征地农民所获得的补偿进行比较。本村以及外村其他村民所获得的补偿都是农民比较的对象，如果补偿标准低于本村和其他村的村民，就会引起农户的不满。如果其他村民能够得到较高的补偿是因为采取了当钉子户或者其他策略，这些方式则会引起村民的效仿。

当前农民都认为征地非常划算，甚至盼望征地，主要就是跟自己在土地上从事农业的收入进行对比得出的结论。但是与此同时，他们也会认为自家所得的征地补偿费少了，这种不满则是他们在与其他村民的补偿标准中得出，可以说，这是一种因为比较而产生的相对剥夺感，用农民的话说就是："不公平"。

学术界在提到补偿标准低的时候，指的是政府制定的补偿政策的标准低了，针对的是所有的农户。农民也会提到补偿标准低了，但是他们说的跟学界说的却不是一个意思，只针对自己，指的是跟其他农户相比，对自家使用了低标准的补偿。农民在提到补偿标准低的时候，极少会指向政府的政策。一方面，大多数农户都不会研究相关的法律和政策，难以判断地方政府的补偿标准是否严格按照规定执行，更难以判断政府的补偿政策是否合理，补偿标准是否侵害了农民的土地权益，另一方面，标准低了"也不是针对你一个人，别人能够接受，你凭什么那么多话？"

如果自家的补偿标准比其他村民低，很可能引起农民的强烈反弹，即使这个标准已经远远高于他们最初对于征地的预期。即使是村庄中最弱势的群体，当他们知道自家的补偿标准比其他农户低的时候，也会理直气壮地要求提高自家的补偿标准。村庄中的很多分配可能是根据农户在村中的实力大小来决定，很多农户可能会接受这个结果，但是征地补偿费是国家给的，国家作为最公正的代表，决不能对其他人采取更高的标准，而对自己采用较低的标准。征地开始阶段宣布政策的时候，农民如果发现某些标准低于他所知道的其他村庄的标准，马上就会表示不可接受，而在本村的征地过程中，村民如果知道自家的标准比别人低，也会表示不服。

相对剥夺感产生于比较中，如果不解决农民的相对剥夺感问题，单纯提高补偿标准并不足以化解征地中的社会冲突，反而会出现补偿标准越高，农民博弈的动力越大的结果，导致冲突更加激烈。

三、对逐利的期待：满足"相对获得感"(主动的行动者)

避免相对剥夺感，只是农民希望通过征地实现的比较低的目标，村民对征地的期望不止于此，他们还想期望自己的补贴标准比标准高，比其他人高，满足自己的"相对获得感"。

农民在征地拆迁中对"相对获得感"的满足，由两方面构成，一是对自己施用的补偿标准比规定得高。乡镇工作人员和村干部如果在征地中表示，给予农户的补偿标准严格根据相关规定，农户肯定不会满足。他们总是希望通过不断地讨价还价，试探得到更高补偿的可能性，直到觉得已经达到极限为止。事实证明，农户关于具体的补偿标准是可以浮动的看法并非没有道理。地方政府为了换取农户对征地工作的配合，也会主动将上级规定的部分补偿标准提高一点，以满足农民的"相对获得感"。如在征地开始的阶段，地方政府所制定的经济林木的补偿标准都会略高于市场价，对价值相对较小的大田作物的青苗补偿费更是完全放弃了据实征收的原则，不论青苗的生长期如何，甚至不论是否种植有青苗，都一律予以补偿。但是，农户并不认为地方政府的这些行为表达了足够的诚意，他们仍然会继续通过抢栽抢种等各种方式，在每一个补偿项目上逐项与地方政府展开博弈，以争取都能获得尽可能高的补偿。在地方政府制定的征地方案中，也的确没有把最初公布的价格作为最后的目标价格，他们知道，农民总是会不断讨价还价的，在他们所做出的征地成本预算中，也都会为此留下一定的空间。地方政府开始只是针对一些价值比较小的补偿标准让步，最后，在能够浮动的各个具体补偿项目的标准上都做出一定后退。农户直到觉得达到了自己的心理预期，或者觉得已经无法让工作人员继续提高标准的时候，他们才会收手。其中最为典型的就是地方政府对经济林木的补偿，尽管政府最开始制定的补偿标准就略高于市场价，但是农民仍然会抢栽抢种，并且要求给出更高的补偿价，迫使地方政府不断提高补偿标准，农民直到认为标准已经没有什么提高的余地才会罢休。在这个过程中，据实征收的原则大打折扣，农民的"相对获得感"得到极大的满足。

农民满足"相对获得感"的第二个途径是：对自己采用的补偿标准比先征地的人或者周边的人高。农民根据经验知道，后征地一般都会比先征地应用的标准高。尽管地方政府都会解释，只有国家标准调整了，后面的标准才会比前面的高。不过，农民并不一定会相信，他们一般只会相信自己的经验，而不会去学习相关的政策规定是否已经到了调整标准的时间，他们也不知道如何去找到相关的规定，大多数农民只会通过博弈来探寻更高补偿标准的可能性。希望得到比周边的人更高标准的村民，大都在村庄中拥有一定的优势，比如，拥有比其他村民更多的社会资本，比如有亲戚朋友在政府部门、是村中的大姓、与村干部关系好，或者比其他村民更能"扯"、更不讲道理、是村庄中的"强人"，等等。

地方政府对标准执行得严格，会降低农民对"相对获得感"的期待。大量现代技术采用后，农民发现工作人员的确无法做出让步，导致自己很难钻空子的时候，也会表示理解，甚至，反腐工作的强力推进，导致补偿标准被更加严格执行，以至于他们比此前被征地农户的补偿标准少了，他们也会接受现实。[①] 虽然他们不能够因此获得更多的利益，但是政府在对农户征地拆迁的补偿中，因人而异、看菜下饭的比重减少了，农户之间在标准面前更加公平了。说到底，农民之所以追求"相对获得感"，主要还是源于补偿政策执行过程中的弹性空间过大。

第四节　内部冲突的影响因素

对于征地拆迁中的村庄内部冲突，我们可以概括出四个影响因素：政策不契合实际，社会不规则，成员不认同，村庄无权威。

一、政策不契合实际

改革开放以来，中国的"三农"政策不断顺应时代的变化而做出灵活调整，四十年来农业生产不断发展，农村社会稳定，大量农业剩余劳动力也能够自由往返于城乡之间，为中国经济持续高速发展做出了重要贡献。这说明，当前的土地政策总体来说是契合实际的。但是也有部分政策的设计过于强调经济发展等某个方面，导致在其他方面出现负面效应。在征地补偿中的村庄内部冲突中，就有一部分是由不契合实际的政策所引发的。

前面讲到的不契合实际的政策，如在土地集体所有的前提下弱化村庄的集体权力，强化农户的个体意识。如土地财政，既让地方政府发展经济，通过土地获取利益，又要求维护农民利益。

---

① 周娟：《农村征地拆迁中"钉子户"的产生机制及其治理》，《华南农业大学学报》（社会科学版）2019 年第 3 期。

这些已经在第二章中做过较多讨论，这里不再赘述。

二、社会不规则

科层制是一个理性的社会组织结构，它在精确性、稳定性、纪律的严明性和可靠性上都优于其他任何形式，因此在现代社会日渐普及 [1]。进入新世纪以来，我国政府实行行政科层化的治理改革，在行政建设和监督中将法治化、规范化、技术化和标准化作为核心议题，正在发生从总体支配到技术治理的转变 [2]，开始越来越多地采用普遍化的程序和规则进行技术性治理。在当前乡村治理中，技术化的治理手段也得到了越来越多的应用，网格化管理的推行，以及电脑、网络等各种现代治理工具和技术在乡村中的推广，正是技术治理进入乡村社会的实践表达。

然而，以数字化治理为代表的技术治理在乡村社会却碰到大量困难。地方政府在技术治理的过程中给村庄下达了大量的填表等任务，村干部经常是疲于奔命却仍然难以准确填报，只好采用形式主义的办法糊弄。技术治理必须在标准化的基础上，通过数字技术等实现治理过程的规范可控，才能最终实现治理目标。然而村落社会是不规则的，农民紧密互嵌，相互抱团。乡村社会看似简单均一，实则因为不规则而充满了复杂性，在实施规则化治理时困难重重。过去对乡村社会采用简约化治理实属不得已，而不仅仅是受到技术的制约。如今技术治理的技术手段已经得到突

---

[1]　周晓虹：《西方社会学：历史与体系》，上海人民出版社 2002 年版，第 382 页。

[2]　渠敬东、周飞舟、应星：《从总体支配到技术治理——基于中国 30 年改革经验的社会学分析》，《中国社会科学》2009 年第 6 期。

破，乡村社会不规则的特点却并没有得到根本改变，要将其转化为可以化约的标准化的数字并上报，存在很多困难，采用统一的无差别的治理方式往往收不到预想的效果。因而数字化治理中的形式主义问题在乡村中远比城市严重。

（一）标准化未实现

技术性治理是规则之治，必须以标准化的信息为基础。在尚不具备实现标准化的条件时就推行技术化治理，所传播的信息必然是失真的，通过这些失真信息进行的技术性治理就会偏离治理目标。征地拆迁中大量现代治理技术的采用，只有部分信息的质量因为标准化的实行而得到改进，治理也因为信息有效性的提升而取得了理想的效果，还有许多治理目标，因为相关信息在乡村社会中未能实现标准化而难以实现，这或者是因为国家通过各种现代技术所获取的信息无法与乡村的现实匹配，或者是因为村庄虽然也将相关信息"标准化"并上报了，但是这些信息因为在"标准化"的过程中进行了大量的加工而导致失真，无法在实际中使用。这主要有以下几个原因。

1. 土地不规则

这里所说的土地不规则，并不是指土地的田块形态不规则，而是指土地的计量单位等因为村庄内部的原因而无法做到统一标准。土地的不规则，实际上是社会不规则的一个表现。

尽管国家已经能够通过电脑、卫星等现代高科技的软件和硬件将土地信息数字化，能够实现对每一块土地的实时监控，但是乡村的相关信息无法转化为标准化的数据。国家可以通过卫星图了解每一块土地的详细的物理信息，却无法将其跟具体的农户准确对应起来。不论是在根据农户承包的土地发放各种农业补贴的时候，还是在征地拆迁中对被征地的农户补偿时，都需要以这些现代技术所获取的信息为基础，采用人工核对的办法才能够与相应的农户准确地对应。

2. 村庄问题的成因不规则

村庄中的事务往往具有复杂的成因，其形成可能受到地缘、血缘、历史遗留问题等多重因素的影响。村民的某些行为在外人看来完全就是无理取闹，然而如果考虑到村庄的具体背景，却是完全合理的。还有些村民的行为或者提出的要求，看似完全符合普遍的规则，但是本村人却都知道背后是完全基于自私的考虑，是对其他村民利益或者村庄整体利益的破坏。对于看似完全一样的村庄事务，如果采用同样的规范去处理，可能会出现不同的后果。可能有的处理很顺利，有的却会节外生枝，牵扯出其他的问题出来。

3. 村民的社会关系不规则

现代社会必须实行规则之治，所有公民在法律面前一律平等，然而村落社会至今仍是人情社会，农民的社会关系受到血缘、地缘等诸多因素的影响，具有高度的复杂性，这决定了村级治理很难将其面对的情况进行归纳分类，而往往需要考虑人情关系，采取特殊主义的逻辑进行处理。

村庄不规则是传统村庄社会所具有的一个特点，村庄中的社会规范以及传统的村庄治理方式本身就是建立在这些不规范的基础之上的。可以说，村庄不规则就是传统村庄的一部分。征地将乡村社会的不规则都激发出来。农户利用乡村社会的不规则进行博弈，为自己争取更大的博弈空间。村干部开展工作也必须考虑村庄社会不规则，有针对性对不同的村民采取不同的策略，而他们在征地拆迁中谋取私利往往也是对社会不规则的利用。如，利用土地不规则，重复领取某一地块的土地补偿费。当然，随着现代治理技术的运用，重复领取补偿款已经不可能。

（二）权宜性、人格化

学界早已发现，基层干部在工作中大量存在采用权宜之计的现象。比如，村干部和基层干部在执行中央政策或者上级政令的时候，常常采用非正式关系 ①、"变通" ②、"共谋" ③ 等非正式行为，在面对上级下达各种脱离基层实际的指标，或者基层因为自己的原因而无法完成任务的时候，"上有政策，下有对策"地糊弄上级。这些有关政府工作中权宜之计的研究，大多是针对基层应对上级时所采取的权宜行为。在征地拆迁中，我们却可以看到大量的另一类权宜行为：既包括基层政府针对村集体和普通村民，也包括村集体针对村民，还包括村民针对地方政府、村集体。

以科层制为代表的现代治理是一种形式上的非人格化的支配；理想的官员在履职的时候不会具有各种情绪化的表现，严格履行义务而不管个人的考虑；人人都服从形式上的平等，每个人所处的经验情景都相同。④ 然而无论是在传统的农业村庄，还是在被征地村庄，村庄治理却都是人格化的，村民的行动往往首先基于血缘、地缘的考虑，而不是普遍的法律和政策，他们对村干部的服

---

① 孙立平、郭于华：《"软硬兼施"：正式权力非正式运作的过程分析——华北 B 镇订购粮收购的个案研究》，载《清华社会学评论》2000 年特辑，第 21—46 页。

② 应星：《大河移民上访的故事：从"讨个说法"到"摆平理顺"》，生活·读书·新知三联书店 2001 年版，第 91—104 页。

③ 周雪光：《基层政府间的"共谋现象"——一个政府行为的制度逻辑》，《开放时代》2009 年第 12 期。

④ 马克斯·韦伯：《经济与社会（第一卷）》，上海人民出版社 2010 年版，第 332 页。

从，可能是因为村干部所具有的职务，也可能是拥有村庄领导职务的个人。人格化治理带来特殊主义的权宜性行为盛行，基层政府和村集体在村庄中完成上级任务的时候常常如此，在处理村庄事务的时候如此，村民在维护自己利益的时候也是如此，不论村民所面对的是地方政府还是村集体，或者其他村民。

1. 国家的权宜性

在征地拆迁中，国家的权宜性更多的是由基层政府表现出来的，而中央则因为无需直接面对被征地的村民而比较超脱，处理涉及征地的问题时都会坚持原则，而不会表现出权宜性的特点。不过，地方政府的很多权宜性的变通行为，却是源于上级下达的各种不切实际甚至互相矛盾但是又必须完成的任务指标。为了能够在总体上实现这些目标，地方政府不得不采用各种正式或者非正式的手段，即使牺牲原则也在所不惜。地方政府在征地拆迁中不仅目标众多，而且许多目标之间具有较大的张力，为了能够同时实现这些目标，就必须综合做出权衡，甚至会为了实现某些"更加重要"的目标而对其他目标做出一定的牺牲。

在治理村民抢栽抢种以及违建的时候，地方政府受到征地进度、维稳、治理成本等多方面的制约，常常不得不放弃据实补偿的原则，"花钱买平安"，权宜性地做出变通处理。少数地方政府为了尽可能压低征地补偿价格或者推进征地拆迁尽快进行，甚至会吸收混混等闲杂人员参与征地拆迁工作。

部分钉子户的要求没有法律和政策依据，个别人甚至就是以当钉子户为手段谋利[1]，然而基层政府明知这些人存在的问题，但

---

① 陈柏峰：《农民上访的分类治理研究》，《政治学研究》2012 年第 1 期。

是或者为了征地进度的需要，或者为了维稳的需要，仍然向他们做出妥协，暗中给予高额补偿。有时候地方政府并不会向钉子户妥协，但是他们即使能够通过合法的方式采取强拆等强硬手段，也会担心可能导致社会不稳而尽量避免使用，而是首先尽量使用权宜性的手段解决。比如"抓把柄"，从其他方面寻找钉子户各种不合规不合法的行为并加以处理，对其进行敲打；还有搞"连坐"，通过梳理钉子户的社会关系，找出其"吃财政饭"的亲戚朋友，要求他们去做钉子户的工作，如果做工作无效，甚至可能会被停薪停职。

所有地方政府都会宣传他们对所有被征地的农户都一视同仁，严格根据法律和政策给予补偿，但是暗中却会采取特殊主义的策略，对部分农户采用比常规更高的补偿标准。这就是所谓的"开口子"。开口子或者是为了照顾跟工作人员或者领导有关系的农户，或者是为了照顾对征地工作做出了贡献的村干部，或者面对坚持不让步的农户时，因为面临着时间紧、维稳压力大等制约，不得不以牺牲原则为代价，通过特殊化处理来满足其过高的要求，以避免其无休止地胡搅蛮缠。

"开口子"本来是地方政府在面对个别农户时采取的一种权宜性措施，但在各地的征地拆迁中，现在却都已经成为被普遍采用的一种技术手段。在"开口子"的时候，地方政府都会要求被征收者对补偿内容严格保密，为了防止实际的补偿标准泄漏，基层政府一般都不会把补偿合同给农户，或者签署两份"阴阳合同"，只把按照规定的假合同给农户，然而，乡村社会很难保持秘密，本来是针对个别农户的"开口子"却很容易被传出去。暗箱操作被公开化以后，引起了其他村民效仿，地方政府不得不因人施策，对不同农户以不同标准"开口子"，开的口子过多最终引起连锁反应，最终对所有的农户都开了"口子"。征地补偿本来应该根据普遍化的标准据实执行，却变成了一户一策。不过，尽管农户都知道谈判就是可以开口子，就能够为自己争取高于文件规定的补偿标准，而且也有其他农户开口子的内容传出，但是政府仍然可以不承认给予了其他农户高标准，只是强调已经给予被谈判的农户最高标准。由于农户手中并无证据，最后的谈判价格虽然都会高于文件规定，但是具体能够得到多少补偿，仍然取决于农户的社会资本以及谈判能力。

地方政府是村民最容易接触到的国家的代表。在征地拆迁的过程中，地方政府也肩负着保护被征地农民的责任，但是在实际实施的过程中，地方政府也有自己的征地利益，并且经常与被征地农民的利益之间存在一定的冲突。对于征地补偿的具体标准，地方政府的工作人员都非常了解，但是他们为了以更低的成本顺利地完成征地拆迁任务，都会将具体的征地拆迁标准在村庄中有选择地公开，以方便通过"瞒、骗"的方式诱导村民尽快以较低的价格签订征迁协议。

地方政府经常为了让自己得到更多的利益而与民争利，甚至损害被征地农民的利益。征地补偿中需要分配的利益巨大，地方政府在征地拆迁中直接面对村民，很可能与村民产生冲突甚至出现维稳的压力，严重时还会导致上级的追责。地方政府为了避免自己承担责任，则会通过种种办法把征地拆迁的具体事宜发包给村干部。

地方政府在征地拆迁中，不仅要面对不规则的乡村，而且必须实现数量众多且相互具有张力的目标，只能够权宜性地用尽各种正式以及非正式的手段，在保证社会稳定的前提下，尽量均衡地实现征地拆迁的各种目标。基层政府为了实现阶段性的征地拆迁目标，无原则地大量采取各种权宜性的手段，必然要以付出各种政治、经济和社会的成本为代价。规则的失去，损害了法律法规以及地方政府的权威性，导致村民与地方政府的博弈大量产生，即使有着明确规定，村民仍然会漫无边际地讨价还价，同时也对征地拆迁中的村庄内部冲突造成影响。这些权宜性的措施虽然也能够取得一时的功效，但是却治标不治本，而且很容易形成新的"历史遗留问题"，导致后续的征地变得更为麻烦。

2. 村干部的权宜性

最近二十余年来，政府非常注重村庄的制度化建设，为村庄制定了大量的规章制度，涉及村庄治理的方方面面，并且要求所有的制度都必须上墙，向全体村民公开。但是，"制度是死的，人是活的"，相当数量的规章制度仅仅被村干部用于应付上级的检查，而不是他们工作的指南。村干部在工作中要讲原则性，但是更多的却是讲灵活性，他们在处理村庄事务的时候方式千差万别，没有一定之规，往往是"看菜下饭，看人说话"，什么方式最简单最有效就采用什么方式。即使面对的事情具有完全一样的性质，也会针对不同的人采取不同的处理方式，有的人需要讲道理，有的人需要讲人情，有的人可以来硬的，有的人只能来软的，有的人则必须软硬兼施。在调解村庄纠纷的时候，村干部也会遵守相关政策和村庄社会的基本规范，但是即使有村民违反了这些基本原则，村干部一般也只是会私下指出，很少会让他当众下不了台。在具体处理的时候则是两边做工作，争取至少有一方做出让步，好做工作的一方更是村干部的重点，实际上是劝力量小的一方做出让步。当村干部的力量足以震慑当事人、摆平事态的时候，他们才会采用普遍主义的规则根据事情本身的是非曲直来处理问题，而当他们在当事人面前没有绝对权威的时候，则会采取特殊主义的办法，允许人多势众的一方或者势力更大的个人选择规则，同时分别对双方做工作，要求各让一步，只要双方能够接受就行。

中央和地方政府对征地工作有着大量的法律和政策规定，但是村干部在征地拆迁中向村民做工作的时候，却往往不会以法律和政策为依据。这当然有相关法律法规设计内容太多，作为非法律专业人士的村干部很难完全掌握的原因，但是在很多情况下，村干部却是明知相关规定，也会以不知道为借口避开使用。

3. 村民的权宜性

应星在对草根动员的研究中发现，农民群体采取的利益表达行动具有实用主义的特点，所使用的表达方式之间没有排他性，各种表达方式会被交错或者同时使用，是权宜性的。[1] 在征地拆迁中，农民群体的利益表达方式同样具有权宜性，农民个体更是如此。

城市化和工商业化导致村庄边界的开放，越来越多的村民离开村庄务工经商，逐渐摆脱土地的束缚。村民间的联系因此日渐松散，在不影响自己利益的前提下，原有的村庄社会规则仍然会在村民的日常交往中起作用，但是一旦涉及利益，他们就不再顾忌，权宜性地使用各种手段。

村民的权宜性，首先表现在对血缘、地缘等各种村庄社会资源的权宜性使用。

---

[1] 应星:《草根动员与农民群体利益的表达机制——四个个案的比较研究》,《社会学研究》2007 年第 2 期。

在被征地村庄，职业分化带来的人口流动与普通村庄有所区别。许多村民可以经常很方便地回到村里，甚至每天早出晚归，看似身体仍然在村，但是他们与村庄的关系却越来越生疏。传统村庄中最重要的血缘、地缘等结构性关系仍然存在，并且在农民外出打工的时候经常会起到极为重要的作用。当前农民外出务工，大多还是通过亲戚朋友等各种血缘、地缘的关系提供用工信息，在沿海及各大城市的劳务输入地，也可以看到外来务工者有着较为明显的地域特点，在具体的某个工厂、工地中，外地的务工者往往集中于某几个省市的某个县的某几个乡镇的村庄，务工者之间经常具有错综复杂的亲戚关系，呈现出非常鲜明的血缘和地缘的特点。农民工外出，一般都是某个村民在外找到了比较合适的工作以后，就会慢慢将自己的亲戚朋友带出去。在被征地村庄，由于交通便利、紧邻城市等原因，村民较容易就近获得工作机会，但血缘和地缘仍然是他们获取工作的最主要的途径。

不过，血缘和地缘尽管仍然是农民获取非农就业机会最重要的依靠力量，但是与在传统村庄中的重要性相比，仍然完全不可同日而语。通过血缘和地缘为村民带来的就业机会，有些仅仅是提供就业信息；有的则是在用工单位已经立足并从事管理工作的村民所提供；有些则是在外做包工头的村民提供的打工机会。这些就业机会对于村民的重要性并不相同，血缘和地缘更紧密的关系并不一定就能够为村民带来更好的就业机会，因而职业的分化虽然也依赖传统的血缘和地缘关系，但是更多的却是对血缘和地缘关系的切割，大多数血缘和地缘关系在村外变得不再重要。大多数村民在非农就业中虽然也会利用血缘和地缘，却仅仅是有选择地权宜性运用，如果对自己的工作有用，即使原本关系比较疏远，也会强化这些关系，并且因为工作的原因而越走越近，而如果对自己的工作没有帮助，一些原本比较亲密的关系也会因为接触渐少而弱化，从事相同职业的村民，既可能因为相互帮助而走得更近，也可能会因为同行竞争导致关系恶化。

对于征地补偿需要在集体内进行分配的部分，作为行动者的村民在争取自己的权利的时候，所使用的最为有力的资源就是村庄成员权。因为村民所享有的土地权益就是以村庄成员权为基础的。不过，尽管所有村民都认同村庄成员权，但是通过村庄成员权在集体内部分配征地补偿费用的实践逻辑却极为复杂，因为村民都会以理性计算为基础，在承认根据村庄成员权进行分配这个原则的同时，也会站在不同立场，权宜性地将其他原则巧妙地加入进去，综合利用各种原则，力求使自己在分配中达到利益最大化的目标。甚至，为了服务不同的目标，作为行动者的村民会根据立场的不同而对使用的原则做出灵活的改变。比如，某些村对需要在村民间进行分配的部分确定分配原则的时候，并不是简单地以现阶段的户籍人口为依据，而是分别将分田到户时的人口与当前的人口以不同的比重进行折合。

村民在征地补偿中所采取的策略和行为，最主要的出发点就是能否服务于自己获利。一切都作为手段服务于获利的博弈策略，无论是法律、习俗，都只选择对自己有利的部分进行工具性的使用。

经过国家多年来不断地普及法律知识等送法下乡的活动以后，当前农民依法保护自己权益的意识已经得到大大增强。但是总的来说，农民的法律观念和法律知识仍然具有大幅提升的空间，村民把法律作为一种信仰的仍然很少见，他们对法律的运用往往是权宜性的，是否运用法律，主要看法律能否支持自己的主张。被征地的农民如果发现自己的利益诉求能够在法律中找到支持的依据时，他们就会利用法律的武器来维护自己的合法权益；如果他们发现自己采取的行为不符合法律或者政策的相关规定，但是却可以在征地补偿中获得利益，并且这些行为很难被法律法规制裁的时候，他们就会毫不犹豫地破坏法律法规来博利；甚至，他们还会利用法律的武器来保护自己的不合法的行为。如，村民"种房子"以及在即将被征的土地上违规种植各种作物。"种房子"和抢栽抢种的目的就是套取国家的征地拆迁补偿款，实施这些行为的村民即使不知道政府的相关规定，也能够通过常识就知道这些行为是不可能得到相关政策和法律支持的，但是他们仍然利用法不责众以及行为的性质轻微等空子，在一切可以利用起来的土地上违规种满各种经济林木，或者种房子。其中最为典型的案例就是前面提到过的，在自来水公司和供电公司切断"种房子"所必须的水电以后，部分种房子的村民明知种房子的行为不合法，但是却毫不犹豫地拿起法律的武器，以他们种房子所必须的水电被自来水公司和电力公司以不符合法定程序的方法切断为由，状告配合政府行为的自来水公司和供电公司，并最终取得成功。

三、成员不认同

社会秩序可以通过多种途径建立，不同途径建立起来的社会秩序的稳定性相差很大。其中，通过认同建立起来的社会秩序以合法性为基础，远比通过功利、强制等建立起来的社会秩序稳定。"对一切真正的共同生活、共同居住以及共同劳作的内在本质与真相而言，'共同领会'就是它们的最简单的表达。"[1] 有了社会认同，人们之间的社会关系就是确定的，人们的行为也是可以预期的，当相互间的关系需要调解的时候，大家才会服从调解的程序和结果。

征地拆迁虽然是地方政府主导的行政行为，但是对于征地拆迁的意义，地方政府、村民等村庄内外的不同的行动主体却拥有一些大体相同的认识：城市化是大势所趋，由于城市发展需要更多的土地，征地拆迁不可避免，是中国完成城市化必须经历的过程；农民通过征地补偿得到的收益远远超过该地块的农业收益；城市生活比乡村生活更美好，征地拆迁有利于农民向市民转化，可以让农民分享城市发展和经济增长的好处。

尽管不同行动主体对于征地的意义能够达成社会共识，然而，他们有关征地的共识却仅仅止步于此，征地同时也带来了大量社会认同的瓦解。认同的分解，相当于作为一个有意义的社会系统的分解，正是我们历史时期的情景[2]。在被征地村庄，村庄社会不仅与其他村庄一样遭受市场化进程的冲击，而且正在发生因为征地而导致的农村向城市、农业社会向工商业社会的急剧转型。在征地村庄，许多村民在城市找到了工作，每天在村庄与城市之间频繁流动，部分村民已经在城市中购买了商品房，仍然居住在村里的村民主要是将村里作为住宿的地方，也以完全成为城里人作为目标，村民间的有机联系越来越少，这改变了村庄成员的社会网络关系、影响了村民对村庄的归属感，进而削弱了村民对村庄

---

[1]　费迪南·滕尼斯：《共同体与社会》，商务印书馆 2019 年版，第 99 页。

[2]　曼纽尔·卡斯特：《认同的力量》，社会科学文献出版社 2006 年版，第 410 页。

的认同。个体本位因为征地而迅速崛起，村民间不断发生分化，不同群体、不同个人对所得到的征地补偿的经济利益的社会比较，导致不同利益主体之间形成了不同的社会认同，在村庄内部，被征地拆迁的村民之间对征地拆迁的社会认同也不一致。因为征地拆迁，村庄内部的社会认同发生瓦解，村庄社会表现出一定程度的暂时"失范"状态。

（一）村民相互不认同

群体内部具有相互认同，成员之间才会愿意合作，规范性共识才能够达成，群体内的矛盾就更容易化解。

村民在传统社会中的相互认同对村庄保持秩序具有重要意义。在传统的村庄中也一样会有各种矛盾冲突，但是一般情况下这些冲突都会有一定的限度，村民很少会放任这些冲突无限发展。这是由于村庄中的各种社会关系错综复杂、深度纠缠，让村民处理问题的时候经常有"凡事留一线，以后好见面"的顾虑，很少会为了发泄自己的情绪而跟人彻底撕破脸，而是主动克制自己肆意释放情绪的冲动，即使偶尔情绪失控，也会在他人的调和下找台阶，最终把彼此间的面子维持下去。

家庭是个体生而拥有并且长期生活其中的组织，也是经济、情感的共同体，而且家庭结构简单，因此家庭成员之间的相互认同很容易建立。这也是家庭承包制推行很容易的原因之一。不过一旦进入到家庭以外，成员之间的认同就需要满足很多的条件。在传统的村庄中，村民在生产生活的各个方面都需要频繁合作，否则，单凭个人的力量，在村庄中很难生存下去，因此村民间很容易相互建立认同。村庄中的邻里关系、朋友关系、兄弟关系都曾经是村民们重要的社会资本，村民相互间的认同因此普遍存在。

然而征地带来快速的城市化转型，让村民的生产方式、居住方式和生活方式变动剧烈，传统村落中邻里间互惠性的帮工曾经非常频繁，而现在不论农业生产还是社会生活中，帮工都已经被市场化的服务取代，这让村民预期到这些关系都将变得不再重要。村庄中的人际关系日益市场化、货币化，削弱了村民对村落的认同，甚至传统的村落本身也在很大程度上被消解了。原本对维持乡村社会平衡具有重要作用的社会规范，因为征地拆迁而迅速弱化甚至丧失，村民之间的认同迅速弱化，村民越来越原子化。征地带来村民间的利益分化更加突出，为了争夺更多的征地补偿，村民们敢于不被原有社会规范所约束，敢于不再维持当前的人际关系，甚至不惜以关系破裂为代价、不顾原有的社会规范，权宜性地运用村庄权力的武器、"弱者的武器""关系"的武器、当钉子户等各种手段，与包括其他村民在内的各利益主体展开激烈博弈，为自己争取更高的补偿标准，力争让自己的补偿利益最大化。前面曾经分析，在征地之前，村民之间不仅是不涉及利益的时候变得"和谐"了，而且在被其他村民占了一点小便宜的时候，一般也能够比较大度地容忍。然而征地开始以后，即使是一些小金额的补偿项目，也可能让两个原本关系不错的村民之间展开争夺，这是因为，征地补偿中的补偿项目较多，让很多村民看到了"积少成多"的可能，有着脱离村庄预期的村民于是不再大度。由于社区中缺乏规范性共识，村民之间的认同弱化，某些社区成员产生与其他成员利益矛盾的想法很难受到制约，冲突大量出现，在征地村庄，村民间的关系普遍变得紧张。

被征地的村民通过社会比较发现，村庄内部不同成员的补偿标准因为村民的社会资本的大小、个人所采取的策略不同而具有差异，增强了被征地农民的相对剥夺感。当工作人员在征地补偿中的自由裁量权过大，不同村民间的征地补偿款的金额差距就会变大，使得村民间的相对剥夺感增大，进一步强化了村民间的不认同，容易让村民做出对社会具有一定破坏性影响的行为，这些行为可能因为仅仅是利益的诉求而并不剧烈，也可能因为农户为获得更大利益所采取的表演式抗争的策略而让村庄显得危机四伏。

不过，在征地拆迁以外的其他方面，尤其是在不涉及利益的时候，村民间的关系却变得越来越"和谐"。越来越多的村民进入城市务工经商后，习得了大量"先进的现代知识"，村落社会中原有的熟人社会的交往规则被改变。过去村民交往中张家长李家短，既可以因为臧否人物而强化村庄中的既有规则，从而成为能够约束村民、具有公共性的村庄舆论，也可能成为导致村民间矛盾纠纷的导火索，而现在越来越多的村民认为在公共场所谈论他人的私事是"缺乏素质的表现"，村民交往中的私人性越来越强，因为谈论他人私事而导致的纠纷也就变少了。

一方面是村民在征地拆迁中因为利益博弈而导致冲突增多且难以化解，另一方面是在不涉及征地这样的大额利益问题的时候村民间摩擦变少，看似相互矛盾，实则为村民间相互不再认同导致的一体两面。正因为村民间不再相互认同，所以在征地拆迁的时候，才会不顾面子、不受村庄既有社会规则的约束进行激烈的利益博弈。也是因为相互不再认同，村民才觉得其他村民的生活对自己不再重要，才不再愿意在公共场合对其他村民的行为进行点评，这实际上是公共性的村庄舆论逐渐消失，村庄社会规则的约束力变弱的表现。无论是征地中因为涉及大额利益而导致村民间冲突不断，还是大多数情况下因为不涉及利益而让村民间"和谐相处"，都是村民间关系疏远、相互不再认同导致的。

社会安全网的破裂之时，激进的个人主义和以自我为中心的世界观形成之时，传统地方社会逐步消失之时，也是合法性认同危机的产生之时。① 传统的乡土社会是一个熟人社会，人与人相互知根知底，因为熟悉并且流动很少，村民间相互信任。在征地之前，村民遇到急事需要用钱的时候，可以很容易地向其他村民借贷满足需要。然而征地以后，村民即使向关系较为亲密的村民借钱，也经常出现有钱不还的情况，原本最熟悉的人的行为开始令人捉摸不定，变成了"熟悉的陌生人"。大家口袋里的钱都多了，向其他村民借钱反而变得异常困难。征地补偿让村民看到了进入城市、摆脱村庄的前景，村民对村庄不再认同，村民也不再彼此认同，村民的短期行为频繁发生，相互关系普遍变得紧张。

（二）对集体不认同

从前村民对集体具有认同的主要原因是，村民生存所依赖的土地为集体所有，而且集体还为村民提供生产生活必需的各种公共品。联产承包责任制实施后，集体为每个村民分配大致相同的土地，一定时间以后，农户间如果因为家庭人口变化导致人均耕地出现差异，集体则对农户的土地进行调整。尽管由于人地关系紧张，集体为村民分配的土地不可能让他们实现致富，但却可以满足村民基本的生产、居住等需要。集体还为村民提供了大量的公共品。在村庄的生产生活中，有许多仅凭农户个体的力量所无法解决的问题，诸如农业生产中的防汛抗旱，以及水利设施、道路桥梁的建设维修，等等，都在集体的组织下得到解决。在村庄

---

① 曼纽尔·卡斯特：《认同的力量》，社会科学文献出版社 2006 年版，第 58 页。

生活中，村民之间因为生产生活而产生的各种矛盾纠纷，村干部也是主要的调解者，尤其是比较大的纠纷，更是完全不可能离开村干部。

近些年来，村民对集体的认同度正在逐渐变低。这有几个原因。

首先是因为集体能够为村民提供的资源和公共品越来越少。土地仍然是集体所有，但是在未来相当长的一段时间内，集体对土地已经不能调整，村庄公共品越来越多地由国家直接提供。这让村集体损害村民权益变得困难了，与此同时，为村民提供各种公共品的能力也越来越小。

其次，村民的生产生活对村庄的依赖越来越少。城市化的迅速发展让村民更容易在城市或者工厂得到就业机会，早在十几年前，非农产业就已经成为多数农户的主要收入来源。青壮年主要的生活场域已经在村庄之外，大多数村民与村庄发生的联系已经很少，即使不依赖村庄也能够很好地生存下去，在城市中立足已经成为自己或者子女的目标，村庄在他们生活中的重要性越来越低，对某些村民来说甚至已经变得可有可无。

再次，村干部为村民提供的纠纷调解等服务越来越少。纠纷调解曾经是村干部的重要工作，也是村干部树立威信、村民对村集体产生认同的重要途径。然而，城市化的发展，使得大量青壮年村民离开村庄到城市和工厂务工经商，村民间的接触变少了，摩擦也因此逐渐减少。十余年前，村民还经常因为芝麻大的小事而争吵不休，现在的村干部一年下来调解的纠纷数量也没有多少起。这有几个原因，一是因为非农收入在家庭收入结构中比重不断上升，农业收入在大多数家庭中的重要性远比从前低，村民的眼光更多放在非农收入上面，因而即使被其他村民占了一点便宜，也容易比以前变得宽宏大量，不再计较。二是因为城市化的发展，让村民得到了更多的非农就业机会，村民在村庄中的时间变少，相互接触的机会也就变少了，村民间的关系变淡了，发生摩擦的机会也就变小了。三是大量人口在村庄之外得到就业机会以后，村庄中因为人口多而导致的资源紧张问题得到了相当程度的缓解，与此同时，村庄中的山林、水面等资源，经过几十年的发展，或者已经分到农户，或者已经承包到个人，具有争议或者可以再分配的越来越少，从前可能导致纠纷的小摩擦已经不再令村民在意。

（三）对国家不认同

征地拆迁是政府采取的行政行为，是否征地，如果征地，需要征哪些地、什么时候征地，这些都不是农民所能够决定的，但是农民并不抗拒城市化进程，也不否认征地拆迁的合法性，同时，由于征地所能得到的补偿远远超过土地的农业收入，让他们从内心欢迎征地所带来的城市化和工商业化。因而征地拆迁中的社会冲突从性质上来说，并不是对抗性的社会根本性的冲突，而仅仅是利益冲突。

不过，农民虽然对征地本身认同，认为政府所主持的征地拆迁能够带来利益，但是农民在征地拆迁的过程中，不仅因为补偿而得到了利益，同时也增强了对国家——主要是地方政府的不认同。

被征地农民对地方政府不认同的主要原因是，地方政府与村民同为征地补偿中的利益主体，存在一定的利益冲突。地方政府希望通过征地，发展地方经济社会，实现社会效益最大化，经营土地财政，实现自身利益最大化。要实现这些目标，就必须尽可能降低征地成本，降低征地补偿的标准。由于对土地财政过于依赖，地方政府将自身利益深度卷入征地拆迁中，在征地补偿中与民争利，导致出现公信力危机。

在经济体制改革的过程中，地方政府不再仅仅是国家利益的代理人，也开始成为独立的利益主体，从"代理型政权经营者"转变成了"谋利型政权经营者"①。按照国家对地方政府在征地拆迁中的角色期待，地方政府在保护被征地拆迁者的利益的同时，也要完成发展经济的任务，面对这两种相互矛盾的角色期待，地方政府只有在强大的压力下才会履行庇护职责，更多的却是作为"谋利型政权经营者"，将征地拆迁的利益天平主要向自己倾斜。

为了获取更多的征地利益以发展地方经济，地方政府在征地拆迁时都会尽量压低补偿标准，被征地者只有善于跟地方政府博弈，才能够获得更多的征地补偿。地方政府在征地过程中成为利益主体之一，参与同被征地者的利益博弈，这种制度设计提高了地方政府征地拆迁的积极性、加快了征地工作效率，让地方政府通过土地获得了大量的财富。拥有"土地财政"的地方政府也因此获得了大量的资金来推动地方的城镇化，为地方的社会经济发展创造更好的条件，但与此同时，也坐实了被征地农民心中地方政府"与民争利"的印象，损害了地方政府在农民心中的合法性，加深了农民对地方政府的不认同。

地方政府在征地拆迁中的角色冲突，也是形成被征地农民对地方政府不认同的原因之一。中央在征地制度安排中，一方面通

---

① 杨善华、苏红：《从"代理型政权经营者"到"谋利型政权经营者"——向市场经济转型背景下的乡镇政权》，《社会学研究》2002年第1期。

过土地财政调动地方政府的积极性，另一方面也通过畅通民意表达渠道、加强监督等方式，对地方政府的牟利行为进行约束。征地补偿虽然有标准，但是在实际执行的过程中，这些标准并不是统一的而是可以浮动的，是可以讨价还价的。地方政府在征地拆迁中的各种权宜性行为让农民认为，"中央都是好的，就是底下歪嘴和尚太多"，"歪嘴和尚"们不愿意执行国家政策，或者故意执行较低的补偿标准，把"好经念歪了"，农民也是不愿意认同。

　　被征地农民对地方政府不认同，也跟农民对征地的利益期待较高有关。农民希望通过征地补偿能够实现一揽子解决城市化成本。征地拆迁的主体是地方政府，具体实施征地拆迁的也是地方政府，妨碍农民得到更高征地补偿的最主要"障碍"就是地方政府。土地征收是"一锤子买卖"，征地补偿款不仅金额较大，而且补偿标准随着经济社会的发展而不断提高，让被征地农民对征地补偿的预期不断提高，对地方政府的不认同越来越多。被征地农民不甘于被各种国家法律法规和政府的各种征地相关文件所约束，他们对于征地补偿的欲望越来越难以得到有效约束和控制，政府权力对被征地农民的约束效力不断被削弱。

　　被征地农民对国家的不认同，还体现在对中央部分法律和政策的不认同。比如外嫁女问题，农民虽然承认，妇女的权益应该得到保护，但是他们想不通，外嫁女婚后不在本村生活，她们不迁户口的目的就是为了分享村庄因为征地拆迁带来的土地红利，这会摊薄本村其他村民的村庄福利，这明明是"钻法律的空子"，国家为什么还要支持？因此即使法院对外嫁女做出了判决，村庄也往往认为不符合村庄的"理"而拒不执行。

四、村庄无权威

只有村民认可村庄权威、服从村庄权力，村庄社会才能具有良好的秩序。当村庄开始征地以后，在村民间的交往不涉及利益，或者涉及的利益比较小的时候，村庄中原有的社会规则一般都能够发挥作用，跟从前区别不大，然而一旦涉及征地补偿等比较大的利益的时候，却会表现出完全不同的特点，村民间不仅矛盾数量迅速增多，而且往往"寸土必争"。这些纠纷调解的难度普遍比从前增大，调解往往需要花费村干部大量的时间和精力，最后还不一定能够成功。村庄陷入权威弱化甚至无权威的状态。

在征地拆迁村庄，村庄无权威主要通过村干部的权威弱化、非体制精英的权威弱化、普通村民对村庄精英的权威不服从等三个方面表现出来。

（一）村干部的权威弱化

村干部的权威来自三个方面，一是来自国家制度安排下的村庄治权。在村民自治制度下，村干部必须通过选举才能当选，从而得到国家制度安排和村民选举的双重认可。二是来自村干部在村庄治理中表现出来的工作能力。三是来自村干部作为村庄当家人所体现出来的对村庄的责任感，以及他们在工作中因为办事公道而体现出的人格魅力。非常不幸，征地拆迁村庄的村干部权威在三个方面都已经严重弱化了。

首先，村庄治权正在弱化。现在村干部的工作很大程度上陷入了完成各种政府布置的"政务"工作中，而在为村庄完成的"村务"上花的时间却越来越少。目前国家将大量乡村振兴的资金通过项目的形式进入村庄，大多数国家项目并不是以"撒胡椒面"

的方式下达到每个村庄，而是需要经过村干部的争取才能够落实到本村，能力较强的村干部可以为村庄获得更多的项目，从而增加威信，而大多数村庄却只能获得普惠性的项目，最终形成马太效应。这些项目的实施一般都完全不经过村庄，村干部最多也就只是一个执行者的角色。在征地拆迁中，村干部在维护村民利益的同时，也必须配合地方政府完成交付的征地拆迁任务，也会为自己人和自己谋利，与村民的利益形成一定的紧张关系。村民要争取更多的利益，可能在某些事情上服从村干部，而另外一些事情上却可能挑战村干部的权威。

其次，村庄对村干部工作的需求减少。城市化进程一方面带来人口从村庄流出，导致村庄中的事务减少，另一方面也带来村庄社会日渐解体，村庄既有的社会规则受到冲击，村干部难以通过有效维护这些社会规则而增加权威。如，调解纠纷可以让村干部展现能力，通过维护社会规则保持村庄社会有序，从而建立起自己的权威。随着人口的流出、非农就业占据主导地位，村民间共同的生产生活减少，这大大减少了村民间产生矛盾的几率，也减少了村干部通过调解塑造威信的机会。村庄道路维修、水利设施建设等村庄公共品的提供方面，也越来越多地由国家通过项目制等途径提供。由于村干部为村民提供服务的机会大幅减少，不利于他们威信的建立。

再次，村干部的工作能力下降。在城市化和市场化的冲击下，村干部已经不再是村庄中最受敬重的群体。经济上的成功和到城市定居才是村民最为向往的生活，因此村庄中最有能力的村民大多选择外出务工经商，办厂经商的村民即使仍然生活在村中，往往也会因为事务繁多而没有精力介入村务，缺少出任村干部的意愿。尽管在海选中这些村民可能会被提名为候选人，但是他们往往会主动退出竞选。目前的村干部一般仍然是由村庄中比较有能力的人担任，但跟从前相比，村干部群体的工作能力已经大大降低。征地拆迁村庄大都位于城郊或者交通便利的地方，村庄及附近务工经商的机会较多，更是让最有实力的经济能人出任村干部的意愿不强。

最后，村干部的人格魅力下降。受市场经济影响，货币逐渐成为衡量个人成功与地位的最重要的指标，村干部不再是村庄中最受人尊敬的群体，村庄中的一流人才更倾向于到商海搏击，大都不愿意参与村干部的竞选，给了二流甚至三流人才出任村干部的机会。办厂经商成功并在经济上与大多数村民拉开较大距离的村民中，也有少数人因为种种原因而成为村干部，但是因为商务活动需要投入大量的时间和精力，他们对村务的管理往往采用企业管理的办法，将大量村务委托给其他村干部，他们也可能将自己的财产投入村庄公益建设而在村庄中带来名声，但是，因为他们不能全身心地投入村务，他们的人格魅力仍然不如传统时代的村干部。目前参与村干部竞选的村民中，大多主要是将村干部作为一种跟打工一样可以增加收入的职业，而不是看作一种事业。征地拆迁开始以后，在巨额补偿利益面前，主要将当干部看作增加收入的职业的村干部，当然也会想尽各种办法为自己和亲朋好友谋取利益。

村干部权威弱化的一个重要表现就是，征地拆迁开始以后，村庄选举大都会经历从比较平静突然变得竞争激烈的剧烈变化，选举结果也变得难以预测。激烈的村庄选举虽然可以体现选举的真实性，但却未必表明村庄中的民主程度变高了。在传统的村庄选举中，竞选者动员村民为自己投票，主要依靠的是弟兄、宗族等血缘关系，街坊邻里、同村等地缘关系，以及自身的能力、人品、声望等体现出的个人魅力。然而征地拆迁开始以后，这些传统的选举动员方式的效力却大大减弱。一些村民认为，当选村干部后，可以从征地拆迁中为自己获取利益并优亲厚友，于是投入较多的资金去竞选村干部，利用请客吃饭、发放香烟等小礼物甚至现金的方式拉票，这些竞选方式虽然被村民认为是上不了台面，但在选举中却可以有效分散现任村干部的选票，甚至成功赢得选举，因此现任村干部也不得不跟进使用相同的拉票策略。在征地拆迁村庄，选举变得激烈、贿选变得有效，正是村干部的权威弱化的一个表现：选票可以通过贿选的方式被商品化地收买。

（二）非体制精英的权威弱化

村庄要保持良好的秩序，不可能只是依靠少量的村干部。在村庄的三层权力结构中，非体制精英因为能够在村干部和普通村民之间起到承上启下的作用，对村庄治理具有重要影响[①]。村庄社会生活中的各种争议不可避免，非体制精英都在一定的村民群体中具有权威，当附近的村民间产生小争议的时候，往往经过他们的调解就能够得到解决。

通过林耀华描述过的分家，我们可以看到在传统的村庄社会中，村民是如何服膺中人的权威，妥善解决分家问题的：近亲长者为分家的主持人（中人），房族长等近亲"务必在场"，其他长辈亦可参与，不动产因为"肥瘠不同"，在分配的时候难免有所不均，因而必须"由中人分配，尽其公平之能事，然后制成阄，兄

[①] 仝志辉、贺雪峰：《村庄权力结构的三层分析——兼论选举后村级权力的合法性》，《中国社会科学》2002 年第 1 期。

弟按长幼序拈之，各不得有异言"。[①] "不得有异言"说明，任何方案都不可能做到绝对公平，都可能导致不满的产生，但即使有人觉得自己吃亏了，在民间精英根据村庄中分家规则拿出的方案面前，大家都能够尊重村庄的规则、服从中人的权威。可以说，在传统的宗族社会中分家之所以有序，民间精英在村庄中的权威起到了很重要的作用。

非体制精英的权威建立在他们对村庄既有社会规则的遵守、运用的基础上，依靠办事公道、热心公益等在村庄生活中积累起的声望。市场经济的兴起，却逐渐让财富在乡村社会中成为人生成功的最重要的标准，而公道、正义等道德方面的标准的重要性日益降低。征地拆迁开始以后，非体制精英的权威进一步弱化。部分非体制精英不能经受住巨额征地拆迁补偿的诱惑，为了让自己谋取更多利益而采取了大量的小动作，而无法像从前那样服众。

在村庄选举中，非体制精英起着非常重要的作用，有意竞选村干部的村民，必须首先搭建一个由非治理精英组成的竞选班底，由这些非治理精英分别将自己的基本盘选票带入。这粗看起来似乎是非治理精英仍然在部分村民中保持权威的表现，实则不然。因为非治理精英介入选举，并不一定是基于对参选者的认同，而是希望不仅在竞选中为其出力而得到好处，而且如果其竞选成功，还可以分享更多的征地补偿收益，而他所能够影响的普通村民则是认为，不仅能够在选举中得到一点小恩小惠，在选举以后的征地补偿中，也可以得到一定的小的照顾。因而，这种行为不仅无

---

① 林耀华：《义序的宗族研究》，生活·读书·新知三联书店 2000 年版，第 78 页。

法导致人们对现有制度的认可，也无法增加非体制精英的权威。

（三）普通村民对村庄精英的权威不服从

传统的村庄精英的权威，是村民基于他们的公正与道义基础上对习俗的服从，然而在被征地村庄，村民对村庄精英的服从却主要是基于利益的理性计算。这导致了功利主义的个体的兴起，促进了社会群体的分化。一旦对自己争取利益不利，村民就可能不再服从村庄中的各种权威。因此，即使村干部仍然由村庄中最有能力、最有人格魅力的村民担任，即使非治理精英仍然是公正、道义的具有较高道德水平的村民，仍然会有许多村民不再服从他们的权威。

被征地村庄正在发生从乡村社会向城市社会的急剧转型，村落社会中的村民间曾经因为生产生活而不得不频繁发生的合作正在大幅减少，许多村民都有着脱离村庄的预期，认为原有的社会资本在征地以后将变得不再重要，他们在金额巨大的征地补偿款的诱惑面前，敢于为了获取更大的补偿份额而无惧村庄社会舆论，成为不再遵守村庄既有的社会规则、不再服从各种村庄权威的越轨者。

在征地拆迁中，村民不仅相互进行激烈的利益博弈，甚至，村干部就是村民们博弈的重要对象。在征地开始之前，许多村民就开始谋划如何让自己多得到补偿款，部分村民甚至会私下找到村干部，提出通过损害其他村民的办法来增加自己的补偿。由于村民对村庄精英的权威不服从，村民间因为征地发生冲突的时候，村干部提出的调解方案即使符合法律或者既有村庄规范，也不一定能够取得调解的成功，于是他们就想办法"和稀泥"，或者更多地给相对弱势的一方做工作，希望其让步。

（四）"村庄无权威"的村庄差异

遭遇征地拆迁的村庄尽管都呈现出"村庄无权威"的特点，但是在不同类型的村庄中，又以此为基础表现出不同的特点。在这里，我们以分散型村庄和团结性村庄 [①] 为例，分别讨论村庄权威在这两种村庄中的特点。

1. 在分散型村庄

分散型村庄如果缺乏权威，更容易产生无序博弈，在涉及重大利益的征地拆迁中形成"一切人对一切人的战争"。

当前村庄中的经济分化已经开始，但是在大多数分散型村庄，经济分层并不明显。经济实力很强的村民，大多已经脱离村庄生活。留在村庄的村民中，经济实力居于上等的村民并没有在经济上跟其他人拉开较大的距离，大多数普通村民尚有经过努力而赶上他们的可能，不至于需要通过他们获取谋生的机会，因而他们在普通村民面前无法形成支配性的地位。

少数村庄的经济分化比较大，有个别村民的经济实力远超大多数村民，但是一般来说，村庄很难支撑起他们的生意，他们经商的主要地点和依赖的资源都在村外。即使在村内开厂，经济能人往往也不会介入村庄事务，因为他们的经济实力已经让其获得了足够的地位，不愿意再花精力去做村干部，同时，当村干部需要花费不少时间，村务工作与他们的经商活动之间在时间和精力上存在冲突。

现在的村干部主要是经济条件在村里居于中等的村民，他们很大程度上将在村里的工作主要看作一种职业，而不是一种事业，

---

① 贺雪峰：《论中国农村的区域差异——村庄社会结构的视角》，《开放时代》2012 年第 10 期。

作为职业的村干部与其他的谋生方式相比并无很大的差别。村干部在征地中也有为自己和自己人谋利的举动，也无助于他们的权威。

经济分化不明显，村民又都有着脱离村庄的预期，所以普通村民之间也很难产生权威，如果不涉及利益，村庄中既有的社会规范仍然能够起作用，但是一旦涉及利益，社会规范可能就不再能够约束村民的行为了。

2. 在团结型村庄

团结型村庄的代表是宗族村庄。"聚族而居多在华南，华北则多异姓杂居"[①]，"在福建和广东两省，宗族和村落明显地重叠在一起，以致许多村落只有单个宗族……在中国的东南地区，这种情况似乎最为明显。"[②] 华南和东南不仅是宗族传统较深厚的地区，行政村和村民小组常常与宗族和房支高度重合，也是当前经济比较发达而征地拆迁较多的地区。

在市场经济的冲击下，多数团结型村庄正在变得越来越不团结。如我们在温州调查的时候发现，从表面上看，村庄内的祠堂、家谱、祭祖等器物层面的形式仍然完整，但宗族最实质性的内容已经失去，所谓的团结仅仅存在于表面。村民间"关系是否更好，主要看立场，立场站对了才是朋友，立场不同，就是同一个宗族也不会关系更加紧密"。所谓立场并不是因为政见不同而产生的分歧，而是经济上的竞争关系而导致的纷争。为了争夺更多的征地补偿份额，即使面对的是同宗族的村民，也会跟对待其他宗族的村民一

① 林耀华：《义序的宗族研究》，北京三联书店 2000 年版，第 1 页。
② 莫里斯·弗里德曼：《中国东南的宗族组织》，上海人民出版社 2000 年版，第 1 页。

样，进行无序的相互博弈，与大多数分散型村庄基本没有区别。

也有极少数团结型村庄仍然团结，在村庄内部仍然具有权威，但是这些村庄在征地拆迁开始以后，不仅对内对外均存在剧烈的冲突，而且冲突的激烈程度远远超过分散型村庄。团结型村庄在征地拆迁中的冲突，主要表现为"斗派系"和"斗国家"两个方面。

先看"斗派系"。团结型村庄的派系多为以血缘为纽带的宗族型，或者不同宗族之间斗，或者同宗族的房支之间斗。因为先赋性的血缘不可更改，宗族型派系的稳定性非常高，很难发生改变。化解团结型村庄的派系之争，需要高超的技巧。

以华南 XW 村为例。围绕如何使用村集体资产资金，XW 村曾经形成两派，在征地拆迁、物业出租、收益分配等各个方面相互拆台。该村多数村民为同一宗亲的后代，这两派分属其中一个堂，派系与宗堂关系高度吻合。无论谁出任村干部，都会让自己的堂亲获得更多致富机会，而让另一个宗堂的村民吃亏。他们因此在几年后被对立的宗堂赶下台，但是另一个堂掌权后同样如此。如果双方都有人进班子，则相互拆台。两派互不信任，对抗循环往复，持续争斗了 20 多年，直到一个经商的年轻人回村，运用制度规则的突破对村庄进行改造，才打破了群体冲突和控制权竞争的循环。①

再看"斗国家"。团结型村庄"斗国家"有两种表现，第一种是村民团结起来向地方政府争取更高的补偿标准，第二种是地方政府在征地拆迁中，由于种种原因偏袒村庄中的某个派系，导致

① 本文中的 XW 村案例来自张静的调查。参见张静：《互不信任的群体何能产生合作——对 XW 案例的事件史分析》，《社会》2020 年第 5 期。

村民调转矛头与地方政府发生冲突。团结型村庄的自组织能力强，如果控制不好，很容易酿成群体性事件，因此国家在处理团结型村庄的征地冲突中必须非常小心，必须坚持公正公允的立场。然而，地方政府也是征地利益的相关主体之一，常常因为深度卷入其中而无法自拔，于是，本来是村庄内部的"斗派系"，却演变成了村民组织起来"斗国家"。

以乌坎事件为例。自 2009 年开始，乌坎的上访代表在两年内数十次赴各级政府上访，举报村干部多年来私下大量卖地涉嫌贪腐，却遭到村、镇打压，多名上访者被拘留。2011 年 9 月乌坎村发生大规模群体性事件，村民砸毁施工车辆和工具，赶走村干部，并与强行入村的防暴队、特警发生冲突。2011 年 12 月，广东省成立工作组调查处理乌坎事件，最终数名村干部被判刑，其余村干部也受到处分。乌坎事件本来是村内利益分配不公导致的"斗派系"，最终却演变成了"斗国家"，这很大程度上是因为地方政府是征地利益分配的重要主体，自身利益深度卷入其中，很难公正裁决冲突。甚至在省委调查组着手处理时，陆丰市领导最关心的仍然是事件对经济造成的影响："闹事以后，距离乌坎较近的楼盘跌价将近两千，较远的则下跌了四分之一。"[1] 乌坎事件后，在事件中崭露头角的"乌坎精神领袖"林祖恋出任村支书兼村主任，但是村中的"斗派系"并未结束，2016 年 7 月，林祖恋因在工程发包环节受贿而被逮捕。[2] 林祖恋被逮捕判刑，当然首先是他个人出

---

[1]　本文中的"乌坎"案例来自记者的调查。参见黎广：《乌坎事件调查》，《中国新闻周刊》2012 年第 1 期。

[2]　洪继宇、黄嘉锋：《乌坎村书记林祖恋涉嫌受贿》，《南方日报》2016 年 6 月 21 日 A11 版。

了经济问题，但也与他靠着"斗派系"上台后自身却不检点有关，最终被对方抓住把柄并举报成功。

五、四个影响因素之间的互动

前面对征地拆迁中的村庄内部冲突中，政策不契合实际、社会不规则、成员不认同、村庄无权威等四个因素分别做出了分析。在村庄内部冲突的发生过程中，这四个因素并不只是单独发挥作用，而是四方面经常起到叠加作用，恶性互动，导致村庄在征地拆迁中更加"乱象丛生"。

下面以政策不契合实际对其他因素的影响为例，对征地拆迁中的四个影响因素之间的互动做出分析。

不契合实际的政策在不规则的乡村社会中实施，更加难以落地。土地不规则、村民的社会关系不规则、村庄问题的成因不规则，使得标准化难以实现，即使是各种看似非常明确的政策和法律也难以规范化地执行，而政府、村干部为了在不规则的乡村社会中实现不契合实际的各种政策目标，在面对必须在规定期限内完成的征地任务时，只好对权力进行权宜性使用，更是让各种不契合实际的政策被村民机会主义地运用，为自己博取利益服务，导致不契合实际的政策在执行的时候更加困难重重。

不契合实际的政策也是成员不认同的重要原因之一。国家对村庄下达各种必须完成的行政性事务，让村干部越来越成为政府的"一条腿"。项目制的大量实行，让大多数村庄集体提供各种村庄公共品的能力越来越弱，也不利于村干部建立威信。地方政府需要通过征地同时完成发展地方经济社会、经营土地财政、保护农民权益等相互具有张力的目标，导致地方政府在征地拆迁中与民争利，农民对地方政府的认同也在这个过程中变弱。

　　不切合实际的政策还是村庄无权威的来源之一。比如，国家既设计了农村土地集体所有制，又在后来加上了补丁，实行三权分置、承包权长期不变，限制集体的土地权力，让作为土地所有者的集体却很难实施调整土地的权力。村干部行政性事务的增多以及大量的项目制，还导致了村庄治权弱化。这些都对村庄权威的弱化造成了重要影响。

余　论

通过前面的分析我们可以发现，征地补偿中的社会冲突成因复杂，类型多样，因而对农地征收中的冲突进行准确分类是治理冲突的前提条件。征地补偿中的社会冲突并非全都表现为国家与社会的对抗，尤其是在村庄内部冲突中，大部分都表现为非对抗性冲突。

在本研究的最后，我们将从应对征地补偿中村庄内部冲突的角度出发，从前面的分析中提取一些基本结论，并以这些结论为基础，提出化解和缓解村庄内部冲突的政策建议，最后，对征地村庄的未来做出展望。

一、基本结论

在前面的研究中，我们通过征地补偿中各个行动主体不同的行动策略，以及行动主体之间的互动，来展示村庄中复杂的权力关系，分析了征地过程中村庄内部冲突发生发展的一般机制。研究结果显示：

第一，农地征收中的冲突更多的是利益博弈引起的，而非权利受到侵害引发的。尽管补偿标准过低、农民权益受损曾经是导致征地冲突的主要原因，也是当前少数地区少数农民抗争的根源，但是现在已经不是征地冲突的主流，多数被征地农民的"维权"已经成为利益博弈的策略。

第二，征地补偿中村庄内部冲突的性质是利益博弈，而利益博弈的根源是社会转型导致原有的村庄规范难以继续正常发挥作用。对农民来说，在征地中开展利益博弈是他们争取更多补偿款的策略，是理性算计，而不是斗气。由于被征地农民对未来城市生活的焦虑，以及村庄原有社会规范的失灵，在征地拆迁的过程中，村民与包括其他村民在内的各利益主体之间的利益博弈不可避免。

第三，农地征收冲突中的利益博弈具有社会安全阀的功能。利益博弈并非只是具有消极因素，既能够诱发冲突并让冲突变得更加激烈，也能够在冲突发展到一定阈值的时候发挥为冲突减压的功能。征地拆迁中博利行为的大量存在并不一定必然导致冲突升级、社会失序，相反，小规模、低烈度的利益博弈可以在一定程度上释放被征地拆迁村民的不安情绪，减少冲突升级的可能性，正常发挥"社会安全阀"的作用。如果安全阀功能不能正常发挥，严重时可能导致社会失序。

第四，因为征地拆迁中的博利行为不可避免，治理村庄内部冲突，最重要的任务就不是防止博利行为的产生，而是防止博弈的无序发展。无序博利的主要根源是利益博弈的空间过大，单纯地从提高补偿标准着手，而不减少利益博弈的空间，不仅不可能降低征地冲突的频率和烈度，反而会刺激各行为主体更加积极地参与到博弈之中，导致冲突数量更多，博弈更加激烈并且无序。

过高的博利空间会带来一个严重的问题，就是同一类征地补偿项目的补偿金额出现较大的差距，农民会因此认为：征地补偿并无标准，农民所获得征地补偿数额的高低，完全取决于个人的谈判能力，以及自身的实力。与此同时，过高的博利空间还会减少村民的满足感，由于村民很难知道博弈的天花板在那里，会增强对博弈空间的想象力，刺激村民加大博利的力度，导致冲突更加激烈。

第五，对政府来说，农民的利益博弈绝大多数都在政府的容忍范围之内。首先，村庄内部的利益博弈如果纷争不下，需要政府以局外人的身份介入调停，可以加强政府的合法性。其次，利益博弈在政府可以承受的城镇化成本之内。早在地方政府为征地做预算的时候，就已经将博弈成本计算在内，如果超过预算，甚至会绕开钉子户，或者另外择址。

二、化解和缓解征地补偿中村庄内部冲突的政策建议

基于本文的研究结论，可以得出治理征地拆迁的村庄内部冲突的三个基本原则，第一，限制征地拆迁中利益博弈的生长空间，降低利益博弈发生的频率和烈度；第二，引导不可避免的利益博弈在一定的规则之内公开透明地进行，让利益博弈的安全阀功能正常发挥；第三，帮助村民尽快适应社会转型后的生活，引导能够适应村庄社会转型后的社会规范重建，再造村庄社会。

具体治理建议如下：

第一，开展社区营造，加强村民被征地后的社会关联，再造社会规范。征地后农业型村落转变为城市型社区，但村民仍然居住在相同或者相邻的社区，并没有从熟人社会转变为标准的城市社区的陌生人社会，生活方面进行合作的基础仍然较强。在被征地村庄开展社区营造，可以凸显社区的生活功能，让村民在征地

之后保持紧密的社会联系，从而加大村民被征地后的社会关联，增强社会规范的约束力，减少村民不顾社会规范进行利益博弈的发生概率。

第二，充分考虑被征地农民的社会适应问题。主要包括：进一步完善对被征地农民的社会保障，充分考虑农民被征地之后的就业问题，缓解他们对未来城市生活的焦虑。

第三，建立制度化的利益表达机制，准确理解被征地农民的利益需求。当农民能够顺畅地表达利益，就会减少为了给另一方留下深刻印象而采取的策略性抗争表演，从而让其他利益相关方能够准确理解其利益需求，避免发生因为误判形势而导致的冲突升级。对于坚持采用抗争表演策略的村民，也要加强沟通，努力把握其抗争表演背后真正的利益诉求。

第四，建立制度化的利益博弈机制，减少博利空间，让利益博弈的冲突安全阀功能能正常发挥。地方政府在征地拆迁中抛弃特殊主义的策略，可以减少农户对暗箱操作的想象，减少农户采用"钉子户"策略的可能性，避免个别钉子户"成功"后，在其他公共事务以及后续征地中引来更多的村民效仿。在村庄内部以制度化的方式制定规则，决定征地补偿费的使用和分配方案，让村民真正参与进去，这样村民能够通过公开透明的方式进行利益博弈，寻找各方利益最大化的均衡点，同时也可以对资金的分配和使用进行制度化的有效监督。

通过制度化的利益博弈机制，可以限制村民的博利空间。能够提供一定的弹性空间，能让村委和农户在其间迂回、协商、谈判，从而化解一些矛盾、怨气和不满，最终使大部分农户都顺利配合拆迁。但是如果博弈空间过大，则补偿越多，冲突数量就会更多，而且更加激烈。通过制度化的利益博弈机制，也可以减少干部的操作空间。在征地村庄普遍出现选举竞争白热化、村庄政治斗争激烈、上访频繁发生，主要原因是村干部在征地拆迁中的权力较大，受到的制约却不足。最后，制度化的利益博弈机制，还能够堵死乡镇干部和村干部的寻租空间。

尽管农地征收中的利益博弈不可避免，但是如果采用合理的策略对冲突进行治理和管理，积极回应农民的合理诉求，让农民的不安情绪顺畅地发泄出来，可以降低冲突的激烈程度，减少冲突的发生频率，让村庄在激烈的利益博弈之后，不至于完全失去社会整合的能力，从而让征地带来的社会转型更加平和，最大程度地实现社会和谐。

三、"乱象"中的希望：对征地村庄未来的展望

传统的村庄既是村民生产的场所，也是生活的地方，村民们在生产生活方面都需要密切合作。随着城市化和市场化的快速发展，各地的村民对村庄社会生活和村庄政治生活的参与热情均呈现出大幅下降的趋势。在村庄社会生活方面，随着农业机械以及红白喜事、建房等方面的市场化服务发展迅速，村民间生产生活的互助合作需求日渐减少，大量青壮年村民离开村庄外出务工经商后，更是从村庄社会生活中完全脱离出来。在村庄政治生活方面，村集体所掌握的集体资源数量较少，对村民的吸引力越来越小，而外出务工的村民更是无力也无心参与村庄公共事务。

在征地拆迁的村庄，村民对村庄社会生活的参与更少。征地之前村民住在平房里，相互往来很方便也很频繁，征地以后村庄的村落空间转变为城市化的小区，住进单元楼的村民接触更少。

与此同时，征地以后附近的工商业提供了大量的就业机会，失去土地后的农民大多进入第二第三产业就业，他们即使仍然住在村里，也是每天早出晚归，很少参与村庄的社会生活。

不过，在征地拆迁的村庄，村民对村庄社会生活的参与程度大大降低的同时，对村庄政治生活的参与力度却空前高涨。征地前集体所掌握的集体资源数量有限，大多数村民对村庄公共事务的关注度不高。征地不仅为被征地农民带来需要分配的巨额征地补偿，而且征地后集体还掌握着为数不少的土地补偿款，伴随征地而来的城镇化还带来土地价格飙升，为集体土地出租及集体房屋出租等集体土地的经营创造了机会，征地带来的土地红利导致村集体掌握的集体资源数量大大提升。征地期间及征地以后的资金和资源如何分配于是成为村民关注的焦点。在这些村庄，村民较纯农业村庄的村民更加具有关注村集体的理由，因此，尽管村民降低了村庄社会生活的参与程度，却提高了村庄政治生活的参与力度。

征地拆迁开始以后，村庄社会常常呈现出无序博弈、过度博弈的特点：村民间为了得到更多的征地利益分配份额而纠纷不断、选举竞争白热化、上访问题剧增、部分村庄还发起对村干部的罢免，这些"乱象"不仅令乡镇头疼不已，即使是身处其中的村民，也经常会因为人际关系的疏远甚至是激烈的冲突而感慨世风日下。不过，从另一个角度来看征地拆迁后村庄政治中的激烈博弈，也反映了原本因为集体资源和集体资金少而对村庄政治冷漠的村民，现在开始因为村庄拥有了巨额集体资金和集体资源而关注并且主动参与村庄政治。

大多数村民目前参与村庄政治的动力，来自将村集体资金和集体资产彻底分光的希望。征地以后村庄社会急剧转型，失地以后的农民不再需要农业方面的生产合作，在生活上与其他村民的相互依赖程度也大大降低，原有的社会规范对村民的约束力大为减弱，而新的社会规范却还没有建立起来，村民之间进一步原子化了。面对因为征地补偿而突如其来的巨额资金，处于城市化、非农化进程中的村民，自认为未来与村庄将没有多少关系，这些资源和资金即使全部用于村庄建设，自己在将来也很难享受到，何况还有被村干部胡乱花掉的可能，他们更加相信"落袋为安"，他们首先想到的就是不顾原有社会规范，为自己多争取一点份额。因此，征地所带来的集体资金和集体资源的增加，在目前经常表现为导致无序博弈、过度博弈。

李普塞特认为，在冲突（反对）与一致（共识）的关系中，合法的表达冲突有助于社会和组织的统一，"对社会或组织所承认的宽容准则达成共识，常常是基本冲突发展的结果，支撑这种共识需要冲突的继续。"[①] 从这一点来看，我们完全不必对征地村庄中的"乱象"过于担心。原本已经成为空壳的村集体，因为征地而有了集体资金和集体资源，失地的农民就不可能与村庄彻底失去联系，村民就不可能彻底原子化。这些集体资源和集体资金无法被分配到个人头上，农民即使进入城市，也仍然享有受益权，因此很难完全与村庄割裂开来，尤其是那些已有一定年纪的村民。一旦村民们普遍关心并参与到村庄政治中来，也就对集体资金和集体资源的使用和分配构成了制约。不仅村庄政治秩序可以得到改造，而且，村民间的关系也可能以此为基础再造，新的村庄社

---

① 李普塞特：《政治人：政治的社会基础》，上海人民出版社 2011 年版，第 1 页。

会规范就有了建立起来的可能。

　　有了这些基础，一个新的、有序的村庄社会就有了生长起来的可能性。

参考文献

1. L·科塞:《社会冲突的功能》,华夏出版社 1989 年版。

2. 拉尔夫·达仁道夫:《现代社会冲突:自由政治随感》,中国社会科学出版社 2000 年版。

3. 何·皮特:《谁是中国土地的拥有者?——制度变迁、产权与社会冲突》,社会科学出版社 2008 年版。

4. 李培林等:《社会冲突与阶级意识》,社会科学文献出版社 2005 年版。

5. 费孝通:《乡土中国:生育制度》,北京大学出版社 1999 年版。

6. 狄恩·普鲁特、金盛熙:《社会冲突——升级、僵局及解决》,人民邮电出版社 2013 年版。

7. 张静:《社会冲突的结构性来源》,社会科学文献出版社 2012 年版。

8. 曼纽尔·卡斯特:《认同的力量》,社会科学文献出版社 2006 年版。

9. 阿兰·图海纳:《行动者的归来》,商务印书馆 2008 年版。

10. 科里·帕特森、约瑟夫·格雷尼、让·麦克米兰:《冲突与解决》,中国财政经济出版社 2006 年版。

11. 罗伯特·K.默顿：《社会理论和社会结构》，译林出版社2015年版。

12. 董磊明：《宋村的调解——巨变时代的权威与秩序》，法律出版社2008年版。

13. 贺雪峰：《地权的逻辑（二）——地权变革的真相与谬误》，东方出版社2013年版。

14. 应星：《“气”与抗争性政治：当代中国乡村社会稳定问题研究》，社会科学文献出版社2010年版。

15. 应星：《大河移民上访的故事》，三联书店2001年版。

16. 费迪南·滕尼斯：《共同体与社会》，商务印书馆2019年版。

17. 于建嵘：《抗争性政治：中国政治社会学基本问题》，人民出版社2010年版。

18. 詹姆斯·C.斯科特：《农民的道义经济学》，译林出版社2001年版。

19. 詹姆斯·C.斯科特：《弱者的武器》，译林出版社2011年版。

20. 孙立平：《博弈：断裂社会的利益冲突与和谐》，社会科学文献出版社2006年版。

21. 孙立平：《现代化与社会转型》，北京大学出版社2005年版。

22. 刘守英：《中国土地问题调查——土地权利的底层视角》，北京大学出版社2017年版。

23. 刘守英：《直面中国土地问题》，中国发展出版社2014年版。

24. 杨善华：《当代西方社会学理论》，北京大学出版社 1999 年版。

25. 蒋省三、刘守英、李青：《中国土地政策改革：政策演进与地方实施》，上海三联书店 2010 年版。

26. 刘世定：《占有、认知与人际关系——对中国乡村制度变迁的经济社会学分析》，华夏出版社 2003 年版。

27. 阎云翔：《私人生活的变革——一个中国村庄里的爱情、家庭与亲密关系（1949—1999）》，上海人民出版社 2006 年版。

28. 莫里斯·迪韦尔热：《政治社会学——政治学要素》，东方出版社 2007 年版。

29. 林耀华：《义序的宗族研究》，生活·读书·新知三联书店 2000 年 6 月版。

30. 莫里斯·弗里德曼：《中国东南的宗族组织》，上海人民出版社 2000 年版。

31. 陈翰笙：《解放前的地主与农民——华南农村危机研究》，中国社会科学出版社 1984 年版。

32. 孙达人：《中国农民变迁论——试论我国历史发展周期》，中央编译出版社 1996 年版。

33. 蒋红军：《城市化进程中农民身份转换研究》，中国社会科学出版社 2015 年版。

34. 王大伟：《城乡关系视角下的农村土地制度变迁绩效》，商务印书馆 2012 年版。

35. 郭亮：《地根政治：江镇地权纠纷研究（1998—2010）》，社会科学文献出版社 2013 年版。

36. 朱静辉：《地权增值分配的社会机制：官镇征地研究》，厦门大学出版社 2016 年版。

37. 耿羽：《土地开发与基层治理》，社会科学文献出版社 2019 年版。

38. 汪晖：《中国征地制度改革：理论、事实与政策组合》，浙江大学出版社 2013 年版。

39. 董海军：《塘镇：乡镇社会的利益博弈与协调》，社会科学文献出版社 2008 年版。

40. 陈胜祥：《分化与变迁：转型期农民土地意识研究》，经济管理出版社 2010 年版。

41. 周飞舟、谭明智：《当代中国的中央地方关系》，中国社会科学出版社 2014 年版。

42. 李普塞特：《政治人：政治的社会基础》，上海人民出版社 2011 年版。

43. 赵燕菁：《土地财政：历史、逻辑与抉择》，《城市发展研究》2014 年第 1 期。

44. 张静：《土地使用规则的不确定：一个解释框架》，《中国社会科学》2013 年第 1 期。

45. 折晓叶：《合作与非对抗性抵制——弱者的"韧武器"》，《社会学研究》2008 年第 3 期。

46. 应星：《草根动员与农民群体利益的表达机制——四个个案的比较研究》，《社会学研究》2007 年第 2 期。

47. 应星：《"气场"与群体性事件的发生机制》，《社会学研究》2009 年第 6 期。

48. 刘祥琪、陈钊、赵阳：《程序公正先于货币补偿：农民征地满意度的决定》，《管理世界》2012 年第 2 期。

49. 周飞舟：《生财有道：土地开发和转让中的政府和农民》，《社会学研究》2007 年第 1 期。

50. 胡荣：《农民上访与政治信任的流失》，《社会学研究》2007 年第 3 期。

51. 朱力：《中国社会风险解析——群体性事件的社会冲突性质》，《学海》2009 年第 1 期。

52. 蔡禾：《从利益诉求的视角看社会管理创新》，《社会学研究》2012 年第 4 期。

53. 冯仕政：《人民政治逻辑与社会冲突治理：两类矛盾学说的历史实践》，《学海》2014 年第 3 期。

54. 张曙光：《征地拆迁案的法律经济分析》，《中国土地》2004 年第 5 期。

55. 张千帆：《"公共利益"的困境与出路——美国公用征收条款的宪法解释及其对中国的启示》，《中国法学》2005 年第 6 期。

56. 王利民：《论征收制度中的公共利益》，《政法论坛》2009 年第 2 期。

57. 薛刚凌、王齐霞：《土地征收补偿制度研究》，《政法论坛》2005 年第 2 期。

58. 王兴运：《土地征收补偿制度研究》，《中国法学》2005 年第 3 期。

59. 屈茂辉、周志芳：《中国土地征收补偿标准研究——基于地方立法文本的分析》，《法学研究》2009 年第 3 期。

60. 周其仁：《农地产权与征地制度——中国城市化面临的重大选择》，《经济学（季刊）》2004 年第 4 期。

61. 张寿正：《关于城市化过程中农民失地问题的思考》，《中国农村经济》2004年第2期。

62. 北京大学国家发展研究院综合课题组：《还权赋能——成都土地制度改革探索的调查研究》,《国际经济评论》2010年第2期。

63. 程洁：《土地征收中的程序失范与重构》,《法学研究》2006年第1期。

64. 吴光荣：《征收制度在我国的异化与回归》,《法学研究》2011年第3期。

65. 刘祥琪、陈钊、赵阳：《程序公正先于货币补偿：农民征地满意度的决定》,《管理世界》2012年第2期。

66. 谭术魁：《中国土地冲突的概念、特征与触发因素研究》,《中国土地科学》2008年第4期。

67. 谭术魁、齐睿：《中国征地冲突博弈模型的构建与分析》,《中国土地科学》2010年第3期。

68. 谭术魁：《中国频繁爆发土地冲突事件的原因探究》,《中国土地科学》2009年第6期。

69. 董海军：《"作为武器的弱者身份"：农民维权抗争的底层政治》,《社会》2008年第4期。

70. 董海军：《依势博弈：基层社会维权行为的新解释框架》,《社会》2010年第5期。

71. 罗亚娟：《依情理抗争：农民抗争行为的乡土性》,《南京农业大学学报（社会科学版）》2013年第2期。

72. 吕德文：《媒介动员、钉子户与抗争政治：宜黄事件再分析》,《社会》2012年第3期。

73. 杨华：《税费改革后农村信访困境的治理根源——以上访

主要类型为分析对象》，载《云南大学学报（法学版）》2011 年第5 期。

74. 杨华：《城郊农民的预期征地拆迁：概况、表现与影响——以荆门市城郊农村为例》，《华中科技大学学报（社会科学版）》2013 年第 2 期。

75. 杨华：《农村征地拆迁中的利益博弈：空间、主体与策略——基于荆门市城郊农村的调查》，《西南大学学报》2014 年第5 期。

76. 蒋红军：《为公民身份而斗争：被征地农民抗争的政治学解释——以四川 G 镇的抗争事件为例》，《浙江学刊》2013 年第3 期。

77. 贺佃奎：《群体冲突：由非合意走向合意——兼谈农村群体冲突的治理》，《中国行政管理》2011 年第 2 期。

78. 柳建文、孙梦欣：《农村征地类群体性事件的发生及其治理——基于冲突过程和典型案例的分析》，《公共管理学报》2014年第 2 期。

79. 段修建：《记者调查发现南京郊区农民不想种地盼拆迁致富》，《新京报》2011 年 2 月 10 日。

80. 郑凤田：《农民为什么盼征地》，《中国经济周刊》2012 年第 49 期。

81. 刘守英：《以地谋发展模式的风险与改革》，《国际经济评论》2012 年第 2 期。

82. 于建嵘：《土地问题已经成为农民维权抗争的焦点——关于当前农村社会形势的一项专门调研》，《调研世界》2005 年第 3 期。

83. 于建嵘：《当前农民维权活动的一个解释框架》，《社会学研究》2004 年第 2 期。

84. 于建嵘、詹姆斯·C.斯科特:《底层政治与社会稳定》,《南方周末》2008 年 1 月 24 日第 31 版。

85. 孙秋鹏:《宅基地征收中"钉子户"与地方政府行为分析》,《北京社会科学》2018 年第 10 期。

86. 梁爽:《土地非农化过程中的收益分配及其合理性评价——以河北涿州市为例》,《中国土地科学》2009 年第 1 期。

87. 罗兴佐、吴静:《拆迁中政府与农民关系的博弈机制与调适策略》,《长白学刊》2016 年第 3 期。

88. 徐勇:《村干部的双重角色:当家人与代理人》,《二十一世纪》1997 年第 8 期。

89. 陈柏峰:《城镇规划区违建执法困境及其解释》,《法学研究》2015 年第 1 期。

90. 仝志辉、贺雪峰:《村庄权力结构的三层分析——兼论选举后村级权力的合法性》,《中国社会科学》2002 年第 1 期。

91. 吴毅:《农民"种房"与弱者的"反制"》,《书城》2004 年第 5 期。

92. 吴子力:《长江三角洲地区的工业化为何不导致城市化——江苏省城市化滞后原因实证分析》,《南京社会科学》2000 年第 7 期。

93. 高静、贺昌政:《重构中国水电开发中的征地补偿技术路线》,《中国土地科学》2009 年第 11 期。

94. 许欣欣:《从职业评价和择业取向看中国社会结构变迁》,《社会科学研究》2000 年第 4 期。

95. 韩纪江:《征地过程中利益的矛盾演变分析》,《经济体制改革》2008 年第 4 期。

96. 孙立平、郭于华：《"软硬兼施"：正式权力非正式运作的过程分析》，《清华社会学评论（特辑）》，2000 年。

97. 祝天智：《边界模糊的灰色博弈与征地冲突的治理困境》，《经济社会体制比较》2010 年第 9 期。

98. 吴渭、刘永功：《产权视角下的农村土地征迁与利益博弈》，《兰州学刊》2015 年第 2 期。

99. 鲍海君、叶群英、徐诗梦：《集体土地上征收拆迁冲突及其治理：一个跨学科文献述评》，《中国土地科学》2014 年第 9 期。

100. 陈娥英、孟宏斌：《新型城镇化进程中的农村征地冲突调适化解机制》，《云南民族大学学报》2014 年第 1 期。

101. 王瑞雪：《失地农民抑或被征地农民？》，《社会科学战线》2013 年第 6 期。

102. 田先红：《地利分配秩序中的农民维权及政府回应研究——以珠三角地区征地农民上访为例》，《政治学研究》2020 年第 2 期。

103. 贺雪峰：《如何理解征地冲突——兼论〈土地管理法〉的修改》，《思想战线》2018 年第 3 期。

104. 沈关宝、王慧博：《城市化进程中的失地农民问题研究》，《上海大学学报》2006 年第 4 期。

105. 张士斌：《衔接与协调：失地农民"土地换保障"模式的转换》，《浙江社会科学》2010 年第 10 期。

106. 汪晖、黄祖辉：《公共利益、征地范围与公平补偿——从两个土地投机案例谈起》，《经济学（季刊）》2004 年第 4 期。

107. 周飞舟：《大兴土木：土地财政与地方政府行为》，《经济社会体制比较》2010 年第 3 期。

108. 陈端洪：《排他性与他者化：中国农村"外嫁女"案件的财产权分析》，《北大法律评论》2003 年第 1 期。

109. 郭亮：《土地征收中的利益主体及其权利配置——对当前征地冲突的法社会学探析》，《华中科技大学学报（社会科学版）》2012 年第 5 期。

110. 郭亮：《土地征收中的"行政包干制"及其后果》，《政治学研究》2015 年第 1 期。

111. 林叶：《拆"穿"的家庭：住居史、再分家与边界之争——货币化征迁的伦理政治化》，《社会》2020 年第 6 期。

112. 黄振辉：《表演式抗争：景观、挑战与发生机理——基于珠江三角洲典型案例研究》，《开放时代》2011 年第 2 期。

113. 白呈明：《土地补偿费分配中的国家政策与农民行为》，《中国农村观察》2008 年第 5 期。

114. 鲍海君、叶群英、徐诗梦：《集体土地上征收拆迁冲突及其治理：一个跨学科文献述评》，《中国土地科学》2014 年第 9 期。

115. 刘东、张良悦：《土地征收的过度激励》，《江苏社会科学》2007 年第 1 期。

116. 梁爽：《土地非农化过程中的收益分配及其合理性评价——以河北涿州市为例》，《中国土地科学》2009 年第 1 期。

117. 申端锋：《抗争政治，还是非抗争政治——再论农民上访研究的范式转移》，《甘肃社会科学》2014 年第 2 期。

118. 冯琦、冯叶、叶鹏：《农村集体土地征收补偿费分配纠纷案件特点、成因及对策》，《法律适用》2007 年第 9 期。

119. 陈柏峰：《农民上访的分类治理研究》，《政治学研究》

2012 年第 1 期。

120. 杨善华、苏红：《从"代理型政权经营者"到"谋利型政权经营者"——向市场经济转型背景下的乡镇政权》，《社会学研究》2002 年第 1 期。

121. 韩纪江：《征地过程中利益的矛盾演变分析》，《经济体制改革》2008 年第 4 期。

122. 周飞舟：《锦标赛体制》，《社会学研究》2009 年第 3 期。

123. 张明慧、孟一江、龙贺兴、刘金龙：《社会界面视角下农村成员权认定的实践逻辑——基于湖南 S 村集体林权改革的实践》，《中国农业大学学报（社会科学版）》2004 年第 3 期。

124. 李培林：《巨变：村落的终结》，《中国社会科学》2002 年第 1 期。

125. 吴亚辉、凌云：《权利与权力的博弈——"暴力拆迁"之法经济学思考》，《中南大学学报（社会科学版）》2010 年第 6 期。

126. 刘婧娟：《土地征收补偿款分配的两难困境分析及其对策研究》，《浙江学刊》2014 年第 1 期。

127. 姜长云、李俊茹、王一杰、赵炜科：《近年来我国农民收入增长的特点、问题与未来选择》，《南京农业大学学报（社会科学版）》2021 年第 3 期。

128. 艾春菲：《农村征地拆迁中的利益博弈与政治过程》，南昌大学博士论文，2009 年。

129. 陈涛：《乡村混混的历史转向》，《青年研究》2011 年第 6 期。

130. 夏柱智、贺雪峰：《半工半耕与中国渐进城镇化模式》，《中国社会科学》2017 年第 12 期。

后　记

　　本书是以我主持的国家社科基金一般项目的结项报告为基础修改而来。

　　2015年，我决定以社会学申报国家社科基金。朋友们得知后，都委婉地劝我先申报教育部项目，或者以其他学科申报。朋友们的好意，我都懂。我不是社会学科班出身，在一所二本高校教书，而且只有硕士学历，多年来一直远离学术界主流，也没有做过教育部项目。从策略上说，朋友们的建议显然更加稳妥。一个朋友甚至直接跟我说，他以及几个朋友都是社会学博士，但是他们却都是以其他学科申报国家社科基金成功的。这些情况，他不说我也知道，因为他们都是我非常好的朋友。然而，无知者无畏，我仍然决定以社会学来申报国家社科基金，我自认为已经完全具备了拿下来的实力，只是不敢确定什么时候能够申报成功。

　　没想到还有人比我自己更有信心。他就是我的硕士导师，董磊明教授。当年腊月二十九的晚上，我把新修改的申报书发到了董老师的邮箱后，并没有跟他讲，只是希望他能够在过年的时候偶然看到我的邮件，给我提一点修改意见。没想到董老师当时仍在工作，邮件发出后不到半个小时，他就给我打来电话，告诉我可以定稿了。这一年的国家社科基金公示名单中并没有我。于是我再次给董老师电话，说自我感觉选题还可以，想请他帮我再分析一下申报书还存在什么问题，我来修改一下，明年再报。董老师听后说，你的申报书只有一个问题，那就是差一点运气。这个申报书，你明年继续拿去申报，不用改一个字！如果明年还是不中，那就后年再原样交上去，我保证你迟早会拿下来！借董老师吉言，第二年我终于在公示中看到了我的信息。2020 年秋，我得到了去北京师范大学跟随董老师访学的机会，在接下来的一年时间里，董老师指导我完成了课题的结项报告，并顺利结项。

当然也得感谢罗兴佐老师。相识二十余年，始终能够得到罗老师在生活、学术等各方面的指导、帮助，何其有幸！还要感谢王习明、胡宜、谭同学、刘勤、胡宝珠、杜晓、申端锋、罗峰、匡立波、郭亮、张世勇、杨华、田先红、卢炎香、罗义云、焦长权等师友，他们不仅为我的征地研究提供了很多建设性的洞见，在其他研究方面，我也从与他们的讨论中获益良多。蒙肖索未老师不弃，结项报告的框架搭好后，曾在肖老师给研究生开设的课程上，跟同学们分享过我初步的研究心得。肖老师和同学们的意见，帮我进一步理清了思路，深化了思考。听说我正在闭关撰写结项报告，老同学王吴峰为我快递来上好的普洱，伴我度过了最紧张的写作时光。岁月知味，同学情深，至今回想起来，唇齿之间仍有普洱的余香。

还要感谢学校的领导和同事们。王学民、刘建清、杨希雄等校领导，多年来一直关心我的研究，经常询问我的研究进展。马克思主义学院的杨晖、杜钢清、伍友云等学院领导，也始终支持我的研究，并尽可能地为我创造好的研究条件。

北师大访学一年，让我再次重温集体生活。室友们都是所在高校的青年才俊。雷黎明是一本高校的教授、博导，余波年纪最小，却已经成长为学校的学术骨干，褟美琦不仅学术做得好，还是所在高校的中层干部。他们在学术上都有了自己的成就，却仍然把自己当作学术新人，从不松懈。他们以学术为志业的精神，鞭策、激励着我访学的每一天。

感谢家人。他们都不从事学术，或许并不了解我所从事的研究的意义，却一直认为我的工作"很重要"，并全力支持我的研究。我也经常以研究繁忙为借口，逃避了很多本该我承担的家务。

终点又是新起点。对于学术工作来说，一项研究的结束，不过意味着新研究的开始。

陈　涛

2023 年 3 月 17 日

图书在版编目(CIP)数据

以地博利:征地补偿中的村庄内部冲突研究/陈涛
著.—上海:上海三联书店,2023.12
ISBN 978-7-5426-8312-0

Ⅰ.①以… Ⅱ.①陈… Ⅲ.①农村-土地征用-补偿
-研究-中国 Ⅳ.①F321.1

中国国家版本馆 CIP 数据核字(2023)第 236296 号

以地博利:征地补偿中的村庄内部冲突研究

著　　者 / 陈　涛

责任编辑 / 郑秀艳
装帧设计 / 一本好书
监　　制 / 姚　军
责任校对 / 王凌霄

出版发行 / 上海三联书店
　　　　　(200030)中国上海市漕溪北路 331 号 A 座 6 楼
邮　　箱 / sdxsanlian@sina.com
邮购电话 / 021-22895540
印　　刷 / 上海惠敦印务科技有限公司

版　　次 / 2023 年 12 月第 1 版
印　　次 / 2023 年 12 月第 1 次印刷
开　　本 / 640mm×960mm　1/16
字　　数 / 240 千字
印　　张 / 21.25
书　　号 / ISBN 978-7-5426-8312-0/F·906
定　　价 / 88.00 元

敬启读者,如发现本书有印装质量问题,请与印刷厂联系 021-63779028